Entrevista? = 374 ff — where?
= Bangeson, _Hispania_ 62 (79)

20 Useful Prophecy

64-66
121-6
144

166 EC credits Merton

174-

HACIA EL HOMBRE NUEVO:
POESIA Y PENSAMIENTO
DE ERNESTO CARDENAL

PAUL W. BORGESON, JR.

HACIA EL HOMBRE NUEVO: POESIA Y PENSAMIENTO DE ERNESTO CARDENAL

TAMESIS BOOKS LIMITED
LONDON

Colección Támesis
SERIE A - MONOGRAFIAS, CIV

Depósito legal: M. 30426-1984

Printed in Spain by Talleres Gráficos de SELECCIONES GRÁFICAS
Carretera de Irún, km. 11,500. Madrid-34

for
TAMESIS BOOKS LIMITED
LONDON

For Mary

INDICE

PROLOGO

A medianoche una pobre dio a luz un niño sin techo
y ésa es la esperanza.
Dios ha dicho: «He aquí que hago nuevas todas las cosas»
y ésa es la reconstrucción.

Estas palabras de Ernesto Cardenal, con que termina su *Oráculo sobre Managua,* han ido cobrando un mayor impacto desde 1973, cuando se publicaron, en parte porque la poesía de Cardenal ha llegado a conocerse cada vez más, pero también porque la historia de Nicaragua ha permitido que quien las escribió contribuya a cumplirlas. Con la caída del último Somoza, y la formación del Gobierno de Reconstrucción Nacional, el compromiso de Ernesto Cardenal con su pueblo y su fe en el futuro americano le han merecido el nombramiento a Ministro de Cultura. Le ha venido, pues, un radical cambio de circunstancias: del rebelde que condenaba por todos los medios a los que gobernaban a Nicaragua, ya ha pasado a formar parte del aparato gubernamental. Pareciera haber un conflicto, y uno recuerda el caso de otros intelectuales que se han dejado sucumbir ante las tentaciones que acarrea la responsabilidad pública. Pero si Cardenal se ha mantenido fiel a sus principios, se debe a que en su caso, entre su arte y la actividad política, no hay conflicto sino una notable continuidad. Ya está haciendo, o queriendo hacer, lo que ha cantado toda su vida en verso: la reconstrucción de la patria, liberada ya de una dictadura vituperada aun por sus propios aliados políticos. Así, la reciente historia de Nicaragua forma línea paralela con la evolución vital y poética del actual Ministro, quien como Nicaragua fue liberado tras una larga lucha para reconstruirse sobre nuevas bases, y para dedicarse a realizar un porvenir que antes sólo había existido en la ilusión.

Para poder trazar con acierto y justicia la carrera de Cardenal, algunos elementos de nuestro propio punto de vista, y de nuestras esperanzas por este estudio, han de ponerse en claro. En primer lugar, el intento siempre ha sido el de examinar la poesía de Cardenal como un hecho estético, por sobre todos los otros puntos de mira posibles. Este pretende ser, pues, un ensayo principalmente literario, poético, la documentación de un fenómeno artístico. No obstante, estamos convencidos que el arte no se puede divorciar de los elementos que le dan existencia: biografía, ideología, historia. Es decir, presentamos los datos biográficos del caso, teniendo en cuenta que son aun poco conoci-

11

dos y que a muchos les interesan. Sin embargo, no vamos a permitir que estos datos influyan en la interpretación de la obra. Respetamos, pues, toda la independencia de la obra de arte. Al decir que vamos a tener en cuenta la historia de estos momentos, queremos comunicar el afán de aclarar las alusiones a sucesos y personajes clara y directamente pertinentes a la biografía del poeta y presentes en su obra, ya que éstas son informaciones indispensables a la comprensión de ambas. Aquí tampoco caeremos en conjeturas verosímiles que pudieran rellenar las lagunas que aun queden; ante lo desconocido, mejor callaremos. Brevemente, consideramos que la obra debe ser interpretada como un hecho aislado y excepcional en la continuidad del tiempo, que el arte es un imponerse el individuo a la realidad que lo circunda. Y, para pasar ya a la última consideración a que ya aludimos, sí vamos a admitir una íntima y profunda interrelación entre ideología y arte. Consideramos que éste es un fenómeno universal, visible para el que quiera verlo —con la diferencia de que es más difícil de ver en un poeta «puro»— aun cuando Ernesto Cardenal sea quizás uno de los poetas cuya obra más claramente la demuestra. En efecto: una de nuestras tesis será precisamente que la naturaleza de la poesía de Cardenal obedece a su ideología, y que la extraordinaria fusión de técnica y temática —visiblemente nueva en él, y que difiere fundamentalmente de la fusión forma-fondo de las estéticas actuales— nace del perfecto ajuste entre su fe y su arte. Deseamos ser, pues, intermediarios, sin ser apologistas. Nos sentimos libres para juzgar su verso según nuestros criterios, y el lector deberá decidir a su vez.

Cardenal, en su tesis de 1947 sobre la poesía nicaragüense, decía que ésa era la hora de las publicaciones. Esta es la hora de las publicaciones sobre Cardenal. Empiezan a multiplicarse los estudios, que van desde la propaganda franca hasta valiosas investigaciones críticas. Para que el lector estudioso pueda guiarse por lo mejor, a continuación damos una lista de los estudios que nos parecen de especial importancia.

Se ha publicado un libro útil sobre Cardenal, del español José Luis González-Balado: *Ernesto Cardenal: poeta, revolucionario, monje*. El punto de vista de González-Balado es mayormente el del biógrafo, y enfoca más el pensamiento de Cardenal que la estética. El libro presente, en cambio, enfoca con más tesón el arte y la ideología de Cardenal, buscando unificar sus diversos hilos y demostrar su evolución. Hay también una tesis doctoral, inédita hasta ahora, del profesor Eduardo F. Elías, que aunque su metodología semiótico-estructuralista difiere de la nuestra, vale mucho por su elaboración rigurosa e inteligente. Estas fuentes y la colección de estudios *Ernesto Cardenal: poeta de la liberación latinoamericana* (de Elisa Calabrese, *et al.*) son las que recomendamos ante todas. De los artículos cuyo valor es patente y que consideramos indispensables al que quiera penetrar en el verso de Cardenal, damos la siguiente lista (los datos completos están en la bibliografía):

JORGE EDUARDO ARELLANO: «Ernesto Cardenal: De Granada a Gethsemani (1925-1957)».
MARIO BENEDETTI: «Ernesto Cardenal: Evangelio o revolución».

C. C. Antidio Cabal: «La cristianización del cristianismo».

María E. Claro: «Imagen de la vida en las 'Coplas a la muerte de Merton'».

Pablo Antonio Cuadra: «Sobre Ernesto Cardenal».

Lilia Dapaz Strout: «Nuevos cantos de vida y esperanza: Los *Salmos* de Ernesto Cardenal y la nueva ética».

Ariel Dorfman: «Ernesto Cardenal: Todo el poder a Dios—proletariado».

Caupolicán Ovalles: «Entrevista con Ernesto Cardenal».

José Miguel Oviedo: «Ernesto Cardenal: Un místico comprometido».

Robert Pring-Mill: Introducciones a *Marilyn Monroe and Other Poems* y a «*Zero Hour» and Other Documentary Poems*.

José Steinsleger: «Ernesto Cardenal: La meta común del cristianismo y el marxismo».

«Un marxismo con San Juan de la Cruz».

Estas son las lecturas que a nuestro parecer y por el momento son las más necesarias. Sin duda muy pronto su número aumentará bastante.

La norma bibliográfica del presente libro será la de proporcionar los datos necesarios, tratando siempre que el aparato académico no estorbe más del caso. Así, en el texto se da solamente la fecha de la primera edición de los libros de Cardenal, y citamos por la edición que en la bibliografía lleva asterisco (*). Los artículos y libros citados en este prólogo se citarán dando el apellido del autor y las páginas en cuestión. De esta manera se vuelven innecesarias muchas notas, se facilita la lectura y se abulta menos el texto, aunque el lector puede con la facilidad acostumbrada hallar todos los datos que necesite.

Agradecemos a los muchos amigos cuya ayuda forma parte del valor que pueda tener este trabajo. El Centro de Estudios Latinoamericanos de Vanderbilt University (Nashville, Tennessee, EE.UU.) facilitó las investigaciones en Nicaragua que pudieron incluir conversaciones con el padre Cardenal en su comunidad de Solentiname. Varios individuos han colaborado en la recolección de materiales: Felipe Mántica y Jorge Eduardo Arellano, nicaragüenses y hombres de buena voluntad; Robert Pring-Mill, Hensley Woodbridge y Juan Magunagoicoechea, profesores de literatura hispanoamericana; Janet Smith, cuya bibliografía anotada de Cardenal es de gran valor; y el profesor Enrique Pupo-Walker de Vanderbilt University, quien dictó el seminario que dio la idea para este libro y dirigió la tesis doctoral que una vez fue, y cuyos buenos consejos y acertadas observaciones han sido de inmenso valor. Reconocemos de manera encarecida la hospitalaria paciencia y buena voluntad de Ernesto Cardenal durante la visita a Solentiname, en nuestras comunicaciones posteriores y en proporcionarnos materiales sin los cuales este estudio habría sido difícil, si no imposible.

Esperamos, por último, que este libro logre, al menos en parte, su único objetivo: acercar al lector a la obra de Ernesto Cardenal.

PRIMERA PARTE

EVOLUCIONES

*Quels que soient les jeux des mots
et les acrobaties de la logique,
comprendre c'est avant tout unifier.*

ALBERT CAMUS

CAPÍTULO I

«SIEMPRE HE ESCRITO POESIA»
(1925-1947)

*Fue decisiva la idea de la poesía como
actividad subversiva, a un tiempo crítica
del mundo y medio de conocimiento.*

OCTAVIO PAZ

Desde la eclosión de la novela hispanoamericana con el *boom* de mediados del siglo, ha habido un notable incremento en la visibilidad de la literatura de las culturas continentales de habla española, interés que datará por lo menos del verso de Neruda y el cuento de Borges, cuyas contribuciones a la novela tardaron mucho en reconocerse debidamente. Con el incremento aludido, demostrado ampliamente en el creciente grosor de las bibliografías, sólo y naturalmente se ha tendido a enfocar algunas zonas geográficas y culturales. Simultáneamente, luego, la literatura de otras áreas, entre ellas la América Central, sigue relativamente desatendida, aun en muchas antologías e historias literarias. Lo que apenas se estudia y conoce difícilmente aparece en un compendio de lo célebre. Así, aunque figuras excepcionales como Rubén Darío o Miguel Angel Asturias han logrado atraer bastante atención crítica, también acaban demostrando que la regla vale: gran parte de los escritores centroamericanos siguen, cuando menos, en el descuido —y cuando más, en el olvido más completo e injusto.

Nicaragua, como los otros países meridionales de escasa industria impresora, ejemplifica el problema. El predominio bihemisférico de Darío, perfectamente justificado por una parte, ha tenido el resultado irónico de sumergir a los otros escritores nicaragüenses en una penumbra aún más impenetrable, especialmente si nos referimos a los poetas post-modernistas. En muchas historias, parece que su poesía murió con Darío. A pesar de ello, tal desatención crítica es injustificada, porque la querida Nicaragua de Darío ha producido otros poetas de verdadero valor, como lo son José Coronel Urtecho, Joaquín Pasos, Alfonso Cortés y Pablo Antonio Cuadra.

La poesía de Ernesto Cardenal, durante mucho tiempo, fue otra víctima más, y no sólo debió darse a conocer a base de su propio mérito sino también hubo de combatir la inercia crítica que ha aquejado tradi-

17

2+

cionalmente las letras centroamericanas. Oigamos lo que dice al respecto el notable crítico peruano José Miguel Oviedo:

> Alguna vez, teniendo que opinar sobre los poetas jóvenes, Borges precisaba con espléndida ironía: «Entre los poetas que oigo...» En la poesía latinoamericana es muy frecuente esa especie de poetas que se oyen pero que no se leen. Ya se sabe por qué: publicar un libro de poesía —500 ejemplares, edición pagada por el autor, distribución personal— es cometer un típico acto gratuito, sobre todo si el libro aparece en Venezuela, en Colombia, en Centroamérica, también en el Perú, es decir, en los extramuros editoriales del continente. Pero los nombres se difunden más que los libros y algunos perforan —a través de revistas, de periódicos literarios— ese círculo vicioso y hasta empiezan a gozar de un prestigio —justo, por otra parte— que pocos pueden comprobar, porque pocos pueden leer su obra o una parte significativa de ella: es la fama bajo palabra de honor... Esa indeseable forma de celebridad rodea [al] nicaragüense Ernesto Cardenal. («Místico comprometido», p. 29)

Cardenal mismo, aun en 1976, alegaba que «en los intelectuales, entre los escritores profesionales, ningún interés especial ha despertado mi poesía» (Steinsleger, p. 3). Aunque Cardenal exagera, en vista de que escritores y críticos como Oviedo, Ariel Dorfman, Roque Dalton, Roberto Fernández Retamar y Mario Benedetti han enfocado más de una vez su obra, sí es cierto que sólo se ha empezado reciente y tardíamente el estudio serio del verso de Cardenal. Por fin, desde 1973, diríamos, la fama a larga distancia de Cardenal ha podido confirmarse en la aparición de ediciones suyas bien preparadas y ampliamente difundidas. Se han multiplicado también las traducciones, y sus libros ya se leen en casi todas las principales lenguas occidentales, a tal grado que se conoce muy bien en Europa y en la América Hispánica.

Ya, pues, se reconoce la estatura de Cardenal, quien sólo compite con Octavio Paz en ser el poeta latinoamericano actual más leído. Ronald Christ, el editor de la revista literaria *Review,* escribe que «este extraordinario escritor... es uno de los poetas más conocidos de su generación, en su nativa Sudamérica [*sic*] tanto como en Europa». Para Pablo Antonio Cuadra, el conocido autor de «El jaguar y la luna», de quien hablaremos más adelante, Cardenal será el poeta «cuya poesía es ahora la más leída en América» (Cuadra, p. 10). No faltan otros comentarios. Hoy, aun los que se oponen a la estética o a la ideología de Cardenal reconocen su importancia. Su renombre, su influencia en la joven poesía del día, su expresión de los anhelos más candentes de los intelectuales que mañana dirigirán el futuro del continente y su reconocido valor estético, hacen indispensable la apreciación de la obra poética de Ernesto Cardenal. Y así lo confirman las recientes historias literarias (como la de L. Leal).

Granada y León

Para ver quién es este individuo insólito, conviene volver a sus comienzos, a la niñez de quien nacería para poeta. Los datos biográficos revelan que Cardenal pasó la juventud en contacto diario con la poesía, en ciudades que se enorgullecen de una tradición rica en actividades literarias. Cuando nació Cardenal, en 1925, su familia residía en Granada, ciudad de bastante importancia en la historia nacional y situada sobre la costa norte del Gran Lago de Nicaragua. En 1930, su familia se pasó a vivir a León, ciudad rival de Granada, donde habitó un caserón antiguo, que llevaba más de dos siglos a cuestas.

Entre las ciudades nicaragüenses, León poseerá la tradición literaria más prestigiada. En ella, cuajó el movimiento vanguardista (Ovalles, p. 14). Y aun antes, había vivido en ella Rubén Darío, cuya vívida presencia diaria se hacía sentir en Cardenal. Para un joven con una inclinación a la poesía, sería el de Darío un modelo bastante influyente, sobre todo porque el Darío vivo, de carne y hueso, se vislumbraba en los recuerdos que de él tenía una tía de Cardenal. El joven poeta frecuentemente oía anécdotas, y uno lo imagina soñando y pensando, para después escribir. Cardenal especifica la presencia de Darío en su juventud en un recuerdo publicado:

> Rubén cuando hace los recuerdos de su infancia dice que él era un niño devoto que se confesaba todos los sábados en la iglesia de San Francisco. Yo me confesaba también todos los sábados en la iglesia de San Francisco, que estaba al lado de mi casa. Cerca estaba la vieja casa colonial de Rubén Darío. (Ovalles, p. 14)

Cardenal vuelve a insistir en la presencia de la figura de Darío, llegando a retratarlo como en vida, testimonio a la fuerza con que lo percibía:

> Sobre el lago de Managua un vuelo de garzas.
> Y yo traía a mi novia a esa hora de la escuela de mecanografía.
> —La hora en que se encienden las primeras luces
> y las últimas parejas de lapas pasan volando.
> Managua. Rubén mechudo en el muelle, con su novia,
> mirando las garzas blancas y morenas.
>
> (*Canto nacional*, p. 22)

Darío reaparece dos páginas después de esta presentación inicial: «Rubén hacía el viaje de Momotombo a Managua / en unos vaporcitos. Veía garzas blancas / y garzas morenas. Hermosas mujeres. En el comedorcito de a bordo / dice, se tomaban cocteles y coñac» (pp. 24-25). La figura de Darío aparece igualmente como símbolo de valores y continuidad nacionales en *Oráculo sobre Managua:* «Darío con su camisón de mármol contra otro azul de postal / (también poluto)» (pp. 11-12). Darío, poeta cuyo paso por la historia literaria transforma para siempre las letras hispanas, bastaría para impresionar e inspirar a cualquier joven poeta, mucho menos un nicaragüense con tantos contactos íntimos [1].

---

[1] Hablando del poema «León», Cardenal alude con más detalle a las coincidencias entre su infancia y la de Darío: «En ese poema hay algunos elementos de la infancia de Darío (como él lo cuenta en su 'Autobiografía') porque coinciden con mi infancia: mi tía se parecía a la tía que describe Darío, mi casa se parecía a la que él describe y quedaba también cerca de la iglesia de San Francisco»

Como si no fuera suficiente la figura de Darío para que el joven Cardenal se sintiera rodeado de poetas, también se hace sentir otro gran poeta nicaragüense y leonés, más contemporáneo: Alfonso Cortés. La figura de Cortés se une con la de Darío, ya que aquél vivía en la misma casa que fuera del autor de *Azul*. Cardenal consideraba que el mejor poeta de su país después de Darío era Cortés, surrealista que sufrió muchos años de una grave inestabilidad sicológica [2]. Cardenal recuerda la locura del poeta Cortés:

> Alfonso Cortés es un poeta loco, uno de los poetas surrealistas más grandes del mundo, y su mejor poesía la ha escrito estando loco. Se volvió loco en esa casa [de Darío], y como algunas veces era loco furioso lo tenían amarrado con una cadena pegada a una viga del techo. Cuando yo pasaba por allí veía desde el zaguán al poeta encadenado. (Ovalles, p. 14)

Con sólo estos dos ejemplos, y la actividad poética vanguardista, es evidente que la poesía formaría parte de la existencia de Cardenal desde sus primeros años. El caso es que escribió versos desde muy joven, desde los años en León. Aunque no llegó a publicar cosas importantes hasta más bien tarde, los hechos demuestran que el interés de Cardenal en el verso ha sido desde siempre. Como dice el poeta, «Siempre he escrito poesía» [3].

En León, Cardenal asistió al Colegio de los Hermanos Cristianos. Cuando volvió con su familia a Granada, en 1935, pasó a estudiar al Colegio Mayor Centroamericano, terminando allí el bachillerato con los jesuitas. Estos años en Granada fueron centrales en la carrera poética de Cardenal, porque en dicha ciudad conoció a varios individuos que habrían de hacer un papel fundamental en su futuro: notablemente Pablo Antonio Cuadra, pariente suyo, y uno de sus amigos y colaboradores más íntimos. Los dos familiares frecuentemente se reunían con el

---

(fragmento de una nota autobiográfica, de unas quince páginas, inédita, la que en adelante se citará por «Nota»; p. 1).

La cuestión de la influencia del verso de Darío en el de Cardenal no se ha estudiado de manera cuidadosa. Cardenal parece creer que no ha heredado ninguna influencia de poetas nicaragüenses (ver Benedetti, «Evangelio y revolución», p. 99). ¿Por qué entonces tanta insistencia en las semejanzas con Darío?, en especial porque a nosotros también nos parece muy limitada la influencia del vate, y que varias de las características del verso de Cardenal se oponen directamente a las de Darío. Robert Pring-Mill (p. 14) sugiere que tales comparaciones en efecto constituyen una invitación a observar precisamente lo distintos que son los dos poetas nicaragüenses.

[2] Cardenal ha sido un gran promotor de la poesía de Cortés. Le dedicó un capítulo de su tesis, y publicó además una pequeña antología de su poesía: *Treinta poemas* (Managua: El Hilo Azul, 1952). Cortés aparece también en varias composiciones poéticas de Cardenal, por ejemplo, las «Coplas a la muerte de Merton» (antología Barral, p. 141).

[3] Ronald Christ, «The Poetry of Useful Prophecy: an Interview with Ernesto Cardenal», *Commonweal* 100 (abril, 26 de 1974), p. 189 (la entrevista se publicó en inglés; la traducción es nuestra). Aunque en la entrevista con Caupolicán Ovalles, Cardenal cita el poema a Darío como su primera composición, en su conversación con Christ sugiere que puede haber hecho versos hasta a la tierna edad de cuatro años.

Taller de San Lucas, tertulia formada por Cuadra, que se dedicaba a la lectura de poesías y discusiones literarias. El Taller llegó a formar base para la «Generación de 1940»[4]. Además de la tutela de Cuadra, Cardenal tuvo sus primeros contactos con Carlos Martínez Rivas, compañero de clase de Cardenal en la época, y con José Coronel Urtecho. Coronel Urtecho llegó a ser el mentor de Cardenal y muchos otros, y los dos colaborarían después para llevar a cabo varios proyectos literarios, que incluirían traducciones de verso norteamericano y las publicaciones de El Hilo Azul[5].

Primeros versos

Los titubeos poéticos del Cardenal granadino se conservan en tres breves poemas escritos por 1940: «La casa de Cristo», «Con la luna llena» y «Amanecer». Este último lleva una nota manuscrita de Cardenal, que hace suponer que el poema se habrá escrito para un concurso poético escolar: «Compos[ición] de verso para premios —tercer año». Cardenal tenía entonces unos quince años.

Los poemas de 1940 son los únicos en que Cardenal emplea una forma estrófica tradicional: sus versos consisten en once y doce sílabas, y presentan una rima regularizada y hasta monótona. «Amanecer», por ejemplo, se construye a base de anapestos:

> El viento en las yerbas despierta sonrisas
> llevando en sus alas cantar cristalino,
> desgrana la fuente sus húmedas risas
> y un pájaro joven remonta su trino.

Además de esta regularidad métrica, estos poemas iniciales comparten otras características. Tanto «Con la luna llena» como «Amanecer» poetizan un paisaje:

> Bandadas de sombras abiertas al vuelo,
> ya ha roto la Aurora su tierno capullo,
> miradas de luz taladran el cielo
> y quiebra los aires un limpio murmullo.

[4] Pablo Antonio Cuadra incluye como miembros de la generación poética de 1940 a Cardenal, Ernesto Mejía Sánchez, Carlos Martínez Rivas, Enrique Fernández [Morales] y Guillermo Rothschuh Tablada; ver su *Nueva antología de la poesía nicaragüense* (Managua: Ediciones El Pez y la Serpiente, 1972). Jorge Eduardo Arellano, en cambio, excluye a Cardenal de tal agrupación; ver su artículo «Dos poetas nicaragüenses de la generación del 40», *Cuadernos Hispanoamericanos*, 284 (1974), 619-627. El mismo Cardenal, hablando con Benedetti, junta a Martínez Rivas, Mejía Sánchez y a sí mismo en una promoción post-vanguardista (p. 28). Ver «Ansias y lengua», p. 53, para las publicaciones del Taller.

[5] Un ejemplo de la colaboración de Cardenal y Coronel Urtecho es la *Antología de la poesía norteamericana* (Madrid: Aguilar, 1963). Uno de los poemas más recientes de Cardenal es su «Epístola a José Coronel Urtecho» (ver el capítulo III de la primera parte y el mismo capítulo de la segunda).

Estas composiciones sencillas revelan algún atrevimiento metafórico («bandadas de sombras»), y, lo que es más, indican que el joven poeta ya poseía la capacidad de recrear poéticamente la vida diaria, dando lugar a una convivencia de realidad concreta y ultrarrealidad creada: «murmura secretos un árbol en flor / y vibran sus hojas rimando poesías» (de «Amanecer»). Por último, la poesía se concibe como un acto en entera conformidad con la naturaleza ambiental. La presencia de la naturaleza, fuente de tantas imágenes del Cardenal maduro, y la evocación de un ambiente cotidiano poetizado, serán rasgos constantes de la obra del poeta.

A diferencia de las otras dos composiciones de 1940, «La casa de Cristo» alude, en evocaciones sencillas, a una angustiosa búsqueda de Dios:

> «Maestro, ¿dónde estás posando?»
> (SAN JUAN, 1, 38)

> Muéstrame dónde vives y en qué casa,
> O dime por lo menos en qué calle,
> Qué vía he de seguir para que te halle
> Y qué casa o qué parque hay por tu casa.

> Dame una señal más o menos cierta
> O algún nombre bastante conocido;
> Dime señor siquiera tu apellido
> O el número que tienes en tu puerta.

> Así una noche iría en el tranvía
> Buscando por tu barrio y por tu calle
> Una casa o un parque hasta que te halle
> Y a una cuadra de ahí te encontraría.

> Mas dime por lo menos en qué calle! [6].

Como bien dice Pablo Antonio Cuadra, «La casa de Cristo» es «un poema de muchacho, ligero, un poco torpe aún, pero donde ya apunta una preocupación y una búsqueda que quizás calló y escondió u olvidó por tiempos y años» *(Ibíd.).* El tema religioso sólo despunta en este poema, hasta después de 1956. Es, así, un antecedente único e importante de su verso posterior, como *Gethsemani, Ky.* (1960), en que la búsqueda a Dios en la vida diaria es uno de los principales motivos. Igualmente, al nivel de la biografía del autor, alude a una sed que sólo empezaría a satisfacerse década y media después.

México

En 1943, unos tres años después de escribir los primeros versos que se le conocen, Cardenal inició sus estudios de Filosofía y Letras en la

---

[6] Este poema lo reprodujo Pablo Antonio Cuadra en «Un poeta se va a la Trapa», *La Prensa* (Managua), 12 de mayo de 1957, p. 11-B.

Universidad Nacional Autónoma de México (UNAM). En México, conoció a León Felipe y entabló amistades duraderas con Ernesto Mejía Sánchez, otro futuro colaborador, y con Octavio Paz[7]. Cardenal remató la licenciatura con una tesis sobre poesía nicaragüense que después se volvió a publicar, un tanto modificada, como la introducción a una importante antología[8].

Aunque pronto volveremos a ellos, aquí cabe observar que los años en México no vieron solamente actividades literarias en el inquieto joven centroamericano. Como buen exiliado, y buen estudiante universitario, Cardenal empezó a interesarse por las actividades políticas dentro de la comunidad nicaragüense residente en la capital mexicana, así como en Nicaragua durante las visitas que podía hacer a su patria:

> En México también hacía campaña en la Universidad contra Somoza y los otros dictadores de Centroamérica. Era una época de muchos exiliados y de conspiradores y proyectos de revoluciones. Nosotros siempre estábamos metidos en esas conspiraciones. («Nota», pp. 2-3)

La vida de Cardenal en México también lo involucraba en otras actividades. Ha dicho con todo candor que, a la par del desarrollo intelectual y artístico que sobrevinieron, tenía «una gran afición al trago, a las fiestas, las borracheras con amigos, etc. [Llevaba] una vida nada santa, sino todo lo contrario» («Nota», p. 10).

«Carmen y otros poemas»

El inicio de los estudios de Cardenal en México, en 1942, parece coincidir con lo que él llama su «nacimiento a la poesía», que sobrevendría por las mismas fechas. Tal «nacimiento», evidentemente, consiste en la composición de «Carmen y otros poemas», entre 1943 y 1945. Desde su creación, se ha negado Cardenal a publicar los versos de «Carmen» —así como los de 1940— diciendo, «no llegué a publicarlos pues pronto los consideré como demasiado adolescentes» («Nota», p. 1).

Hemos podido desenterrar solamente uno de los poemas de «Carmen», que revela ciertas continuidades naturales con el primer período de su autor; pero igualmente se observa una serie de diferencias. La composición, «Inmortal amor», se reproduce íntegramente:

> Hay ciertas horas, ratos en las tardes
> en que vienes de pronto como un llanto.
> Por eso estoy a veces melancólico.
> Como si de repente en una sala oscura
> te presentaras,

---

[7] «Nota», pp. 2 y 7. Varios puntos de contacto entre la poesía de Paz y la de Cardenal se observarán en este estudio; véase especialmente el próximo capítulo.

[8] «Ansias y lengua de la nueva poesía nicaragüense», Tesis, Universidad Nacional Autónoma de México, 1947; después en *Nueva poesía nicaragüense*, editada por Cardenal y Orlando Cuadra Downing (Madrid: Aguilar, 1949), pp. 7-99.

y rechazando puertas y cortinas
dijeras: aquí estoy!
O como aquella tarde, a mediados de mayo,
cuando viniste suave como un barco,
como una cosa lenta...
Desde entonces clarísima tu imagen,
ha matado mis ojos para siempre;
ya no siento, toco, oigo, digo nada,
sino sólo mirándome por dentro.

De noche aquí, en mi cuarto de estudiante,
es tu recuerdo una obsesión rosada.
Algo mío se siente ser tú misma,
algo mío se siente estar bordando,
soñando, allá muy lejos, en tu casa.
Yo no soy nada más este fantasma oscuro.
Tus labios
son otros labios buenos que poseo,
puestos en ti para poder besarlos.
Tu cuerpo
es otro cuerpo mío más lejano
donde yo me refugio huyendo de la muerte,
la muerte que de niño me persigue,
huyendo de mis íntimos fantasmas,
de los miedos de niño que existen todavía,
de mi interior sombrío y melancólico,
en tu ser de oro blanco defendiéndome.
    Tú no morirás nunca!

Hay una lucha a muerte entre los cuerpos
y un odio secular en cada cosa.
Se van gastando con espadas grises
de polvo,
luchando cuerpo a cuerpo y polvo a polvo
y muerte a muerte.
Pero tú estás intacta en tanta muerte.
Conciliadora blanca de esta guerra
por encima del odio estás triunfando,
estableciendo abrazos de amor irrefutables.
Una caricia buena detiene a la muerte.
Los amantes lo saben
y por eso se quieren tanto a veces,
furiosos,
con sonrisas, cabellos largos, besos,
coléricos luchando,
contra esta muerte, mar que los circunda,
con el firme propósito de no morirse nunca.
Por eso yo también con un recuerdo
de sonrisa,
de temblorosos labios tuyos, lejanísimos,
rosadas manos, sueños o perfumes,
la tarde de lluvioso mayo en que viniste
me he de salvar, amor, en tanta muerte [9].

---

[9] Hemos hecho dos correcciones en el poema, una al reducir una mayúscula y

A base de esta muestra, si única, no tan breve, haremos algunas suposiciones sobre la evolución de Cardenal en esta etapa de su carrera. Nuestras anotaciones serán acertadas en la medida en que este poema sea representativo de los demás de la inédita colección, claro está. En primer lugar, se manifiesta una especie de liberación formal: en efecto, se usa por primera vez el verso libre, que permite que el ritmo no obedezca ya a una métrica predeterminada e inflexible, sino que nazca del mismo significado. Cabe decir por igual que en este ejemplo, el poeta sólo logra un éxito limitado en su control rítmico. La otra diferencia es que en «Inmortal amor», se atenúan algo los excesos tonales y el choque de imágenes que dañan los poemas adolescentes.

Otros elementos del verso primerizo de Cardenal siguen presentándose en «Inmortal amor». Se emplea con frecuencia el símil («vienes de pronto como un llanto») y la metáfora («esta muerte, mar que los circunda»). El adjetivo hace acto de presencia quizá excesivo, y a veces le agrega poca fuerza a la imagen, o bien hasta la debilita: «labios buenos», «caricia buena». Otros recursos retóricos y sintácticos que tienden a producir una ambigüedad estilística un tanto artificial y forzada existen asimismo: obsérvense el hipérbaton («Desde entonces clarísima tu imagen»), típico del barroco, y varios participios verbales que «flotan», sin verbo principal que los subordine, efecto íntimamente romántico y modernista: «ya no siento, toco, oigo, digo nada / sino sólo mirándome por dentro». Estos recursos a veces se emplean con destreza y sensibilidad poética; otras, sin embargo, no. Sea de esta inconstancia lo que fuere, aunque permanecerá vigente durante esta fase, más tarde habrá de ser suprimida.

«Letras de México»

El tema del amor reaparece en tres poemas publicados en 1946 en *Letras de México:* «Amor irremediable», «Amor que pasa y no vuelve», y «Egloga inconsolable» [10]. Si en «Inmortal amor» el amor remitía a una sed de inmortalidad y acababa por confirmar la presencia de la muerte, en los poemas de *Letras de México* el motivo se repite: «pero si fueses al menos eterna por un minuto / esta carne que te mira no moriría acaso». Los temas: el amor, el tiempo, la muerte; carne, frustración y melancolía. Ya que las composiciones en cuestión no son fáciles de obtener, a continuación se reproducen:

Amor irremediable

Cómo no decir que te odio, glacial arcángel luminoso,
flotante niebla lívida de mi pensamiento,

la otra la corrección (dos veces) de *veniste* en *viniste*. Agradecemos mucho al señor Jorge Eduardo Arellano el habernos proporcionado este poema.
[10] *Letras de México,* año ix, núm. 125 (13 de julio de 1946), p. 291.
Arellano fue el primero en hallar estas composiciones.

fantasma que me asedia y no toco,
nube de nieve, cuerpo de hielo inmortal, siempre presente,
cómo no decir que te amo.

Ya de ti no recuerda sino un amargo sabor mi boca,
amado oleaje de dolor que me asciende,
oh invencible apasionada de la tristeza de mi alma,
hermosísimo demonio guardián de mis sueños,
de un corazón solitario que no puede olvidar su deleite.

Yo te llevaré como la sombra, lóbrega huella de mi cuerpo,
que alargan más todavía los crepúsculos pardos,
como un eco sonoro de luz en mis cuencas vacías,
y estarás presidiendo deslumbrante y febril todas mis vigilias,
como sufren las plantas mustias la torturante luna,
como sufre el mar sediento el paladar de sus aguas,
implacable moradora de una carne que bien te conoce.

Amor que pasa y no vuelve

Dime cómo hacer para que tú permanezcas
para que el río de tus pechos de alguna manera no pase,
y el aire con que rozas algo más que eso sea,
pechos perecederos, carne que va de paso,
pechos que atraviesan la noche como un planeta,
la bola del mundo precipitadamente girando, girando,
y a dónde vamos, pregunto, en ese barco prófugo,
tanta flor a la deriva, tanta estrella puesta en derrota,
y nada sostiene mi cuerpo, de noche no lo siento
flotando en un hecho náufrago en el vacío,
pero si fueses al menos eterna por un minuto,
esta carne que te mira no moriría acaso.
Se han alzado en la noche los ojos que te vieron,
cuando pasan las estrellas como un coro de ciegos,
y mundos con praderas, con nubes y estaciones,
irrumpen en la noche como escolares cantando.
El arpa de tus pechos fluye sonora en la sombra;
tu pelo melodioso es como un pinar al viento,
y cielo abajo la luna es como una piel que brilla,
como si el cuerpo más claro llorara entre mis manos.

Egloga inconsolable

Cuando azota tu cabellera más furiosa que la noche,
y su antigua voz escuchas más honda que los muertos,
tú tiemblas bajo la sábana, y llamas a tu madre,
por si acaso volviera la funesta matadora de sueños,
pues ya oíste en la lluvia un grito de pájaro moribundo,
y afuera, desnudo en la tormenta, está tu corazón que ama.
Corre un viento despavorido como si ella pudiese volver;
arriba el cielo apagado es el presagio de su imagen,
y ya estarán rotas las blancas aves del atardecer,
y muy lejos el último astro que aventó la tempestad,
mientras miras todas las nubes que ascienden de tu llanto,
recordando el eco feliz del sol de otros días
del ronco sol que cantaba entre su pecho y las flores,

26

> antes que tantas sombras congregara tu corazón.
> Pensar que fueron en vano generaciones de novias,
> los pechos zozobrantes como velas que el amor hinchara,
> que navegan en los brazos hacia el otro cementerio,
> y el arrullo de animales que no saben que se aman
> y tanto amor acumularon para una noche tuya,
> mas no hay conmigo esta noche otra mujer que la lluvia.

El Cardenal de hoy está perfectamente consciente de las debilidades de los poemas de *Letras de México,* en los que las limitaciones de su verso inicial se llevan a un extremo frecuentemente intolerable: «Amor irremediable», en especial, traiciona el esfuerzo por extremar la intensidad emotiva a base de una adjetivación forzada y recargada, tendencia observada, en menor grado, con anterioridad. Como resultado de tal proceder, nace una serie de expresiones particularmente infelices: «glacial arcángel luminoso», «flotante niebla lívida de mi pensamiento», «amado oleaje de dolor». Se sugiere la posibilidad de que Cardenal haya caído en esta época más preso que nunca en su carrera de las influencias ya que los complejos descriptivos que hemos observado configuran casi el único contenido de las primeras dos estrofas del poema; de resultas, la composición es poco más que una mera lista de metáforas, con escasos nexos entre sí, desprovista de narrativa o continuidad efectiva alguna.

Hasta aquí, hemos enfocado «Amor irremediable» de entre los poemas publicados por *Letras de México.* «Amor que pasa y no vuelve» y «Egloga inconsolable», no obstante, son superiores, más cuidados y meditados, y llevan algunas imágenes de sensibilidad y valor artísticos: «pasan las estrellas como un coro de ciegos», o los mundos que «irrumpen en la noche como escolares cantando». Pero estas imágenes vívidas y aun hermosas van acompañadas de bastantes expresiones débiles y ambiguas, diluidas a causa de estructuras gramaticales o sintácticas poco precisas: la segunda frase de «Egloga inconsolable» contiene una oración que carece de verbo («y muy lejos... la tempestad»), si no suponemos una ceugma (casi única en la obra de Cardenal, si es que la hay). La función gramatical de «recordando» en la misma frase también es algo ambigua, ya que el llanto podría ofrecer un sujeto verbal nuevo (bien que nos parece más lógico que el sujeto sea el *tú*). Juntamente con estos problemas, menores pero reveladores a la vez, estas tres composiciones presentan varias metonimias ineficaces: «Cuando azota tu cabellera más furiosa que la noche / y su antigua voz escuchas más honda que los muertos». Estos dos versos nos dan dos símiles. El primero carece de fuerza porque éste es el verso inicial del poema y el lector por lo tanto no puede aún saber por qué la noche está furiosa. Tampoco está claro el sujeto de «azota» (será «noche», pero el poema nos obliga a conjeturar). Así, se diluye una imagen que podía haber sido bastante potente. El origen del símil («más honda que los muertos») yuxtapone dos elementos *(voz y muertos)* cuyo nexo, con todo, no queda claro. La «hondura» de los muertos se referiría a las tumbas, se supone; pero la comparación es de una voz inidentificada, con la muerte, comparación inexplicada a base de lo que el poema ha planteado hasta las estrofas en cuestión.

Con todo, el período representado con los versos de *Letras de México*, vio la búsqueda de una técnica descriptiva concisa y eficaz, pero que permitiera una apertura a la «otra realidad» poetizable ya entrevista en los versos primerizos. La búsqueda es, por ratos, exitosa ya que en el camino del postmodernismo y vanguardismo, Cardenal aprende ciertas técnicas —especialmente, las posibilidades y limitaciones de la imagen abstracta, lección que a la luz de su posterior evolución estilística, figura entre las más importantes de su carrera.

Primeros poemas importantes

El primer período evolutivo de Cardenal se cierra con la producción de tres poemas en que las técnicas extremas comienzan ya a dominarse, y dan los primeros claros indicios de lo que sería el verso de un Cardenal en pleno poder de poeta. Pablo Antonio Cuadra llama «Proclama del conquistador» y «La ciudad deshabitada», «los dos mejores ejemplos de esa etapa suya juvenil y fecunda». «La ciudad deshabitada», en efecto, tuvo una circulación amplia, y despertó algún interés crítico. Escrito poco después de la ruptura entre Cardenal y una amada, expresa la nostalgia y la desilusión con un tono intensamente íntimo:

> Creí que rodearía el paraíso con tres tumultuosos ríos de carne
> y en su pecho bebería los lirios atolondrados de la infancia.
> Creí que su carne fluiría caliente para mi boca como la leche
> y pesadamente resbalaría bajo mis besos como la miel
> y bajo su piel habitaría como a la sombra de un palacio blanco.
> Creí que saldría al alba como Venus de una estrella de nácar,
> que su carne nacería como la espuma del sexo puro del mar.
> Imaginé la dulzura de su cercana presencia, el melodioso oleaje;
> imaginé la alegría de mi pequeña casa erigida contra la soledad de dos,
> donde la aurora y ella sostienen un luminoso y tangible universo,
> amor a simple vista, un abrazo caído sobre el vello de oro,
> una caricia sin descanso como un espeso manantial que escapa y vuelve.

(p. 438)

«La ciudad deshabitada» apareció en una antología coeditada por Orlando Cuadra Downing y Ernesto Cardenal, que reprodujo también la tesis de Cardenal sobre la poesía de su país («Ansias y lengua de la nueva poesía nicaragüense»). Juntamente con el poema citado, iban «Proclama del conquistador» y otra composición menos lograda, «Este poema lleva su nombre». Estos poemas sufren de una inconstancia expresiva, e influencias demasiado evidentes y sólo parcialmente asimiladas, especialmente del joven Neruda de los poemas de amor [11]. Estas composiciones

---

[11] «La mayor influencia a los 18 años, en mi expresión poética, fue Neruda. En aquel tiempo ésa era la influencia de los jóvenes. Y fue benéfica. Pero la influencia de Vallejo fue más profunda; no me influyó tanto en el estilo literario, sino en el alma. Después no he tenido influencias latinoamericanas» (Ovalles, p. 14).

de Cardenal pueden considerarse como las primeras importantes contribuciones de Cardenal al verso, porque de por sí son buenas —aun cuando en comparación con lo que después vendría, parecen obras menores. Contienen, aunque en embrión, varias técnicas —especialmente la repetición— que después vinieron a formar parte de su estilo definitivo:

> Sitiada por el polvo, por el tiempo que lentamente invade la piedra
> una ciudad derrotada de la que es necesario salir,
> porque aquí una ceniza definitiva ha entrado al asalto,
> porque aquí no queda nada y es necesario partir,
> es necesario partir...
>
> («La ciudad deshabitada», p. 435)

«Este poema lleva su nombre» y «La ciudad deshabitada» continúan la tradición vanguardista, especialmente en su concepto elevado del verso, y en ciertas imitaciones estilísticas. Pero la «Proclama del conquistador» representa un notable adelanto y, a nuestro parecer, está muy por encima del verso anterior. Empecemos por lo más evidente.

En «Proclama del conquistador», Cardenal logra por primera vez una aparente objetividad al abandonar el punto de vista de la primera persona, a favor de la tercera: el poema ofrece las declaraciones de un conquistador español sin identificar, en contrapunto con varios diálogos. Tales diálogos, un paso hacia la dramatización de la poesía y su primer uso en el verso de Cardenal, suceden entre el guerrero peninsular y el cacique cuyas tierras están para ser poseídas en nombre de España, y contienen varios de los pasajes más notables del poema. La posesión territorial, por ejemplo, llega a representarse por el acto de posesión sexual:

> y en los catres aromáticos y tibios de las hijas más hermosas
> consumaremos una gran alianza con ellas esta noche,
> y yo diré que conquisto este pueblo sensual porque lo amo.
> Porque deseo tu cuerpo que se dobla, hija, como la rendición de las
> [ciudades.
>
> (p. 449)

El conquistador describe las hazañas de sus tropas, y sus sufrimientos:

> Después de los terribles bosques de esta tierra iracunda,
> del horror de los asfixiantes bosques que suben hasta mi alma,
> como si todo yo en largas raíces enloquecidas me desatara [...]
> Aquel caminar sin término en el mismo sitio siempre,
> con la misma fiebre que vuelve, el vendaval de nuevo,
> y la misma gota perpetuamente, perpetuamente, perpetuamente cayendo.
> Aquel caminar sin fin, girando, en mi camilla inmóvil,
> y las visiones de cierta semilla, de cierta hoja amarga,
> el ronroneo dentro del cráneo de cierta raíz amarga que se toma.
>
> (pp. 445-447)

Y en su proclama, el victorioso español relata cómo trae una nueva religión («una Divinidad magnífica y profunda como las noches que tú amas»), leyes («una constitución perfecta para tu pueblo») y —desde luego— «proyectos de riqueza» (p. 445). Sin embargo, el conquistador, que hubera podido ser el prototipo del opresor (como lo será el Pedrarias Dávila de *El Estrecho Dudoso* años después) se expresa con un tono que revela una actitud comprensiva.

«Proclama del conquistador» demuestra que Cardenal, hace mucho tiempo ya, encontró que la poesía le permitía conjurar el pasado, que era un vehículo adecuado para volver atrás en el tiempo sin abandonar el momento presente y un estilo contemporáneo. El poema es, por tanto, importante como antecedente del verso histórico-social de Cardenal, que ha seguido escribiendo desde estos tiempos [12]. En el estilo, el poema marca el abandono de las descripciones sobrecargadas de su verso anterior, y se ofrecen en cambio imágenes de más concreción: «la lengua que hablamos es más hermosa que la vista del mar», o «la entrada en la selva, como una ceguera súbita», o «el archipiélago de las Solentinames, como una mujer que se niega» (pp. 444, 446 y 448). Quizá por encima de sus otros valores, «Proclama del conquistador» representa y con mucho, el mejor uso que había hecho Cardenal de los efectos tonales y rítmicos, mantenidos en vigencia durante toda la composición, y bien ajustados a la temática. Es éste un poema íntimo, apasionado y compasivo, sin dejar de ser a la vez un poema noble y decoroso.

La «Proclama del conquistador» contiene un elemento narrativo de gran emotividad expresiva, y buena porción de las escenas y acciones logra alcance universal, trascendiendo con éxito la naturaleza localista de los sucesos originales. Los actos y las declaraciones del conquistador son menos los de un personaje histórico que simbólicos, más bien, del encuentro de las dos razas. Se ve, pues, la delicadeza con que el joven poeta es capaz de evocar un momento decisivo en la historia, aprovechando directamente tanto lo específico (que conmueve) como lo universal (que abre el poema a sus posibilidades más plenas). En suma, «Proclama del conquistador» inicia la evolución del poeta que Cardenal pronto llegaría a ser, y da la primera prueba de una voz que prometía ya mucho, y esto con anterioridad a la experiencia norteamericana que daría un enorme impulso a su técnica. En el primer período evolutivo, pues, Cardenal ya aprendió a disciplinar su poderosa técnica descriptiva y a emplear con más destreza el contraste tonal y la imagen concreta, adelantos que predisponían su verso a las luchas que, aunque no podían quizá preverse, estaban por venir.

---

[12] Para una presentación unificada del verso histórico-social de Cardenal, el lector podrá ver nuestro «El pasado reinventado: la poesía histórico-social de Ernesto Cardenal», que habrá de salir en la *Revista Iberoamericana* antes de la aparición del presente libro.
Algunos pasajes de «Proclama del conquistador» presentan mucha semejanza, de imagen y de tono, con ciertos trozos de «Joaquín Pasos: Un joven que no ha viajado nunca», especialmente la p. 228. Las similitudes parecen sugerir que Cardenal los iría trabajando simultáneamente (lo cual se conforma muy bien a sus fechas de publicación). El artículo sobre Pasos apareció en *Cuadernos Americanos,* 34 (1947), pp. 224-32.

CAPÍTULO II

«MAYORIA DE EDAD»
(1947-1956)

> *La raíz del lenguaje es irracional y de*
> *carácter mágico... La poesía quiere volver*
> *a esa antigua magia.*
>
> BORGES

Nueva York

Poco después de terminar la licenciatura en México, Cardenal dispuso asistir a la Columbia University, de Nueva York, donde en efecto realizó estudios en la poesía angloamericana desde la última parte de 1947 hasta finales de 1949. Se especializó en el verso de nuestro siglo, siempre en lengua inglesa: Ezra Pound, T. S. Eliot y los poetas del movimiento llamado «Imagism». Una idea más completa de sus estudios puede deducirse a base de las traducciones que después hizo de tales poetas, cuyo estudio penetró tan certeramente en su alma de poeta que los dos años en Columbia son el período de más rápida evolución en la carrera de Cardenal. Su poesía nunca más volvería a ser como había sido. Es ésta, pues, una etapa decisiva, porque los poetas norteamericanos que Cardenal estudió en Nueva York, han sido por poco las únicas influencias estilísticas sobre su poesía de hoy. A tal grado compenetraron en su técnica los poetas de habla inglesa que el mismo Cardenal ha declarado que hay en su estilo bien pocos dejos de poetas españoles o hispanoamericanos. Reconoce, al contrario, que la contribución principal a su estilo poético la ha hecho Ezra Pound:

> Influencias literarias: ante todo la de los potetas norteamericanos, especialmente Pound (y, sobre todo, el Pound de los *Cantos*). Mi técnica literaria procede sobre todo de Pound [1].

[1] Véase «El caso de Pound», *Cultura* (San Salvador), 21 (julio-setiembre 1961), páginas 7-12. Otros autores norteamericanos que ejercitaron influencias importantes en Cardenal son Whitman, a quien alude Cardenal a menudo, y William Carlos Williams. Entre otros lugares, que incluyen conversaciones personales, Cardenal menciona la de Williams en la «Respuesta» (p. 633). Cardenal y Coronel Urtecho tradujeron a Williams para su antología de verso norteamericano, versos que salieron también en *El Corno Emplumado* (México), núm. 25 (enero de 1968), pp. 16-31. Para una lista de otras influencias menores, y mayores detalles sobre las traduc-

El intenso estudio del verso angloamericano —sus valores rítmicos y el papel central de la imagen en especial— llevó a Ernesto Cardenal y su amigo y guía Coronel Urtecho a adaptar sus técnicas a la tradición poética nicaragüense. Esta función, híbrida estética hemisférica, llegó a llamarse «exteriorismo». Pablo Antonio Cuadra escribe que el «exteriorismo» quiere decir «la objetividad poética austeramente fiel a la realidad inmediata y exterior» («Sobre Ernesto Cardenal», p. 20). Cardenal, el poeta exteriorista de más renombre, ha hablado de este movimiento y sus conceptos en varias oportunidades; las siguientes declaraciones resumirán su concepto:

> La poesía exteriorista expresa las ideas o los sentimientos con imágenes reales del mundo exterior: usa nombres de calles o de lugares, nombres propios de personas con su apellido, fechas, cifras, anécdotas, citas textuales, palabras y giros de la conversación diaria, etc. En este sentido, la poesía conversacional es también exteriorista. Pero la poesía exteriorista es más amplia que la conversacional. El usar, por ejemplo, términos técnicos o científicos, o documentos históricos, o fragmentos de cartas privadas o reportajes periodísticos no puede llamarse estrictamente «conversacional». Son temas propios no de la conversación, sino de la prosa —equivocadamente restringidos a la prosa anteriormente. Es decir, la poesía exteriorista incluye todos los elementos que antes se consideraban privativos de la prosa... y en esto está incluido también el lenguaje conversacional, que antes se consideraba propio de la novela o el cuento, pero no del poema. La poesía exteriorista se distingue de la prosa en que es más intensa, más breve, más efectiva, pero no en que usa otro lenguaje o trata de otros temas. («Respuesta», pp. 636-37).

> Por esa época [en Nicaragua] Coronel y yo inventamos, mejor dicho Coronel inventó, el nombre de la escuela literaria de nosotros: ese nombre era el Exteriorismo. Exteriorismo, como comprendes, quiere decir la poesía de las cosas exteriores, objetivas, reales, verdaderas, concretas. Una poesía poniendo a la gente con sus nombres propios y apellidos, a los lugares con sus nombres geográficos. Ibamos a escribir un manifiesto exteriorista, en contra de la poesía interiorista, subjetivista, que estaba en boga en Hispanoamérica —y que todavía está en muchas partes—, pero nunca lo escribimos. Nos quedamos nada más con el nombre del movimiento. Pero mi poesía ha venido siendo cada vez más exteriorista. (Ovalles, p. 14)

> La influencia de Pound en la literatura norteamericana ha sido principalmente la de una tendencia que nosotros denominamos en Nicaragua exteriorismo, esto es la poesía de las imágenes del mundo exterior al revés de la poesía onírica o puramente subjetiva. Por ejemplo, en vez de decir «música, mujeres y vino», expresión abstracta, decimos «Carmen, con un vino jerez y el Cante Jondo», expresión concreta. Este aporte de Pound basado en la realidad es un aporte materialista por denominarlo de algún modo. Es una poesía basada principalmente «in facts», como se diría en inglés, en contraposición a la otra poesía, idealista. Pound nos dice que podemos presentar a la realidad tan desnuda como lo hace la cámara foto-

ciones, puede verse Benedetti. Aprovechamos para subrayar que no menos importantes son las influencias de los Salmos bíblicos y de la poesía indígena, que serán comentadas en su lugar.

gráfica, como la presenta también el reportaje periodístico, y esta poesía puede tratar de todos los temas igual que la prosa (no distingo una de otra) debido a que no es una poesía con restricción de temas. Es que en América Latina hemos creído que la poesía está limitada nada más que a ciertos temas, los temas «poéticos», suponiendo que otros temas son prosaicos. Pound ha enseñado que la poesía puede ser tan amplia como la prosa. (Steinsleger, p. 3) [2]

Para Cardenal, luego, el exteriorismo puede reducirse a estos tres principios: el uso de imágenes concretas y directas; el empleo de materiales muy diversos que abren el poema a nuevas posibilidades expresivas; y la explotación de una temática y un lenguaje fundados en la vida diaria. Cabe preguntar, ahora, y demostrar con más exactitud, cuál ha sido la aportación de Pound al exteriorismo. Se puede contestar comparando las declaraciones del «maestro Pound», como lo llama Cardenal, con lo que ha dicho y hecho su discípulo nicaragüense. Empezamos con los famosos tres principios poéticos del norteamericano:

1. Presentación directa de la «cosa», sea subjetiva u objetiva.
2. Exclusión de toda palabra que no contribuya a la presentación.
3. Con respecto al ritmo: componer según la cadencia de la frase musical, no en secuencia del metrónomo [3].

La primera norma susodicha, evidentemente, es de la misma esencia del exteriorismo cardenaliano. Las descripciones que hace Cardenal de su movimiento suelen enfocar esta idea aún más que las otras, como se ve arriba en las pequeñas listas representativas de las «cosas» que su verso presenta de la forma más concisa y directa posible (mínimo de ideas, muchos objetos físicos y visibles).

En cuanto a la segunda norma de Pound, Cardenal es un maestro —aunque de todo buen poeta se diría lo mismo, ya que ninguno desea agregar palabras que no contribuyan. Pero Cardenal es un caso excepcional, como lo verifican la densidad y la brevedad de sus poemas, especialmente los posteriores. En efecto, Cardenal lleva la norma aún más allá de lo que decía Pound, ya que reduce los otros elementos —puntuación, copulativos, etc.— por igual. En tercer lugar, ya con los poemas de *Letras de México,* Cardenal había abandonado los ritmos prede-

[2] Para más declaraciones de Cardenal sobre el exteriorismo, pueden consultarse su introducción a *Poesía cubana de la Revolución* (México: Ed. Contemporáneos, 1976), pp. 12-16, y *Poesía nueva de Nicaragua* (Buenos Aires: Carlos Lohlé, 1974), pp. 9-11. También será interesante estudiar las raíces del exteriorismo presentes en «Ansias y lengua» (la tesis de Cardenal); véase especialmente la página 94.
Sugerimos la lectura de dos artículos importantes sobre la cuestión Pound/Cardenal: Alfredo Veiravé, «Ernesto Cardenal: El Exteriorismo, poesía del nuevo mundo», en *Ernesto Cardenal: Poeta de la liberación latinoamericana* (Buenos Aires: Fernando García Cambeiro, 1975), pp. 63-106; e Isabel Freire, quien presenta un concepto que difiere del nuestro en «Pound and Cardenal», *Review* 18 (otoño de 1970), pp. 36-42.
[3] Ezra Pound, «A Retrospect», en *Literary Essays of Ezra Pound,* T. S. Eliot, ed. (Londres: Faber & Faber, 1954), p. 3.

terminados; y si sus versos de adolescente pecaron por una monotonía rítmica, su verso más representativo, si es que peca, lo hace por lo contrario: corre los peligros de una irregularidad rítmica que en ciertas limitadas ocasiones, podría considerarse como excesiva (ver nuestros comentarios sobre la «Epístola a monseñor Casaldáliga»). Las tres normas poundianas, pues —y puede verse el cuarto capítulo para un estudio más detallado y mejor documentado de estas cuestiones— están muy presentes en el verso de Cardenal.

Menos conocidas que las anteriores son otras ideas de Pound, que igualmente se hallan puestas a la práctica por Cardenal. Entre ellas figuran las siguientes:

[sobre la concreción de las imágenes] No emplees una expresión tal como «tenebrosas tierras de *paz*». Se empaña la imagen. Lo concreto se entremezcla con lo abstracto. Tal expresión se debe a que el escritor no se da cuenta que el objeto natural siempre es el símbolo adecuado.

[sobre la simplicidad y la brevedad] Lo que vale es la «buena escritura». Y la «buena escritura» es el control perfecto —y es fácil controlar una cosa desprovista de energía... En términos generales, pues, la buena escritura es una escritura perfectamente controlada, en que el escritor dice exactamente lo que quiere decir. Lo dice con la mayor claridad y sencillez. Emplea el número más reducido de palabras... el autor busca establecer la comunicación sin perder tiempo...

[sobre la imagen] Una imagen es aquello que presenta, en un instante, un complejo intelectual y emotivo. La instantánea presentación de tal «complejo» es lo que nos da ese repentino sentido de liberación, ese sentido de habernos escapado de las limitaciones impuestas en nosotros por el tiempo y el espacio, ese sentimiento de rápido desarrollo interior que experimentamos ante las obras de arte más grandes.

[sobre el ritmo] Creo en un «ritmo absoluto», es decir, un ritmo en la poesía que corresponde exactamente a la emoción o a la matización emocional por expresar. El ritmo de un poeta será interpretativo, en última instancia será, pues, sólo suyo, infalsificado e infalsificable.

[sobre el versolibrismo] Me parece que uno debiera escribir *vers libre* sólo cuando sea «necesario», es decir, sólo cuando la «cosa» despliega un ritmo más bello que el de la métrica fija, o más efectivo, más una parte de la emoción de la «cosa», más pertinente, íntimo e interpretativo que el compás del verso de métrica regularizada: un ritmo que borra la posibilidad de satisfacernos con yambos o anapestos predeterminados. Eliot lo ha expresado muy bien, diciendo «Para el que quiera escribir bien, ningún *vers* es *libre*» [4].

---

[4] *Ibíd.*, pp. 5-6; Pound, «The Serious Artist», en el libro de Eliot acabado de citar, pp. 49-50. Aunque Cardenal, que sepamos, nunca habla del «correlativo absoluto» de Eliot, el concepto poundiano del «ritmo absoluto» se le aproxima bastante.

Otra idea poundiana que puede observarse en la técnica poética de Cardenal es su instancia a presentar más que describir («Retrospect», p. 5). Esta idea también la ofreció el filósofo norteamericano George Santayana; véase su *Interpretations of Poetry and Religion* (Nueva York: Charles Scribner's Sons, 1900), p. 274. Mallarmé, con cuyo estilo posterior vale comparar el de Cardenal, también creía que «la sugestión funciona mejor que la explicación»; ver Thomas A. Williams, *Mallarmé and the Language of Mysticism* ([Athens, Georgia]: University of Georgia Press, 1970), p. 37.

Las sentencias de Ezra Pound aquí reproducidas, se ejemplifican en la obra de Ernesto Cardenal, a tal punto que cuando Pound describió la poesía que él esperaba fuera escrita en el futuro, adelantó una caracterización del verso de Cardenal a la vez:

La poesía del siglo veinte, y la que espero ver escrita en la próxima década, más o menos, embestirá las naderías expresivas, será más dura y más entera, su sustancia se aproximará lo más posible a la del granito, su fuerza y su poder interpretativo residirán en su verdad (la fuerza del verso siempre yace allí, claro). Quiero decir que no buscará darse visos de potente con exageraciones decorativas y frenesíes retóricos. Habrá menos adjetivos pintados... Yo, por lo menos, así la deseo, severa, directa, desnudada de vacilaciones emocionales [5].

Si la poesía de Cardenal se aproxima tanto a la de Pound como lo hacen sus declaraciones teóricas —y pronto veremos que en efecto lo hace— la herencia poundiana en Cardenal queda demostrada. Aunque sus expresiones específicas se comprobarán en más detalle (en el capítulo IV), podemos resumirlas ahora: imaginería concreta pero sugestiva; poco uso pero productivo del adjetivo (observar el contraste con sus primeros versos); una musicalidad innata que remite al contenido y no a una métrica exteriorizante; y la apertura del lenguaje poético a presencias, vocabularios y niveles lingüísticos antes casi excluidos del verso hispanoamericano. Estos elementos son importantes y reveladores de la deuda técnica de Cardenal. Pero no pasan a ser más que eso: técnica, con ciertas implicaciones teóricas generalizadas y ambiguas. La filosofía de Cardenal, en cambio, no refleja la de Pound en absoluto. Hay, por tanto, un nivel en que empiezan a separarse los dos, en que la supuesta «imitación» de Pound ya no funciona. Nuestro estudio de la obra de Cardenal, de hecho, nos ha convencido que la concepción de la poesía que ha desarrollado Ernesto Cardenal se acerca en sus detalles más fundamentales a las teorizaciones de Octavio Paz. Esto lo decimos ahora para demostrarlo después (véase Parte II, cap. 2). Por ahora, baste con las evidencias de técnica poundiana en el verso de Cardenal, y con ver que el nicaragüense, a pesar de la presencia de Pound, no es meramente un imitador, ni de él ni de los otros poetas que estudió y tradujo. Y no podemos guiarnos, conste, por las declaraciones del poeta,

---

[5] Pound, «Retrospect», p. 12. El período posterior del movimiento «imagist» —«Amygism», como lo llamaba Pound en alusión a la poetisa Amy Lowell— amplió un tanto los consejos de Pound. Tanto las declaraciones en que Cardenal admite influencias ajenas, como también el hecho de que tres modificaciones que hicieron los «Amygists» a Pound se observan claramente en el verso de Cardenal, demuestran una vez más que Cardenal no permitió que sus conceptos poéticos descansaran exclusivamente en los de Pound. En primer lugar, podemos señalar la intención «amygista» a «emplear el lenguaje del habla diaria» (pero la palabra exacta, con todo). Después sigue que debía permitirse «libertad absoluta con la elección de la materia. El escribir mal de los aviones y automóviles no constituye el buen arte; y tampoco tiene que ser malo el arte que escribe bien del pasado». Y por fin escriben, «Los más creemos que la condensación es de la misma esencia de la poesía»; véase William Pratt, ed., *The Imagist Poem* (Nueva York: E. P. Dutton, 1963), p. 22.

cuya tendencia a simplificar lo complejo y cuya humildad ya se han visto.

Roberto Fernández Retamar ha observado bien lo que pasa en el caso de Cardenal: «Cardenal ha dicho que él no es más que un secuaz de los grandes poetas norteamericanos, lo cual no es desde luego cierto» [6]. Quien sugiere que Cardenal meramente imita a Pound olvida que la expresión poética se ajusta a lo que se ha de expresar (ya que tiende a darle su misma existencia), y que la técnica que Cardenal desarrolló partió de su propia ideología, sus experimentos poéticos anteriores a la influencia norteamericana y sus propios temas, por no decir nada de su herencia como hispánico y como nicaragüense. Retamar lo expresa bien al decir que Cardenal «hace, en cierta forma, con respecto a la gran poesía anglosajona reciente, lo que Darío hizo con respecto a la gran poesía francesa de su momento, es decir, la aclimata en nuestra poesía, en nuestra lengua» (p. 261). Como otra prueba más de nuestra tesis, recordamos que el estilo poético cardenaliano tardó años en evolucionar, y está visto que las composiciones anteriores al período de Nueva York, y la «Proclama» en especial, ya manifiestan varias características indispensables del verso más logrado del poeta (el poeta sí había iniciado sus estudios del verso angloamericano antes de ir a Nueva York —pero sus conocimientos del inglés eran en la época tan limitados que no pudo progresar mucho hasta haber residido en Estados Unidos; ver Benedetti, p. 100). En fin, la tesis de la «imitación», además de ser incompatible con su ampliamente conocida originalidad expresiva, queda puesta en duda por la cronología del autor. Al someterse al maestro Pound y los «Imagists» en Nueva York, Cardenal no descanalizó su verso del momento: más bien confirmó y fomentó su desarrollo definitivo.

La poesía de Ernesto Cardenal, luego, nace de la hispanización de ciertas técnicas e ideas foráneas a los temas y las situaciones contrastivas de la realidad cultural de Cardenal y sus colegas. La diferencia más notable entre Cardenal y los «Imagists» está en que no lo atrae el arte puro, en el sentido del simbolismo francés que tanto influyó en el «Imagism». Cardenal, ante todo, ha utilizado las técnicas de la presentación e imaginería objetivas aprendidas en Nueva York, dentro de su propio matiz interpretativo, que encauza el poema y todos sus elementos en una sola estructuración temática, claramente expresada, y sin limitar demasiado sus posibilidades.

El problema de la objetividad literaria, y especialmente la poética, es notablemente delicado, y fácilmente se nos escabulle; y, sin embargo, hemos de enfocarlo porque el verso de Cardenal, que busca una objetividad extrema y rigurosa, descansa en ella (o por lo menos en su apariencia). El profesor Charles Altieri, ecribiendo sobre el verso angloamericano en especial, ha hecho algunas observaciones que pueden ser útiles en nuestra investigación de la poesía objetiva y su búsqueda de

---

[6] «Antipoesía y poesía conversacional», en *Panorama de la actual literatura latinoamericana* (La Habana: Casa de las Américas, [1969]), p. 261. Para el concepto de oposición, véase el artículo ya citado de Isabel Freire.

proporcionar más que meras series de imágenes sueltas. Altieri empieza recordando que la diferencia entre el verso norteamericano más reciente y el «modernismo de Yeats, Eliot y Pound» se encuentra en

> una oposición entre la anterior poética, esencialmente simbolista, que se interesaba principalmente por los poderes imaginativos de crear valores y estructuras para la interpretación de la experiencia, y la inquietud más reciente por descubrir la energía y la posible fuerza moral inherente en los actos de percepción y en nuestras experiencias inmediatas y prerreflexivas de la naturaleza y la sociedad[7].

Para Altieri, pues, el problema que presenta «la impersonalidad objetiva del 'Imagism' es el de permitir alguna creatividad e interpretación por parte del lector, para evitar así el peligro del arte deshumanizado (p. 102). Si es posible cierta medida de objetividad, sin caer en tal peligro, sin embargo, una técnica objetiva, presentacional —que nosotros consideramos muy pertinente a Cardenal— acaso pueda realizar el ideal de una expresión poética en que el escritor «pudiera sustituir, por una evocación que interpretaba la realidad, una presentación compleja y completa, hasta llegar a los mismos límites del lenguaje» (p. 101). Según observa Altieri, citando a los dos modelos de Cardenal, «Pound y Williams proponen dos maneras en que la poesía puede proporcionarnos valores. La más evidente reside en que la poesía no tiene que limitarse a ser un modo de dar placer o de interpretar la experiencia (es decir, a ser *dulce et utile*); también puede ser una vía para intensificar nuestra visión de la vida humana»[8]. Esta teorización objetivista importa, ya que el verso de Cardenal, por objetivo que haya sido, no deja de basarse en valores morales que necesariamente percibe —y que debe evaluar— el lector. En el verso de Cardenal se ejemplifica una poesía que presenta objetivamente los valores más íntimos.

De hecho: en el caso de Ernesto Cardenal, el uso de una presentación esencialmente objetiva se coloca constantemente en un contexto ético y moral. El poeta selecciona y yuxtapone los elementos de su poema de acuerdo a sus interrelaciones temáticas: irónica, ejemplar, con-

---

[7] Charles Altieri, «Objective Image and Act of Mind in Modern Poetry», *PMLA* 91 (enero de 1976), p. 116.

[8] Página 110. El resumen que hace Altieri de la poesía post-*Imagist,* aunque no se refiere a Ernesto Cardenal, nos permite entender mejor su naturaleza, y ver más claramente que nunca que Cardenal utilizó las técnicas del movimiento norteamericano como un punto de partida, y no como un modelo que hubiera que imitar.

Con respecto a la poesía «objetiva», Roland Barthes ha demostrado que ninguna escritura puede serlo totalmente, en su *Le degré zéro de l'écriture* (París: Editions de Seuil, 1953 y 1972). Wayne Booth, en su *The Rhetoric of Fiction* (Chicago: University of Chicago Press, 1961), demuestra que la retórica es en última instancia ineludible; ver especialmente las pp. 105 y 67-86 *passim*.

Un problema íntimamente relacionado a estas cuestiones teóricas, el de presentación y descripción, ha sido tratado con inteligencia por Julia Kristeva en *El texto de la novela,* trad. Jordi Llovet (Barcelona: Editorial Luman, 1974). p. 65, y por Tzvetan Todorov en *Littérature et signification* (París: Librairie Larousse, 1977), p. 84.

tradictoria, documental, exhortativa, y demás. El lector, por ello, ya que debe necesariamente interpretar las imágenes presentadas según estas mismas interrelaciones individuales y el contexto del poema completo, participa en su hechura y pone, aparentemente por su propia voluntad, los valores éticos del caso. La participación de este «lector cómplice», como se le ha llamado en la prosa, sin la cual puede decirse que el poema no llega a constituirse efectivamente, le obliga a aceptar como hechos ya verificados los que le presenta el poema. Así, se crea la impresión de que se está percibiendo una realidad absoluta: el poema como medio de conocimiento, a la vez como la misma realidad que se va conociendo. Podemos afirmar que la medida del éxito de un poema exteriorista, es el grado en que esta mágica impresión, de una creación mítica intensamente personal, se produzca. La subjetividad y la retórica siempre existen, eso sí; pero se ofuscan, se dejan subordinar, así como el poeta parece subordinar su papel creador al del lector. En suma: en Nueva York, Cardenal aprendió la técnica de la presentación objetiva de la imagen, dentro de un marco estructural o clave lingüística claramente subjetivos. Este sigue siendo el fundamento de la técnica poética de Cardenal hasta hoy. El fondo moral, aún cuando se vuelva lo más implícito posible, siempre existe en su verso. Nuestro análisis parecerá un poco adelantado, tal vez, pero éste nos ha parecido el momento más adecuado, ya que el lector puede así comprobar el cambio efectuado en su verso, y los conceptos que le subyacen, en la poesía que en esta época empieza a producirse.

Pablo Antonio Cuadra se ha fijado con precisión en los cambios estilísticos y en el aumento de emotividad que surtieron sus efectos en Cardenal durante la época neoyorquina:

> La poesía de Ernesto no había llegado entonces a su mayoría de edad y no encontrará su propio camino hasta recibir el impacto de la poesía de los Estados Unidos. Fue a su regreso [de Columbia] cuando el poeta —sin haber perdido su fluidez original— demostró haber adquirido los recursos para someter, objetivar y dar toda su fuerza expresiva y diurna al río huguesco de su verbo. (p. 12)

Los poemas de este período, frecuentemente sobre temas históricos, son los primeros que consideramos representativos de la obra poética definitiva de su autor: «Omagua», «Raleigh» y «Las mujeres nos quedaban mirando» figuran entre los primeros. Obsérvense los cambios en la técnica de presentación y en el uso del lenguaje en sus dimensiones tonal y figurada:

> ... Y una tarde llegamos a una ciudad en mitad de un valle
> rodeada de árboles frutales,
> de habitantes tan quietos que no se oye ningún ruido ni tumulto,
> ni riñen nunca, ni gritan, sino que se hablan en voz baja unos a otros,
> que parece que nadie la habitara.
> Suelen salir de noche a cantar bajo la luna
> y bailar al son de sus instrumentos de viento,
> y frecuentemente nos pedían que cantáramos y bailáramos con ellos,

y a veces lo hacíamos,
y reían muy alegres y parecía
que querían comprender las palabras de los cantos.
Las mujeres nos quedaban mirando,
y algunas se acercaron a preguntarnos
si las mujeres de nuestra tierra son también del color de nosotros.

(antología Lohlé, p. 52)

«Las mujeres nos quedaban mirando» revela cómo Cardenal experimentaba con el uso de versos de medida y ritmo variados, durante la época en Nueva York. Sigue empleando el verso libre, pero éste ya se ha hecho un medio más sensible y delicado para la revelación del contenido narrativo, y se produce por ende un calmo y suave fluir. Asimismo, la anterior tendencia hacia la mucha abstracción ya se sustituye con un mayor uso de imágenes concretas y pasajes descriptivos más depurados. «Raleigh», por ejemplo, también escrito en Nueva York, llega a incluir por primera vez, fragmentos extraídos casi textualmente de otros lugares, un paso más en la evolución gradual del verso histórico de Cardenal, que da en *El Estrecho Dudoso* (1966), obra que lleva a sus lógicas consecuencias artísticas esta técnica, hasta incluir pasajes tomados de exploradores, soldados, indígenas y otras fuentes aún más variadas [9].

Reiteramos, para pasar adelante: los dos años que Cardenal pasó en Estados Unidos son los años en que el poeta encamina más certeramente la búsqueda de su voz poética, y en los que se producen sus primeros versos de verdadera belleza y valor estético. Al liberar a su verso de los adornos retoricistas del primer período, y al desnudarlo casi totalmente de la metáfora, Cardenal confirma que ya ha encontrado un estilo suyo y único.

Nicaragua

El período neoyorquino de creación y estudio poéticos tan intensos, y que vio la rápida evolución de lo que ya empezaba a ser un estilo más logrado, terminó en 1949, porque después de poner fin a sus estudios en Columbia, Cardenal regresó a Nicaragua, donde permaneció hasta 1957. En su país, intensificó sus actividades literarias y políticas por igual. Sus *Epigramas* (1961) y *Hora 0* (1957 y 1959), que también fueron sus primeras colecciones de verso, fueron compuestos allí en estos tiempos, aunque no se publicaron hasta varios años más tarde.

Cardenal recuerda los años de regreso en Nicaragua, que serán evo-

---

[9] Ernesto Cardenal, *El Estrecho Dudoso* (San José de Costa Rica: Educa, 1971). Robert Pring-Mill cita la inclusión de textos históricos, entre varias otras cosas, como contribuciones específicamente atribuibles a Pound. Otras que nota incluyen «el cultivo extremado de la objetividad superficial», «el rápido ir y venir de una fuente a otra», y «el uso de pasajes deliberadamente prosaicos para contrastar las evocaciones líricas de la naturaleza y la presentación épica de sucesos heroicos»; ver su «The Christian Revolutionary of Lake Nicaragua», en *London Times Literary Supplement*, 12 de julio de 1974, p. 743.

cados después en *Hora 0*. Un acontecimiento de esta época es la llamada «Conspiración de abril»:

> Al regreso a Nicaragua (1950) empecé a participar más activamente en la lucha política de oposición. Con frecuencia escribí artículos en el periódico contra el gobierno. Pertenecía a un pequeño partido de jóvenes, muy revolucionario, llamado UNAP [Unidad Nacional de Acción Popular] y comenzamos a conspirar. Durante un tiempo tuve una pequeña librería muy selecta en Managua, donde se reunían los poetas y también algunos conspiradores, aun militares. Esto culminó con la llamada «conspiración de abril» de 1954, que fracasó. Era un plan muy vasto de acabar con Somoza. Ibamos a subir a la Casa Presidencial la noche del 3 de abril, pero el plan no se logró llevar a cabo esa noche; al día siguiente fuimos descubiertos y los líderes principales fueron torturados ferozmente, y asesinados. Muchos otros estuvieron presos o se escondieron o exilaron. Yo no fui apresado, sino que me escondí [10].

No hubo solamente actividades políticas, sino literarias también. En los primeros años de esta etapa biográfica, 1951-1953, Cardenal y José Coronel Urtecho dirigieron una pequeña editorial llamada El Hilo Azul, que sacó a luz varios tomos de poesía, prologados por Cardenal. La mayor parte de estas publicaciones fue de verso nicaragüense —Alfonso Cortés, en una antología ya aludida, y Pablo Antonio Cuadra, entre los principales— pero también publicó verso norteamericano en traducción al español. Durante todo este período, de hecho, Coronel Urtecho y Cardenal colaboraron para hacer estas traducciones, que salieron mayormente en antologías y revistas, y que reforzaron todavía más la presencia de los Estados Unidos en Cardenal y en otros jóvenes poetas de Nicaragua.

Con todo, los años en Nicaragua fueron muy productivos para Cardenal. En 1950, compuso «Con Walker en Nicaragua», que le mereció el premio del Centenario de Managua en 1952 [11]. Parece ser que este poema, juntamente con otras composiciones de la época, debía aparecer en colección, pero tal publicación no se efectuó y los poemas siguen dispersos hasta hoy. Incluyen composiciones tales como «Realejo, 16 de abril de 1579», «El bongo mudo bogaba por el río», «León», «Los filibusteros», «Greytown» y «La vuelta a América». Estos poemas continúan el tema histórico iniciado ya antes; «Los filibusteros», por ejemplo, trata de la expedición de William Walker, el aventurero norteamericano, a Nicaragua en el siglo diecinueve. Es uno de los primeros poemas en que despunta ya el tema de la justicia social:

> Hubo rufianes, ladrones, jugadores, pistoleros.
> También hubo honrados y caballeros y valientes.
> Reclutados por la necesidad y las ilusiones:
> Uno estaba una mañana sin empleo en un muelle,

---

[10] «Nota», p. 8. Cardenal también relata la conspiración de abril en «Conversación en Solentiname», incluida en *La santidad de la Revolución* (Salamanca: Ediciones Sígueme, 1976), pp. 10-12, y en Benedetti, pp. 8-9.

[11] Arellano, p. 176.

> y llegaba un agente de Walker con un pasaje gratis
> a Nicaragua.
>> —Hacia donde no había pasaje de vuelta.
>>> (antología Lohlé, p. 56)

«La vuelta a América», que emplea una técnica parecida a la de «Walker» para presentar la acción, hace monologar a Simón Bolívar:

> ¡El mismo fastidio!
>> ¡Siempre el mismo fastidio!
> Estoy cansado de las ciudades de Europa.
> Me vuelvo a América.
>> ¿Qué haré yo allí?
> ...lo ignoro...
>> Yo nunca hago proyectos. [...]
> ¡Tenés cuatro millones
>> Simón Bolívar!
> Gasté 150.000 francos en Londres en tres meses.
>> En Madrid, donde viví como un príncipe...
> Después me dirigí a Lisboa...
> Aquel pobre chico Bolívar de Bilbao
> estudioso, metódico, económico,
> ¡y el Bolívar parrandero de la calle de Vivienne!
> ¿Y quién soy yo? Yo
> sólo sirvo para dar un cocktail-party
> a algún hombre de genio.
>> (antología Barral, p. 18)

Los poemas del período nicaragüense, así como se entrevé en los versos aquí citados, además de proseguir con el tema histórico y perfeccionar la técnica, ya revelan más claramente adelantos en la capacidad del poeta para efectuar dramáticos cambios rítmicos que reflejan los cambios que sufre el contenido narrativo, y un aumento en la inventiva y originalidad técnica y temática. Los epigramas ejemplifican dichos adelantos perfectamente.

«Epigramas»

Como los poemas de tema histórico que Cardenal compuso en Nicaragua no llegaron a juntarse en una sola publicación, a *Epigramas,* compuesto entre 1952 y 1956, corresponde el honor de ser la primera colección de Cardenal en cuanto a fecha de composición. No obstante, sólo salió como libro en 1961, dos años después de la publicación de *Hora 0,* y un año posterior a la salida de *Gethsemani, Ky. Epigramas,* así, es uno de muchos ejemplos de cómo las fechas de publicación de las obras cardenalianas no suelen corresponder ni al orden ni a las fechas en que fueron compuestas. La forma original de *Epigramas* fue la de copias en mimeógrafo, que circularon sumidas en el anonimato, aun cuando lograron despertar bastante interés en el formato y el autor. Epigramas circularon en México, Cuba y Colombia, y Pablo Neruda llegó a publi-

41

car algunos, sin saber quién los había escrito. Un epigrama famoso explica la necesidad de guardar en secreto la identidad del autor:

Nuestros poemas no se pueden publicar todavía.
Circulan de mano en mano, manuscritos,
o copiados en mimeógrafo. Pero un día
se olvidará el nombre del dictador
contra el que fueron escritos,
y seguirán siendo leídos [12].

Otro epigrama comunica, con mordaz ironía, el deseo de una voz más pública:

Tal vez nos casemos este año,
amor mío, y tengamos una casita.
Y tal vez se publique mi libro,
o nos vayamos los dos al extranjero.
Tal vez caiga Somoza, amor mío [13].

Los epigramas que llegaron a conocerse fuera de Nicaragua se atribuían a un «anónimo nicaragüense», cuyo encubrimiento remitía, naturalmente, al peligro que se acarreaba el escritor de verso (o prosa) social en la Nicaragua somocista. Cardenal lo afirma: «Yo no podía dar mi nombre en esa época del viejo Tacho que fue la de mayor represión» [14]. Y no exagera. De hecho, una de las varias veces que Cardenal ha debido entrar a la clandestinidad, un epigrama motivó la crisis:

En Costa Rica cantan los carreteros.
Caminan con mandolinas en los caminos.
Y las carretas van pintadas como lapas,
y los bueyes van con cintas de colores
y campanitas y flores en los cuernos.

Cuando es el corte del café en Costa Rica,
y las carretas van cargadas de café.

Y hay bandas en las plazas de los pueblos,
y en San José los balcones y ventanas

---

[12] *Epigramas*, p. 47. Este epigrama también trata, oblicuamente, un tema común en la colección: el poder de la palabra escrita en los cambios sociales. Ver, por ejemplo, p. 45.
Con respecto a la publicación nerudiana de los epigramas, existe alguna confusión. Nosotros nos adherimos a las declaraciones de Cardenal al respecto. Ana Francisca de Elio, no obstante, dice que el poeta chileno no los publicó, en su artículo «A la búsqueda de un lenguaje para la poesía revolucionaria», *Revista Histórico-Crítica de Literatura Centroamericana* (San José de Costa Rica), 1 (1974), página 47.
[13] *Ibíd.*, p. 48. El tema principal, desde luego, es la dificultad de la caída de Somoza.
[14] «Nota», p. 15. Varios poemas que Cardenal publicó en el anónimo tomo *Poesía revolucionaria nicaragüense* (México: Ediciones Patria y Libertad, 1968), van sin firma. *Poesía revolucionaria nicaragüense* ha sido atribuida a Cardenal y Ernesto Mejía Sánchez.

están llenos de muchachas y de flores.
Y las muchachas dan vueltas en el parque.
Y el presidente camina a pie en San José [15].

Las autoridades nicaragüenses, al principio, no percibieron el insulto que ofrece este epigrama. Cuando al fin vieron la denuncia, al parecer, se emitieron órdenes de captura contra Cardenal, quien al ser avisado se escondió durante unas tres semanas, hasta que se resolvió el problema [16].

El formato epigramático, ejemplificado en el epigrama acabado de citar, le ofrecía a Cardenal un medio poético ideal para poner en práctica las técnicas recién aprendidas, y para agudizar más la elección de palabras y experimentar con los contrastes tonales y efectos estructurales, en un laboratorio mínimo y, por lo mismo, intenso. En específico, y de acuerdo al epigrama clásico, la técnica de Cardenal, de someterse a la disciplina que requiere tal composición, pone en práctica y perfecciona la relación de un significado complejo en el «golpe» que sólo puede librar una sola imagen poética. Puesta en práctica en el epigrama, esta técnica, clave estética del formato, suele producirse al final. Cuadra la llamó el «aguijonazo». Así como en el ejemplo arriba citado, el golpe debe ser repentino e inesperado, y una vez dado debe terminar el epigrama, dejándole al lector contemplando su propia reacción de sorpresa o choque. El «aguijonazo», arma diestra en *Epigramas,* tiene otra importancia también, ya dentro de la perspectiva de la carrera de Cardenal: es el ejemplo más concentrado e intenso de la técnica condensatoria que caracterizará todo el verso maduro del poeta. En un momento dramático se comprime todo el efecto del epigrama, para soltarlo en una imagen (recordar la definición poundiana), instantáneamente. Esta condensación, aprendida en el estudio del verso clásico y norteamericano, además de definir la concepción cardenaliana de la imagen poética, llegará a constituir un principio estructural de primera importancia en su verso. Su naturaleza la predispone a efectos tan fundamentales como lo son los cambios de tono y tema en una composición más extensa que el epigrama. Su naturaleza de aparente objetividad, en el uso que le da Cardenal, aumenta asimismo la eficacia de la técnica exteriorista. Finalmente, puede sugerirse que es una técnica afín, en sus entrañas, al verso revolucionario en sí, ya que se efectúa en el lector como un inesperado golpe que le da el maestro *zen* al discípulo torpe: el choque produce una percepción radicalmente modificada de la cuestión, y hace trizas toda indolencia. Predispone, en última instancia, a verse el mundo de otra manera, y actuar a base de estas nuevas percepciones.

---

[15] *Epigramas*, p. 41. Cardenal ha hecho estas comparaciones en varias ocasiones. Véanse los siguientes versos de «Epístola a José Coronel Urtecho»: «Usted se ha vuelto al río [...] / Donde hace poco lo visitó un presidente sin guardaespaldas / por supuesto no el de Nicaragua, el de Costa Rica» (en *La santidad de la Revolución,* pp. 86-87).

[16] «Entrevista», p. 379. Costa Rica, ya no como un medio de insultar a los tiranos, aunque sí como un símbolo contrastivo, aparece en varios otros poemas. Ver, por ejemplo, «Condensaciones y visión de San José de Costa Rica» (antología Barral, pp. 279-84).

Dos breves epigramas ejemplifican el uso del «aguijonazo» o técnica condensatoria, en los versos finales de cada uno:

De pronto suena en la noche una sirena
de alarma, larga, larga,
el aullido lúgubre de la sirena
de incendio o de la ambulancia blanca de la muerte,
como el grito de la cegua en la noche,
que se acerca y se acerca sobre las calles
y las casas y sube, sube, y baja
y crece, crece, baja y se aleja
creciendo y bajando. No es incendio ni muerte:
                Es Somoza que pasa.

                      (p. 30)

Se oyeron unos tiros anoche.
Se oyeron al lado del Cementerio.
Nadie sabe a quién mataron, o los mataron.
Nadie sabe nada.
Se oyeron unos tiros anoche.
Eso es todo.

               (p. 31)

Está visto que el golpe no tiene que ensordecer al lector, sino nada más despertarlo, cambiarlo. Puede ser callado, mínimo. Pero debe basarse siempre en el contraste, y el cuidadoso control del vocabulario y ritmo que le preceden, para surtir su pleno efecto. Los epigramas, con estas exigencias, son una dura y exitosa prueba de la creciente destreza poética de Cardenal. Se ve, para dar ejemplos, cómo ya tiende menos hacia la exageración y el uso de adjetivos de poca fuerza emotiva o estáticas. El verso «eso es todo», verbigracia, compuesto de los elementos más sencillos y transparentes, sugiere mucho de una manera suavizada. Tenemos en él, como en muchos otros que abundan en *Epigramas,* uno de los primeros ejemplos del uso de lenguaje absolutamente diario y popular, para expresar un estado anímico bien encendido (y sin extremar su expresión como lo hicieran los románticos), para producir un gran efecto poético.

En *Epigramas* dominan los temas del amor y la política, los cuales parecerían entrar en conflicto para producir una desunión dentro del texto. Es, en efecto, en esta colección donde Cardenal, por primera vez, da voz a sus preocupaciones políticas. Ha dicho, textualmente, que *Epigramas* refleja «los dos intereses principales que tenía en esa época, las muchachas y la política revolucionaria... Fue una época de mucha pasión por las muchachas, de muchos enamoramientos. También de mucha pasión política» («Nota», p. 10). Significa mucho el hecho de que Cardenal utilice el sustantivo «pasión» para evocar lo que sentía ante dos inquietudes aparentemente sin relación entre sí, como lo son la política y el amor a la mujer. El valor biográfico-ideológico de un epigrama está precisamente en que logra juntar estas dos pasiones, demostrando cómo se relacionan con el papel que puede jugar el poeta dentro de su sociedad:

> ¿No has leído, amor mío, en *Novedades:*
> CENTINELA DE LA PAZ, GENIO DEL TRABAJO
> PALADIN DE LA DEMOCRACIA EN AMERICA
> DEFENSOR DEL CATOLICISMO EN AMERICA
> EL PROTECTOR DEL PUEBLO
>   EL BENEFACTOR...?
> Le saquean al pueblo su lenguaje.
> Y falsifican las palabras del pueblo.
> (Exactamente como el dinero del pueblo.)
> Por eso los poetas pulimos tanto un poema.
> Y por eso son importantes mis poemas de amor [17].

La poesía, ya en esta época, todavía juvenil, se abre al amor como pasión erótica e igualmente al amor como sentimiento patriótico. La confluencia de las dos «pasiones» de Cardenal antecede la definitiva ampliación del concepto del amor que después de la conversión religiosa en 1956, sería ya en Cardenal un amor a la misma humanidad.

«Hora 0»

Ernesto Cardenal, de costumbre, ha trabajado varios proyectos literarios simultáneamente, por las mismas fechas, proceder que le complica el quehacer al bibliógrafo o al que estudia el desarrollo de sus dones de poeta. La composición de *Epigramas,* por ejemplo, coincide con la de *Hora 0,* escrito en etapas entre 1954 y 1956, con posterioridad a la «conspiración de abril» —descrita ya— que evoca en estos versos:

> Suenan tiros en la noche, o parecen tiros.
> Pasan pesados camiones, y se paran,
> y siguen. Uno ha oído sus voces.
> Es en la esquina. Estarán cambiando de guardia.
> Uno ha oído sus risas y sus armas.
> El sastre de enfrente ha encendido la luz.
> Y pareció que golpearon aquí. O donde el sastre.
> ¡Quién sabe si esta noche vos estás en la lista! [18].

Hora 0 representa la faceta política de Cardenal en sus momentos de inspiración, ya hecho un poeta con verdadero dominio de su técnica y sus materiales, y con un don inventivo que ya decididamente se revela. Aparte de los adelantos en técnica, sin embargo, nos parece que la originalidad de *Hora 0* reside, al menos en parte, en su fusión de realidades sociales con el mismo acto de creación estética, la que pasaremos a

[17] *Epigramas*, p. 53. «Epístola a José Coronel Urtecho» reitera y amplía las ideas sobre el lenguaje expresadas por primera vez en este epigrama.

[18] *Hora 0*, pp. 28-29. Este pasaje se asemeja tanto al epigrama «Se oyeron unos tiros anoche», arriba reproducido, que el mismo Cardenal, hablando del pasaje de *Hora 0*, entremezcla los primeros versos del epigrama, diciendo, «Se oyen tiros en la noche o parecen tiros» («Nota», p. 7).

El poema «Squier en Nicaragua» también fue compuesto en el período 1954-1956.

examinar en algún detalle. *Hora 0,* poema en tres movimientos y un preludio, es un acto de concientización en forma poética, que escapa del peligro de quedar hecho propaganda. En *Hora 0,* Cardenal se aventura estéticamente —y, como lo demuestra la acogida que hasta el día ha tenido la obra, sí pasa la mar.

Uno de los elementos más logrados de *Hora 0,* y uno de muchos que colaboran para hacer de *Hora 0* una obra tan memorable, es su narración directa. El poema —porque *Hora 0* es un largo poema unificado— contiene abundantes ejemplos de la técnica muy cardenaliana ya, de presentar objetivamente un pasaje, tal como una cita textual o una estadística, dentro de un contexto bastante subjetivo —aquí, la desaprobación ética:

> (Y los diputados nicaragüenses invitados a un garden party).
> Pero el negro tiene siete hijos.
> Y uno qué va a hacer. Uno tiene que comer.
> Y se tienen que aceptar sus condiciones de pago.
> 24 ctvs. el racimo.
>
> (p. 11)

> y «un Dibutado más bbarato que una mula»
> —como decía Zemurray—
> aunque seguía disfrutando de las exenciones de impuesto
> y los 175.000 acres de subvención para la Compañía,
> con la obligación de pagar a la nación por cada milla
> que no construyera, pero no pagaba nada a la nación
> aunque no construía ninguna milla (Carías es el dictador
> que más millas de línea férrea no construyó).
>
> (pp. 10-11)

Hora 0 constituye, y con mucho, el poema más innovador de Cardenal hasta la época. En él, el poeta lleva muy adelante los experimentos que le antecedían; y en él, emplea por primera vez varias técnicas importantes: el uso de palabras en inglés («garden party»), la interpolación de citas y pasajes tomados de otros textos (a veces vista en menor escala ya), y en particular, la utilización de un *collage* poético, que reúne cantos, versículos bíblicos, lugares comunes, mensajes telegráficos y mucho más. *Hora 0* también alude claramente al cristianismo, en su epígrafe, de Isaías 21,11: «¡Centinela! ¿Qué hora es de la noche?» Tal cita, al igual que el título del poema, sirve para avisar y despertar al lector descuidado o apático. En contraste con «La casa de Cristo», que también llevaba un epígrafe bíblico, pero que no entraba en cuestiones políticas, en *Hora 0* el aviso profético le da al poema un aire moral generalizado.

Hora 0 es una de las obras más exterioristas de Cardenal. C. C. Antidio Cabal lo ha llamado «el más bello y eficaz poema político y social en lengua española» (p. 2). Recogida en repetidas antologías, será la primera composición de Cardenal en poner sobre aviso a un público ya internacional, de que ya se presentaba un poeta de importancia, que ya había aprendido a hacer lo que a tantos se les había escapado: a crear una legítima obra de arte poético, a la vez que comunicaba una posición clarísima sobre la injusticia social. En suma: Cardenal, en contraste con ciertos otros que debieron someter su técnica expresiva a una nueva temática sociopolítica, no tuvo que deformar su estilo, ya bastante acabado, para pintar una realidad que había vivido y que en efecto había participado en la creación de su poética. La temática y la técnica nacen juntas.

Hora 0 nace de una fe en el valor social del arte, y para muchos llega a demostrarlo, hasta por primera vez. En América Latina, no sólo se permite que la poesía (o el arte que sea) comunique ideas sociales, sino que no pocos están convencidos que para un continente en las condiciones evocadas en *Hora 0,* todo arte debe necesariamente enfocarlas de una manera u otra. Como ha escrito un esperanzado Carlos Fuentes, «Escribir sobre América Latina, desde América Latina, para América Latina, ser testigo de América Latina en la acción o en el lenguaje significa ya, significa cada vez más, un hecho revolucionario» [19]. Nosotros hemos de decir que aceptamos como legítima una temática social, como puede serlo cualquier otra, y rechazamos por lo mismo una categorización estética del arte a base de su posición ideológica [20]. Sí, creemos, nos corresponde analizar y valorar lo que el poeta ha hecho con sus materiales, con su única e inmodificable visión del universo.

Lo que logró hacer Cardenal con *Hora 0* fue escribir un verso que no cayó en el propagandismo, en que el valor artístico no se subordina al mensaje, debilitándolo; más bien, escribió un verso que sencillamente no podría existir aparte de su referente social. Roland Barthes ha podido diferenciar los dos modos de escritura, viendo claramente que un poema no puede comprometerse desde fuera, como una capa superficial que se pinta. Una escritura auténtica sólo puede comprometerse como parte del mismo proceso creador del poeta:

> Les écritures... sont produites par un mouvement identique, qui est la réflexion de l'écrivain sur l'usage social de sa forme et le choix qu'il en assume. Mais cette aire sociale n'est nullement celle d'une consommation effective. Il ne s'agit pas pour l'écrivain de choisir le groupe social par

---

[19] Como bien lo señala Robert Pring-Mill, aunque el arte de compromiso social es un hecho verificado en América Latina, todavía muchos en Estados Unidos no quieren aceptar la estética que le subyace («Introduction», p. 10). Para una presentación razonada de la cuestión desde esta perspectiva, puede verse Jean Franco, *The Modern Culture of Latin America: Society and the Artist* (Nueva York: Frederick A. Praeger, 1967), especialmente pp. 1, 163 y 280-82.

La cita de Fuentes procede de «La palabra enemiga», ensayo publicado en su *La nueva novela hispanoamericana* (México: Joaquín Mortiz, 1969), p. 95. Severo Sarduy también ha propuesto, específicamente, que «Una revolución que no inventa su propia escritura ha fracasado», *apud* Jean Franco, «The Crisis of the Liberal Imagination and the Utopia of Writing», *Ideologies and Literature* 1 (diciembre 1976-enero 1977), p. 11.

[20] Borges se ha fijado certeramente en que la crítica ha tenido siempre grandes dificultades para juzgar estéticamente a obras de contenido altamente ideológico, y concluye: «Quienes dicen que el arte no debe propagar doctrinas suelen referirse a doctrinas contrarias a las suyas» (citado por Oscar Collazos, *Literatura en la revolución o revolución en la literatura* (México: Siglo 21, 1970), p. 94.

lequel il écrit: il sait bien que, sauf à escompter une Révolution, ce ne peut être jamais que pour la même société. Son choix est un choix de conscience, non d'efficacité [21].

Hora 0 marca un momento central en la producción de Cardenal, en el sentido de expresar una serie de temas a los que el poeta volvería a lo largo de su carrera. Primeramente, sobresale la evocación de las actividades revolucionarias como una renovación vital, aludida a grandes brochazos ya en *Epigramas:*

> Pero cuando muere un héroe
> no se muere:
> sino que ese héroe renace
> en una Nación.
>
> (p. 27)

Otro aspecto de la revolución que después se verá con frecuencia se presenta inicialmente: la revolución como un gran retorno. A menudo en su obra posterior, Cardenal contrastará nuestros días con los de la antigüedad, de la soñada Edad Dorada. Véase la cuarta sección de *Hora 0,* que empieza «En abril en Nicaragua los campos están secos». La segunda estrofa contiene una frase que se reproduce casi exactamente al final de la sección. La primera vez leemos «En mayo llegan las primeras lluvias. / La hierba tierna renace de las cenizas». El ciclo natural que simboliza la primavera halla eco en la muerte y el renacimiento de los ciclos políticosociales, también naturales: «Pero el héroe nace cuando muere, / y la hierba verde renace de los carbones» (páginas 23, 31).

Hora 0, para dejarlo ya por el momento, puede considerarse el manifiesto exteriorista que Cardenal y José Coronel Urtecho no llegaron a escribir. En efecto, sirve como tal para muchos jóvenes poetas hispanoamericanos, que hallan en este poema tanto una de las primeras expresiones de una verdadera inquietud revolucionaria en verso, como un importantísimo paso adelante en la creación de un lenguaje poético para la América hispánica del futuro.

El segundo período poético de Ernesto Cardenal se cierra con *Hora 0,* incluyendo así los poemas históricos de Nueva York y *Epigramas.* Estas colecciones, recuérdese, estuvieron varios años sin publicarse, años en que Cardenal y su verso sufrieron su última transformación: su conversión religiosa.

---

[21] Barthes, obra citada, p. 15.

CAPÍTULO III

«¿HASTA CUANDO, SEÑOR?»
(1956-1980)

> *El nuevo presente ha creado un nuevo pasado.*
>
> WALTER RAUSCHENBUSCH

Ernesto Cardenal, además de ser poeta, también es escultor de mucha sensibilidad. Ya para 1956 y 1957, había hecho obras de escultura —mayormente en madera— de calidad y cantidad suficientes como para exhibirlas dos veces en la Unión Panamericana, en Washington, D. C.[1]. En 1956, Cardenal también escribió sus «Postales europeas» (antología Barral, pp. 20-22), una serie de composiciones breves al estilo epigramático. A pesar del éxito que alcanzaban estas actividades artísticas, sin embargo, pronto Cardenal habría de abandonarlas.

Hasta los años en cuestión, la vida del joven Ernesto, como se ha notado ya, había sido la predilecta del estudiante universitario desocupado, mayormente cuando se está en el extranjero, lejos de las cohibiciones familiares. El período en México, por ejemplo, consistía parcialmente en «tragos, fiestas y borracheras»[2]. Unos meses después de terminar su estadía en México, Cardenal fue a España, como becado que nunca comparecía en la universidad. Cardenal ha descrito estos meses en España de la siguiente manera:

> Cuando vine a Madrid, hace veintisiete años, era un poeta de vida bastante disipada. Un poeta que quería vivir la vida intensamente, aunque también equivocadamente, según lo descubrí después... Me dedicaba principalmente a beber con unos amigos en la calle Echegaray, en una taberna de la calle Válgame Dios y en otros lugares así. Algunas veces, en la mañana, nos íbamos a tomar una cerveza para quitarnos la «goma», como decimos en Nicaragua. Y después pasábamos a tomar algunos vinos y está-

---

[1] Sobre la escultura de Cardenal, puede verse Rosario Murillo, «Barro de Dios y del alma india», entrevista con Cardenal con motivo de una exhibición en Managua y publicada en *La Prensa* (Managua), 14 de diciembre de 1975, pp. 1, 4 y 30. (Todas las esculturas de Cardenal que hemos visto han sido de una forma sencilla y estilizada, reducida a esencias.)

[2] «Nota», p. 10. Sobre el Cardenal enamorado, ver Arellano (p. 162) y Ovalles (p. 14), además de la próxima cita.

bamos tomando vinos hasta la noche. Esa época fue también de muchos enamoramientos, y algunos muy profundos [3].

Así como lo revela la cita anterior, Cardenal experimentaba fuertes sentimientos de insatisfacción y culpabilidad moral ante esta vida «disipada», y habla de secretas angustias y vacíos interiores (Ovalles, p. 14). Ha dicho igualmente que desde la juventud, desatendía un llamado a una vida diferente, que oía «la voz del amor desapreciado», un «amante» que «quería que no amara a nadie sino a El» *(Ibíd.).* El joven Ernesto había desatendido el llamado desde hacía años: «me hacía el sordo», dice. Pero por fin, en 1956, ya no pudo resistirlo más. Oigamos cómo describe Cardenal estos momentos tan importantes de su vida: «Simplemente... Dios se me reveló como amor, y la pasión que sentía antes por el amor humano la sentí por El. Descubrí su belleza y me entregué a ese amor» («Nota», p. 10). En la fundamental entrevista con Ovalles (p. 14), Cardenal describe su conversión con más detalle:

> Hice eso que en la historia de muchos santos se llama una «conversión». Exactamente como uno se suicida, como Rigoberto [López Pérez] se había suicidado matando a Somoza. Yo en un instante resolví matarme a mí mismo, como quien mata a un tirano. Inmediatamente pasó una cosa muy rara, quedé completamente cambiado en otra persona, y quedé liberado. Todo lo que yo había amado hasta entonces, dejó de tener valor para mí.

El desdén por lo mundano, actitud universal entre los místicos, le llevó a Cardenal a dejar en el pasado su vida social, que había sido tan apasionada: «Al convertirme a Dios ya no quise tener nada que ver con el mundo ni sus goces ni alegrías» («Nota», p. 10). Tal actitud, claro está, prometía un futuro que tenía que ser muy distinto de lo que habían sido sus años de juventud. Su deseo de modificar su vida a partir de cero, se puede decir, le convenció que debía buscarla en la vida retirada de un monasterio. Cardenal ya conocía los poemas del padre Thomas Merton, escritor y pensador trapense cuyos versos el nicaragüense ha traducido. El interés por Merton lo indujo a solicitar admisión en Our Lady of Gethsemani, en el estado de Kentucky, EE.UU. De ello escribe lo siguiente:

> Me atraían ya otros goces, y entonces quise hacerme trapense, atraído por el silencio y la soledad de esa orden. No escribí a Merton ni pretendía buscar la compañía de él al buscar la Trapa. («Nota», p. 11)

Así, Cardenal decidió entrar en la Trapa, en cuya solicitud de entrada puso como su profesión la de «poeta», y donde tomó el nuevo nombre de M. Lawrence Cardenal (Cabal, p. 2). En mayo de 1957, el novicio nicaragüense entró a la vida monástica.

---

[3] «Ernesto Cardenal cuenta la historia de Solentiname», *Nueva Vida,* pp. 24-30 (artículo enviado por Cardenal a Robert Pring-Mill, a quien agradecemos la fotocopia; informaciones bibliográficas incompletas); p. 24.

Cardenal en la Trapa

Durante los dos años que Cardenal pasó en Our Lady of Gethsemani, casi cesaron sus actividades literarias, puesto que se le prohibió, como sacrificio particular, escribir de una manera formal o publicable. Sí, sin embargo, le era lícito tomar apuntes que después usó para componer *Vida en el amor* (1970) y *Gethsemani, Ky.* (1960). Con el apoyo de Merton, también se le permitió hacer algunas esculturas como parte de su labor manual.

La vida cisterciense, como lo ilustra Our Lady of Gethsemani, suele ser bastante rigurosa, y se hace hincapié en la necesidad de compartirlo todo, no poseer nada, y guardar silencio. La comida no admite lujos tampoco: una de las más frecuentes la son las papas hervidas. Las celdas carecen de calefacción, y los helados inviernos de Kentucky se sienten en toda su severidad. Quizás como resultado del clima, Cardenal sufrió de jaquecas casi constantemente, a tal grado que al fin tuvo que seguir el consejo médico, y dejar la Trapa, sin poder hacer sus votos de monje.

A pesar de la dureza de la vida monástica que experimentó, Cardenal ha descrito sus años de novicio trapense como «los días más felices de mi vida» (Ovalles, p. 15). No cabe duda sobre su importancia en la formación intelectual y espiritual del poeta. Dos elementos de esta época son de especial valor: la influencia de la vida monástica en general, y la influencia específica de Merton. Cardenal describe la vida en Gethsemani:

> Es como una utopía realizada, en pequeño. Es una comunidad en que los hombres tratan todo el tiempo de amarse unos a otros, de no explotarse, de no dominarse unos a otros. Es también en realidad una vida comunista. Todo es de todos. En la Trapa estaba prohibido decir la palabra «mío», aplicándola a algún objeto: uno tenía que decir «nuestros zapatos», «nuestros vestidos», etc. Es también una vida pobre como la de nuestros campesinos, y los monjes viven de su trabajo, que es un trabajo duro en el campo, trabajo de campesinos. Y lo que les sobra de ese trabajo es para los pobres. Es pues una vida comunista y de amor [4].

Hay que subrayar el hecho de que Cardenal, al estilo de Merton, describe la vida monástica utilizando términos más aptos para la sociedad de extramuros: «una vida comunista». Efectivamente, para Cardenal, la vida que llevaba en Our Lady of Gethsemani, como después sería la de Solentiname —la pequeña comunidad que más tarde dirigiría— exploraba una posible estructuración para la sociedad del futuro. En Kentucky, Cardenal vio por primera vez que el modelo de la vida religiosa tal vez podía ensancharse hasta abarcar toda una sociedad.

---

[4] Ovalles, p. 15. Thomas Merton describía la vida monástica en términos tan próximos a los de Cardenal que se puede suponer un modelo. Ver, por ejemplo, «In the Monastic Community», en *A Thomas Merton Reader*, ed. Thomas P. McDonnell (Garden City, New York: Doubleday, 1974), especialmente p. 147.

Así, no sólo creció en espiritualidad Cardenal en este período. También percibió nuevas posibilidades para su obra escrita, y ante todo vislumbró un modelo social que luego no se había de olvidar.

Para Cardenal, así como lo era para su mentor, Merton, el compromiso con el mundo «real» es indispensable para el religioso, viva o no en un monasterio. Merton, en *Seeds of Destruction,* ha escrito que el retiro monástico debe ser, no un divorcio de las cuestiones que apremian al mundo fuera del monasterio, sino un negarse a participar en actividades que no fomenten la verdad. Dice igualmente lo siguiente:

> La vida contemplativa no es, ni puede ser, meramente una separación, una pura negación, un volver la espalda al mundo y sus sufrimientos, sus crisis, sus confusiones y sus errores. En primer lugar, el intento sería una pura ilusión. Nadie puede apartarse totalmente de la sociedad del prójimo; y la comunidad monástica, para bien o para mal, está muy metida en las estructuras económicas, políticas y sociales del mundo contemporáneo. Olvidarlo o desconocerlo no le exime al monje la responsabilidad de su participación en sucesos en los cuales su mismo silencio y su propio desconocimiento bien pueden constituir una forma de complicidad. El mero hecho de «ignorar» lo que acontece puede volverse una decisión política...
>
> Estas posiciones, me parece, tienen una relación vital con las obligaciones que acepté cuando hice mis votos monásticos. Comprometerse a la pobreza me parece una ilusión si de alguna manera no me solidarizo con la causa de los desposeídos, y los que son obligados a vivir, en su mayoría, en la miseria más deprimente. Hacer un voto de obediencia me parece absurdo si el acto no conlleva una profunda preocupación por la más fundamental de todas las expresiones de la voluntad de Dios: por el amor de Su verdad y de nuestro prójimo [5].

Merton, como es sabido, hizo una contribución fundamental al pensamiento de Ernesto Cardenal, tal como lo reconoce el nicaragüense, diciendo: «Mi posición religiosa es exactamente la que tenía Merton», y «la formación religiosa que he tenido se debe casi toda a él» [6]. Merton, quien murió en un accidente de 1968, es el sujeto del poema de Cardenal que tal vez supere a todos los demás, las «Coplas a la muerte de Merton» [7]. Además, Merton fue la fuerza motivadora tras la fundación

[5] Thomas Merton, «Author's Note», en *Seeds of Destruction* (New York: Farrar and Giroux, 1964), pp. xii y xvi. (Recordamos que traducimos toda cita originalmente en inglés.)

[6] «Nota», pp. 15 y 11. Acaso las declaraciones más íntimas que haya hecho Cardenal sobre su relación con Merton sean éstas: «al final resultó que me enseñó a ser como él, en quien la vida espiritual no estaba separada de ninguna otra preocupación humana», y «su muerte es la pena mayor que he tenido en mi vida religiosa (o en mi vida toda, yo creo). El era para mí un padre. Espiritualmente hablando, pero no metafóricamente hablando». Estos comentarios los hace en una carta inédita y enviada a un Sr. Griffin (quien escribía un libro sobre Merton), fechada «Nuestra Señora de Solentiname, enero 18 [1970?]». (El año se deduce de la declaración que hacía un año que venía escribiendo las «Coplas».)

[7] «Coplas a la muerte de Merton» se ha publicado, entre otros lugares, en las antologías de Barral (pp. 132-46) y Lohlé (196-211). Se publicó igualmente en *Revista Chilena de Literatura* (Universidad de Chile), núms. 5-6 (1972), pp. 199-217; esta publicación importa especialmente por las anotaciones de María E. Claro,

de la comunidad de Solentiname (Nicaragua), en que Cardenal llegó a vivir unos once años. Hablando de una visita a los Estados Unidos poco antes de su ordenación (en 1965), Cardenal dice que la comunidad de Solentiname había sido originalmente idea de Merton: «Poco después de ella fui a visitar a Merton a USA para conversar ampliamente con él sobre la fundación de Solentiname y pedirle su orientación, pues ésta ha sido como una fundación espiritual de Merton (y él así la había considerado)» («Nota», p. 14). También fue Merton el que renovó el interés que Cardenal tenía en la herencia indígena americana, que ha dado lugar a algunos de los versos más logrados de Cardenal, en especial su *Homenaje a los indios americanos* (1969).

Al traducir con José Coronel Urtecho la poesía norteamericana, Cardenal se había familiarizado con el verso primitivo de las Américas. Cuando dejó Gethsemani, Cardenal se fue a Cuernavaca (México), donde vivió los años 1959 a 1961. Ahí, su interés en el pasado americano le indujo a hacer bastantes investigaciones en antropología e historia continentales. En México, Cardenal también estudió teología en el monasterio benedictino de Santa María de la Resurrección, donde prosiguió sus preparaciones para el sacerdocio, iniciadas en Kentucky. Así como en Gethsemani, no llegó a hacerse miembro de la orden, aunque residió en el convento y estudió con los sacerdotes.

En Cuernavaca, Cardenal progresó rápidamente con su obra escrita. Compuso allí un poema casi desconocido, «El valle de Cuernavaca» [8]. También convirtió los apuntes que había hecho en Kentuky en las meditaciones en prosa de *Vida en el amor,* y la hermosa poesía de *Gethsemani, Ky. El Estrecho Dudoso,* su poema histórico más extenso y el fruto de sus investigaciones en museos y bibliotecas, también fue escrito en Cuernavaca.

«Gethsemani, Ky.»

Gethsemani, Ky., escrito en México después de los dos años que vivió Cardenal en el monasterio trapense, es su colección más lírica. En ella, perdura la calidad abreviada y sujetiva de los apuntes en que se basaba, y los poemas son breves, sencillos y directos. Estilísticamente, recuerdan la poesía de los «Imagists» (y su inspiración, los *haikú* japoneses); algunos poemas no son más que una o dos imágenes hábilmente pintadas, y capaces de admitir la interpretación más variada:

quien analiza el poema en un excelente artículo que le sigue. Deseo agradecer al profesor Pedro Lastra el haberme proporcionado estos materiales, ya que la revista fue destruida en casi todos sus ejemplares por el gobierno chileno. Una nota final sobre las «Coplas»: «N.N.O.» parece ser un antecedente. Ver *Oración por Marilyn Monroe y otros poemas* (Lima: Instituto Nacional de Cultura, 1972), páginas 39-40.
    [8] Ernesto Cardenal, «El valle de Cuernavaca», *Revista de Bellas Artes* (México), núm. 20 (marzo-abril de 1958).

Un perro ladra lejos
detrás del bosque negro.
Y le contesta otro perro
detrás de otro bosque
más lejos... [9].

Así como en el ejemplo arriba citado, los poemas de *Gethsemani, Ky.*
típicamente tienen una estructura bastante abierta. Evocan momentos
huidizos e impresiones delicadas con mucha sensibilidad. A pesar de
que fueron el producto de una experiencia religiosa intensa, su contenido no es específicamente religioso. Su sencillez ha sido observada por
Merton, quien describió estos versos como «una serie de sketches con
toda la pureza y el refinamiento de la dinastía T'ang» [10]. No obstante
la acertada observación de Merton, esta sencillez aparencial, así como
lo indica la comparación, es más bien una capa debajo de la cual hay
una poesía de un estilo estrictamente controlado, y que alcanza un dominio rítmico notable:

Me despierta en la celda el largo tren de carga
que se oye venir desde lejos en la noche
y va pasando y pasando, y pitando, y parece
que no va a acabar nunca de pasar.
Vagones y vagones y vagones que van chocando.
Yo me vuelvo a dormir y va todavía pasando,
jadeando, allá en la lejanía, y todavía pitando,
y entre sueños me pregunto por qué hay trenes todavía,
y a quién llevan carga los trenes, qué carga llevarán,
y de dónde vienen los vagones y hacia dónde van [11].

Los principales temas de *Gethsemani, Ky.* son los varios aspectos
de la vida de su autor en Kentucky. Evocan un momento o dos de misticismo, lamentos por una anterior vida poco profunda y reflexiones
derivadas de sus observaciones de la vida natural. Predominan asimismo los temas de la esencial soledad humana, la fundamental unidad del
universo y la relación entre la naturaleza y la civilización moderna.

Gethsemani, Ky., probablemente, es la colección menos conocida de
Cardenal, por la sencilla razón que se han publicado solamente ediciones mínimas. Pero esta relativa oscuridad es realmente lastimosa:
Gethsemani, Ky. es, y con mucho, la obra más hermosa de su autor. Revela un dominio de imagen, tono y ritmo que se sigue perfeccionando.
Ejemplifica cómo el verso de Cardenal descubre los nexos y las interrelaciones que hay entre las cosas más sencillas, sensibilizándonos a

[9] *Gethsemani, Ky.*, p. 20 (el poema se cita en su totalidad).
[10] Thomas Merton, prólogo a *Gethsemani, Ky.*, p. 6. Puede compararse este
comentario con las observaciones de Pablo Antonio Cuadra, quien nota que
Gethsemani, Ky. es «definitivamente despojado de lo accesorio. Es el descubrimiento de la humildad desde la expresión poética, o, si se quiere, desde la literatura.
La poesía que hace un voto de pobreza sin saber, quizás, que ése es su voto
de riqueza...» (prólogo a la antología Lohlé, p. 17).
[11] *Gethsemani, Ky.*, p. 18. Además de la rima, obsérvese el predominio de los
pesados sonidos en *a* y *o,* sobre todo al final de los versos.

lo que pueden decirnos las cosas pequeñas y los momentos breves. Cada poema es una meditación en miniatura, sin dogma ni doctrina. Cada uno también posee la clara visión y la capacidad necesaria para producir en el lector una disposición a aceptar intuitivamente lo que expresa el hablante, y para provocar en él una reacción paralela (en contraste a muchos epigramas, cuya ironía presupone o crea una enorme distancia emotiva).

Gethsemani, Ky. representa una toma de conciencia poética y espiritual, una pausa, la asimilación de conceptos y sentimientos nuevos dentro de la poesía cardenaliana. Sus poemas, por tanto, son más íntimos y compasivos que los anteriores, especialmente si se comparan con los epigramas. Por último, la colección marca el paso entre el anterior verso político, apenas visible aquí, y la posterior fusión de su pensamiento político con la espiritualidad de este libro [12].

«*El Estrecho Dudoso*»

La colección *El Estrecho Dudoso,* una historia poetizada de Nicaragua y la zona cercana, nació de las lecturas en historia que Cardenal llevó a cabo en Cuernavaca. El *collage* de *Hora 0,* poco usado en *Gethsemani, Ky.,* se emplea extensamente de nuevo *El Estrecho Dudoso,* y buena porción del texto consiste en declaraciones de los mismos conquistadores y cronistas españoles. Al utilizar tales textos, Cardenal los ha adaptado cambiando el orden en que sus acontecimientos se narraban, omitiendo lo superfluo y aprovechando sólo los pasajes adecuados a la nueva creación poética [13].

El onceno poema de la colección —que no da títulos a las composiciones individuales— empieza con las palabras «En el Estrecho Dudoso». Ilustra vívidamente el uso que hace Cardenal de los recursos textuales (o, si se quiere, extratextuales); se utilizan seis selecciones de otros escritores: Cortés, Pedrarias Dávila, Alvarado y doña Juana la Loca, la reina española. El contenido narrativo se presenta con la objetividad que venía puliendo Cardenal, y sólo la voz poética (o narrador) nos indica quiénes hablan —hasta el final, cuando llega a intervenir más visiblemente, con la aguda y retórica pregunta: «¿En eso acabaron todos los sueños de la Especería?» (p. 87; ver Parte II, cap. 4).

Para demostrar en pequeña escala la técnica ejercida en *El Estrecho Dudoso,* se reproducen los primeros versos del poema número diez, cuyo título, por antonomasia, es el mismo verso inicial:

> El Muy Magnífico Señor Pedrarias Dávila
> *Furor Domini!!!*
> fue el primer «promotor del progreso» en Nicaragua
>   y el primer Dictador

---

[12] *Gethsemani, Ky.* no es fácil de hallar. Agradezco a la biblioteca de la University of Massachusetts la fotocopia.
[13] «Entrevista», p. 379.

introdujo los chanchos en Nicaragua, sí es cierto
«los cauallos e yeguas vacas e ovejas
e puercos e otros ganados...»
(pero ganado de él)
y el primer «promotor del comercio» en Nicaragua
(de indios y negros)
                a Panamá y al Perú
(en los barcos de él)
        «indios y negros y otros ganados»
«para que los pobladores destas partes de rremedien
y la dicha Panamá asimismo»
                      dice la propaganda de Pedrarias
                                   (p. 79)

En este fragmento, el narrador va y viene entre sus propios comentarios y los trozos de textos históricos, cuya colaboración brinda al poema un paso narrativo muy particular, y una unidad derivada por igual de la ética implícitamente comunicada, y de la función complementaria de los dos modos narrativos utilizados. Con ellos, luego, Cardenal hace en la poesía lo que la crítica tanto ha aplaudido en la novela de las últimas dos décadas: su empleo diestro de la historicidad y la creación ficticia (el marco poético encarnado en la voz que narra, y los juicios éticos) es la misma función de historia y ficción en autores como Carpentier, García Marquez, Borges y Fuentes, y gran parte de los novelistas y cuentistas de lo real maravilloso en general.

En *El Estrecho Dudoso,* cuyo elemento creador se limita, estrictamente, a la poetización de hechos reales, queda ilustrado cómo Cardenal había aprendido a explicar el presente reanimando el pasado. Aunque el texto trata de sucesos puramente pretéritos, el futuro también hace acto de presencia; no solamente tenemos allí un narrador que presenta a la historia desde el punto de vista de hoy día, con todo lo que esa perspectiva implica, sino que hasta enfoca de la manera más constante los problemas del pasado que aun perduran: las dictaduras, la explotación, las variadas expresiones de la injusticia personal y social en general. Este proceder imbuye estos poemas de un punto de vista sobre la historia que nos parece único en el verso hispanoamericano: como bien ha dicho Pring-Mill, la visión histórica de Neruda en fusión con una perspeciva cristiana («The Christian Revolutionary...»). Así se comprueba un aspecto fundamental de *El Estrecho Dudoso:* la evocación cardenaliana de la conquista con su historia y su herencia posterior es un documento tanto social y espiritual como histórico.

Por mucho que *El Estrecho Dudoso* difiera en forma de la mayor parte de la poesía de Cardenal, no deja de formar parte importante e íntegra de su obra total. El poema se centra en el tema general de su autor: la lucha por la justicia, que en este caso se libra en la Centroamérica colonial. La búsqueda de la justicia es el tema que predomina también en las dos colecciones próximas de Cardenal: *Salmos* (1964) y *Homenaje a los indios americanos.* Estos textos, aunque enfocan a dos pueblos tan distintos como lo son los judíos bíblicos de *Salmos* y los indios americanos del *Homenaje,* elevan un solo y unido calmor por la creación de un mundo renovado que restaure la humanidad a su debida relación con el cosmos.

La Ceja y «Salmos»

Después de poner fin a sus estudios en Cuernavaca, Cardenal se fue a La Ceja (Antioquia), Colombia, a hacer estudios sacerdotales en el seminario de Cristo Sacerdote, donde acabó de prepararse para la ordenación. En los cuatro años colombianos (1961-1965), prosiguió con sus investigaciones en las culturas indígenas, en visitas que hacía a Bogotá y Medellín. Pudo también dar una vuelta al Amazonas en 1963 y otra en 1965, y por estos años escribió varios artículos sobre los indios, trabajos importantes pero aún poco conocidos (ver la Bibliografía).

Durante la época en Colombia, Cardenal pudo producir obras nuevas con la misma intensidad que caracterizó su estadía en Cuernavaca. Una parte de la colección *Oración por Marilyn Monroe y otros poemas* (1965) fue escrita en Cuernavaca, y la otra en La Ceja. *Salmos* también fue compuesto en Colombia, y nació de una traducción de los salmos bíblicos del hebreo al español que hicieran Cardenal y dos monjes benedictinos (llamados Fray Jerónimo y Fray Roberto), por 1960 [14]. Como si estas obras no bastaran, también tuvo su génesis en La Ceja una parte de *Homenaje a los indios americanos*; «Cantares mexicanos (I)», por ejemplo, se escribió aproximadamente en 1963.

Salmos, hoy, ha de ser la colección más impresionante y conmovedora de Cardenal, cualidades debidas en gran medida al profundo y largo estudio que Cardenal había dedicado al Salterio. Ya se ha visto que Cardenal, en México, había ejercitado la traducción de los salmos bíblicos, pero su experiencia de los salmos fue más que puramente literaria: durante todo el período en que se preparaba para el sacerdocio en Kentucky, Cuernavaca y La Ceja, Cardenal había mantenido un contacto íntimo y diario con ellos. Y en todo este contacto, aun cuando sólo era al recitarlos, no dejaba de recrearlos. Como buen poeta, Cardenal los parafraseaba: «yo los traducía interiormente al rezarlos a nuestro mundo actual y a nuestras circunstancias» («Nota», p. 13). Tal paráfrasis del lenguaje sálmico tradicional, obedece a que cree que la fe religiosa debe expresarse en el lenguaje de hoy, para alcanzar su dimensión más individual e interior [15]. Así, queda visto que el lenguaje controvertido de *Salmos* no fue el producto de un impulso creador momentáneo, sino que lo generó el conocimiento y la meditación de muchos años.

---

[14] Ernesto Cardenal *et al.,* «Salmos», *El Pez y la Serpiente* (Managua), núm. 1 (enero de 1961), pp. 31-34.

[15] Sobre la transformación de los salmos bíblicos en los de Cardenal, véase Juan Gregorio Sánchez, «Materialismo dialéctico-místico en un Salmo de Ernesto

Como consecuencia de la reinterpretación de Cardenal, el tono de *Salmos* pone en equilibrio la tradicional reverencia de su modelo bíblico, y el uso del lenguaje conversacional de todos los días:

> Bienaventurado el hombre que no sigue las consignas del Partido
> ni asiste a sus mítines
> ni se sienta en la mesa con los gangsters
> ni con los Generales en el Consejo de Guerra
> Bienaventurado el hombre que no espía a su hermano
> ni delata a su compañero de colegio
> Bienaventurado el hombre que no lee los anuncios comerciales
> ni escucha sus radios
> ni cree en sus slogans
>
> Será como un árbol plantado junto a una fuente

(Salmo 1, «Bienaventurado el hombre», p. 9)

La equilibrada coexistencia de reverencia ante la divinidad y el lenguaje diario, ha sido estudiada por Ariel Dorfman, quien habla de «Dios-proletariado», y Ronald Christ, quien escribe de la obra de Cardenal como «poesía de una profecía pragmática» [16]. Las dos expresiones quieren subrayar cuán profundas son las raíces entremezcladas de la fe religiosa y las preocupaciones cotidianas en el verso de Cardenal.

En *Salmos,* la voz poética implora a Dios, rogándole que corrija las injusticias sociales que la rodean. Esta voz de denuncia y de clamor, no se identifica con un solo individuo real o histórico, sino que hay una pluralidad de hablantes —o, mejor dicho quizás, hay un solo hablante plural, con varias máscaras o manifestaciones (analizadas por Elías). Por medio de las variadas voces, se trascienden los tiempos y los lugares específicos, y la poetización se funda en la universalidad de la opresión. Así, los judíos de la Alemania bajo el nazismo quedan ligados a los judíos del Antiguo Testamento, en salmos como «Clamo en la noche en la cámara de torturas» (salmo 129, p. 59). Aprovechando el valor simbólico universalizante del pueblo judío para todo el mundo cristiano, la voz profética extiende el mensaje sálmico a todos los pueblos oprimidos de hoy:

> Oiganme todos los pueblos
>   Escuchadme todos vosotros habitantes del mundo
> plebeyos y nobles
> los proletarios y los millonarios
>   todas las clases sociales

(Salmo 48, «Oiganme todos los pueblos», p. 45)

Cardenal», *Revista de Literatura Hispanoamericana* (Maracaibo, Centro de Estudios Literarios de la Universidad del Zulia), núm. 6 (enero-junio de 1974), pp. 51-70.
  José Miguel Oviedo ha sugerido que Cardenal escribió un salmo para cada uno de los del Salterio («Místico comprometido», pp. 39-40). Cardenal sin embargo dice que no es así («Entrevista», p. 379); la primera edición de *Salmos* llevó todas sus composiciones sálmicas, salvo una que escribió después (Salmo 57, «Señores defensores de Ley y Orden», antología Barral, p. 49).
  [16] Ariel Dorfman, «Ernesto Cardenal: Todo el poder a Dios-proletariado», *Ensayos quemados en Chile* (Buenos Aires: Ediciones La Flor, 1974); Christ, p. 189.

La voz, como hemos dicho, se pluraliza en representación de su pueblo, clamando a su Dios a que intervenga:

> El Señor no abandona a su pueblo
> no desampara a los explotados
> Y volverá un día la justicia a los Tribunales de Justicia
> y los jueces serán justos
> ¿Quiénes son los partidarios de nosotros?
> Si tú no nos hubieras defendido ya nos habrían liquidado
> En las grandes persecuciones
> alegraban mi alma tus consuelos
> ¿Pueden ser aliados tuyos los tiranos?
>
> Pero el Señor es mi defensa
> Arrojará sobre ellos las balas de ellos mismos
> y con su sistema político los aniquilará
> los aniquilará el Señor.
>
> (Salmo 93, «Dios de las venganzas», p. 50)

Dios se niega a intervenir, no obstante el clamor popular: «¿Hasta cuándo Señor estarás escondido?» (p. 18); «¿Hasta cuándo Señor serás neutral / y estarás viendo esto como un puro espectador?» (p. 38). El refrán «hasta cuándo» va, aquí, sin contestación. Así, llega a expresar tanto la realidad histórica de la opresión como la paradoja moral del hombre moderno consciente: la dificultad inherente en mantener una fe frente a las desgracias sociales que la quieren desmentir.

Las humanísimas desilusiones con un Dios que se niega a intervenir en los problemas terrenos y a corregir las injusticias, lógicamente podría inducir a una correspondiente negación y desconfianza en el valor de la vida diaria. Pero a pesar de las duras realidades sociales que Cardenal vivió y que sus hablantes poéticos representan, el poeta rechaza esta actitud de resignación o amargura: para él, entre esta vida de todos los días y la vida después de la muerte, no hay separación. Forman, al contrario, una continuidad, por la cual es ilícito negar la vida actual ni la futura, que son así inseparables. Especifiquemos aún más: la vida finita se concibe como una lucha diaria por establecer el reino de Dios sobre la tierra. Esta, para Cardenal, es la revolución social y política que representa la plena realización de la promesa del cristianismo. Así, dentro de su concepto, la revolución social de su juventud se amplía y se eterniza, volviéndose también una revolución espiritual. «La meta de la humanidad», declara Cardenal, «es la revolución, porque la revolución es el establecimiento del reino de Dios en la tierra... El último trabajo de la revolución es crear el reino de Dios en la tierra, y es un trabajo factible. Como cristiano y como revolucionario, creo que llegará el día en que existirá una sociedad perfecta sobre la tierra» («Entrevista», p. 379; ver El Evangelio, t. 2, 20-21). El optimismo que caracteriza las declaraciones y los escritos del poeta nicaragüense, remite a su seguridad en que el reino divino puede realizarse sobre esta tierra, y en esta misma vida. Su fe también explica la conjunción de una espiritualidad individual y el activismo sociopolítico.

Cardenal, se ve, posee una fe acérrima en que la sociedad humana, una vez superadas las limitaciones morales que hasta hoy la han dañado, es capaz de perfeccionarse. Por eso, sus *Salmos* sí ofrecen una respuesta a la pregunta, «hasta cuándo Señor?» Para Cardenal, la vida actual es una evolución constante, una progresión que por mucho tiempo que dure, nunca se completará. Ha dicho Cardenal al respecto, «Dios no tiene ya nada que hacer aquí [sobre la tierra]. La obra de creación él la empezó pero ahora la ha dejado en manos del hombre, para que el hombre la siguiera haciendo»[17]. Así, ya se contesta el refrán, «hasta cuándo?» Hasta que el hombre realice el amor divino, en esta vida, obedeciendo el imperativo de amar al prójimo. Llegamos, pues, a ver cómo los conceptos religiosos de Cardenal, estese o no de acuerdo con ellos, son los que necesita una Iglesia activista en América Latina. Igualmente, y de más importancia para un estudio estético, vemos que el equilibrio tonal en *Salmos,* que se balancea entre la reverencia debida a la divinidad y el lenguaje conversacional de cada día, se debe directamente a un concepto muy de Cardenal: para él, la vida diaria en la sociedad de los hombres debe concebirse como una expresión de fe religiosa, y como una manifestación de que el amor del cristiano ha de conducir a la acción sociopolítica.

Reiteramos: para Cardenal, no existe el menor conflicto entre el activismo político y la fe religiosa, sino todo lo contrario. Su concepción del cristianismo, es el mismo fundamento de su posición social. Como él mismo lo dice, «Yo he llegado a la revolución por el Evangelio. No fue por la lectura de Marx, sino por Cristo. Se puede decir que el Evangelio me hizo marxista»[18]. Para Porfirio Miranda, teólogo muy citado por Cardenal, Dios representa protección, justicia y libertad. El pecado, así, representa específicamente la injusticia social[19]. Cardenal concuerda, diciendo llanamente que «el pecado es siempre la injusticia»

[17] Ernesto Cardenal, *El Evangelio en Solentiname* (Caracas: Ediciones Signo Contemporáneo, 1976). La idea que Dios se hizo a un lado después de la creación, dejándole a la humanidad el trabajo de mantenerla y mejorarla, no es nueva; la defendían los deístas, y más recientemente la han propagado los existencialistas cristianos. Los teólogos holandeses concuerdan en que la evolución no ha cesado todavía, y que Dios necesita del hombre para avanzarla; ver su *A New Catechism,* Tr. Kevin Smyth (Nueva York: Herder & Herder, 1967), pp. 263 y 268.

[18] «Conversación en Solentiname», en *La santidad,* p. 20.

[19] Porfirio Miranda, *Marx y la Biblia* (México: por el autor, sin fecha), p. 240. Ver también Gustavo Gutiérrez, otro teólogo muy citado por Cardenal, *Teología de la liberación* (Lima: CEP/Editorial Universitaria, [1971]). Este último escribe con especial claridad y documentación, insistiendo en la naturaleza social o colectiva del pecado: «Pecar es, en efecto, negarse a amar a los demás, y, por consiguiente, al Señor mismo. El pecado, ruptura de amistad con Dios y con los otros, es, para la Biblia, la causa última de la miseria, de la injusticia, de la opresión en que viven los hombres» (p. 57). Gutiérrez describe también la condición opuesta, la salvación, como «comunión de los hombres con Dios y comunión de los hombres entre ellos» (187). Reitera: «El pecado... es quiebra de comunión de los hombres entre ellos... repliegue que se manifiesta en una multifacética postura de ruptura con los demás. Y porque el pecado es una realidad intrahistórica —personal y social—, formando parte de la trama diaria de la vida humana, es también, y ante todo, una traba para que aquélla llegue a la plenitud que llamamos salvación» (188). Véanse también las pp. 222 y 226-9.

(«Conversación en Solentiname», en *El Evangelio,* p. 46), y sus salmos, tanto como su verso religioso posterior, también reflejan esta seguridad. El tema de la injusticia, desde luego, existió y aun dominó en *Epigramas* y *Hora 0.* Pero ya con *Salmos,* tal inquietud adquiere un fondo ético mucho más amplio, y más positivo. *Salmos,* con estas cualidades poéticas y conceptuales, bien será la obra cardenaliana que más influencia ha tenido entre la juventud hispanoamericana.

Solentiname

Salmos fue compuesto en La Ceja. Cardenal también empezó allí *Homenaje a los indios americanos,* aunque esta última colección no se acabó de escribir hasta varios años más tarde (por 1968). Cuando Cardenal terminó sus estudios en La Ceja, volvió a Nicaragua, para pronto ser ordenado, acto que aconteció en Managua y en agosto de 1965. Poco después de la ordenación viajó de nuevo a Estados Unidos para ver a Merton y para planificar la comunidad que esperaban fundar. En Estados Unidos, Cardenal también pudo visitar a varias tribus indígenas.

Durante los años que estaban por venir, la fundación de la comunidad de Solentiname sería la mayor preocupación de Cardenal. Se deseaba un fondo religioso, aunque la fe no tenía que ser requisito para un miembro nuevo. No sería trapense ni monástica, y tampoco pretendería —ni fingiría— quedar verdaderamente aislada sicológicamente del mundo extrainsular. El papel de Merton fue principal: él ya había hablado de las limitaciones que padecía la vida monástica, y pensaba por tanto dejar la Trapa, aun cuando no hubiera decidido el cómo ni el cuándo. Cardenal informa que Merton «estaba muy descontento de las viejas estructuras monásticas», y relata que habían acordado encontrarse en México, donde planificarían en detalle la comunidad de Solentiname, que Merton, como lo dice el nicaragüense, «debería haber fundado en primer lugar y no yo» [20].

A partir de los primeros días, Solentiname tenía que ser una especie de comuna, un experimento en que se buscaría vivir de acuerdo a la fe en el hombre nuevo del futuro. Sería una comunidad basada en el amor, que les brindaría a sus habitantes una vida casi imposible de vivir en la sociedad capitalista de competencia y consumo. «Queríamos una vida aislada», escribe Cardenal, «pobre, despojada de toda estructuración jurídica y que facilitaría el reencuentro con lo medular del cristianismo y con los genuinos valores del monaquismo» [21].

Para la comunidad, se usaron fondos recibidos por Cardenal en un premio literario para comprar un terreno de unas treinta manzanas, en Mancarrón, una de como 36 islitas en el archipiélago de Solentiname, cerca del extremo sur del Gran Lago de Nicaragua. Es una zona aislada,

---

[20] «Carta al Sr. Griffin», p. 3.
[21] Manuel Corral, «El Evangelio en la comuna de Solentiname» (artículo proporcionado por el padre Cardenal, carente de informaciones bibliográficas), p. 42.

que exige un viaje largo y un tanto difícil. Pero a pesar de la fealdad del puertucho de San Carlos, el pueblo más cercano a Solentiname, el archipiélago es sin duda uno de los lugares más bellos de la América Central, como pronto se verá. En 1965, se hicieron las preparaciones, que incluyeron la elección de una parte de la islita situada en una península para la situación de las viviendas, de modo que se pudiera ver el lago por los tres lados de las casetas. Al fin, en los primeros meses de 1966, nació la comunidad de Nuestra Señora de Solentiname. Siempre fue pequeña, contando típicamente con unos diez miembros en total, ya que aun cuando Cardenal deseaba asegurar cierta continuidad, no quería que dejara de ser una comunidad pequeña e íntima, y no pensó establer otras parecidas [22]. Durante los once años de residencia en Solentiname, Cardenal siempre fue paciente con las visitas que se le hacían de todas partes del mundo. Una visita, como también lo era la vida de los residentes, era un *potpourri* de charlas, pacífica soledad, celebración cuando se presentaba motivo, y trabajo. Oigamos cómo Cardenal describió lo que deseaba para Solentiname antes de su fundación:

> Aquí enfrente, en el lago, está el archipiélago de Solentiname. He venido a fundar allí en una isla una pequeña colonia eremítica. Lugar que también será de refugio, hotel espiritual gratis para los que quieran tener unos días de paz y soledad y silencio en estas islas bellísimas, por la misericordia de Dios todavía salvajes y puras [23].

Podemos afirmar que esta esperanza se realizó plenamente. Es fácil hallar descripciones entusiastas de la zona, ya que al parecer todos los que la visitaron se sintieron conmovidos por la belleza del lugar y la manera en que se vivía allí. Pero nos parecen más importantes y más acertadas las descripciones que han hecho los mismos integrantes de la comuna. La siguiente es del poeta colombiano, William Agudelo:

> La vida en Solentiname: humedad, lluvias, trabajo, vientos aulladores, tiburones, peces sierra, tortugas, garrobos, culebras, chayules, zancudos, verdor, cuzucos, oropéndolas y patos de aguja, escorpiones y alacranes y arañas pica-caballo, lectura, oración, Paz, Amor, salvajismo, silencio, aislamiento, yoga, música de guitarra alguna vez en la misa de los domingos, aborrecimiento a las camisas y a las afeitadas y al corte de pelo, el lago azul o rojo o amarillo o dorado o verde o gris o blanco o lóbrego o alegre o calmado o enfurecido o ... todo estupendo, Sergio [24].

---

[22] «Entrevista», p. 378. Los miembros de la comunidad de Solentiname eran Cardenal, William Agudelo (un poeta colombiano) y su familia, y varios jóvenes de la zona. Por medio de los «Boletines de Nuestra Señora de Solentiname», Cardenal informaba a los amigos de la comunidad.
[23] Carta de Ernesto Cardenal a *El Corno Emplumado,* fechada «20-9-65», publicada en el núm. 17 (enero de 1966), p. 160.
[24] Carta de William Agudelo a Sergio Mondragón de *El Corno Emplumado,* fechada «4 de julio de 1966», y publicada en el núm. 20 (octubre de 1966), p. 122. Las alusiones a yoga y a la guitarra se refieren a Agudelo, y no a Cardenal (quien ni toca instrumentos músicos ni canta bien, a tal punto que parece haber sido criticado en La Ceja por sus desentonadas liturgias).

Y el mismo Ernesto Cardenal, obligado repetidamente a evocar a Solentiname, no se ha cansado de complacernos. Entre sus descripciones, destaca la siguiente:

> En un paraje bastante aislado y muy bello tenemos una pequeña comunidad en la cual todo lo tenemos en común y cada uno trabaja para el mantenimiento de la comunidad (en trabajos principalmente de artesanía) y recibe según sus necesidades. Deseamos estar libres de los imperativos de la sociedad de consumo, y por eso era necesario un lugar aislado. Nuestro fin es también el cultivar los valores del espíritu, para lo cual es necesario un ambiente de silencio, lectura, reflexión y meditación. Predomina entre nosotros la actitud religiosa, pero no es obligatoria. Aparte de esto realizamos también un trabajo de concientización revolucionaria entre los campesinos mediante la predicación del Evangelio, entendiendo éste como un mensaje de liberación integral del hombre (también la liberación social y económica) y estamos promoviendo entre ellos trabajos artesanales y artísticos [25].

Estas evocaciones complementarias no dan un cuadro completo de lo que era Solentiname, pero sí dan las indicaciones mínimas del caso. Sobresale el concepto fundamental de la comunidad: aprovechar los aspectos más valiosos de la vida monástica —paz, soledad, oportunidad de pensar— sin apartarse vitalmente de los problemas prácticos del día. Así, los residentes de Solentiname trabajaron en la zona, luchando contra los problemas económicos, el analfabetismo y las insuficiencias en sanidad. Los «trabajos artesanales y artísticos» incluyeron cuadros al óleo y grabados en madera que se vendían para aumentar los ingresos de la gente campesina, y para fomentar en ellos un sentido de su propio valor a la vez que desarrollaban capacidades artísticas antes desconocidas. En breve: la comuna de Solentiname fue un laboratorio donde las ideas que predicaba Cardenal pudieran ser puestas en la práctica. Así como en su verso, la ideología produjo un auténtico quehacer individual y comunal.

En Solentiname, aun con las muchas otras actividades, Cardenal no descuidó sus labores de poeta. Allí compuso, en efecto, varios libros: *Canto nacional* (1972), *En Cuba* (1972), *Oráculo sobre Managua* (1973), *El Evangelio en Solentiname* (1975), dos antologías de verso (*Poesía nueva de Nicaragua*, 1974 y *Poesía cubana de la Revolución*, 1976), y una colección de entrevistas y poemas con el título *La santidad de la Revolución* (1976) [26].

---

[25] «Respuesta», p. 632. Ver también «Lo que fue Solentiname», en *Ernesto Cardenal: Poeta, revolucionario, monje*, pp. 211-16.

[26] *En Cuba* consiste en escenas y observaciones de la vida cubana, basadas en visitas que Cardenal llegó a hacer en 1970 y 1971. *El Evangelio* lleva transcripciones de comentarios evangélicos que se hacían en la zona de Solentiname, entre los miembros de la comunidad y la gente de ahí. Se han publicado hasta ahora dos tomos del *Evangelio* (creemos que ya son todos). (Estos dos textos en prosa se tratarán sólo indirectamente en el presente estudio de la poesía de Cardenal.)

«Homenaje a los indios americanos»

La primera colección poética que Cardenal completó en Solentiname fue *Homenaje a los indios americanos,* cuyos versos datan de sus años en Colombia. Este libro vuelve al tema histórico, aunque la diferencia entre él y el verso histórico anterior tiene su importancia. El lector recordará que «Proclama del conquistador» y *El Estrecho Dudoso,* al enfrentar las culturas indígenas con la de los invasores peninsulares, comunican ante todo la injusticia inherente en el acto colonizador. En el *Homenaje,* empero, se hace hincapié más bien en los valores espirituales de las culturas y las religiones retratadas. Es un retrato íntimo, desde adentro, frente a la anterior presentación de un testigo historiador y más externo. Se subordinan, ahora, los conflictos puramente políticos, y de la causa —la desposesión del indio— se va también al efecto —la dura prueba y final sobrevivencia de sus conceptos espirituales, sobre los cuales fundaban su sociedad y su cosmología. Con el *Homenaje,* luego, hay una mayor penetración y más profundidad sicológica. Los verosímiles cuadros de *El Estrecho Dudoso* ya convencen más, porque la construcción en capas múltiples, con significados que se despliegan simultáneamente, nos da el cuadro más completo de los pueblos indígenas que haya dado el verso en Hispanoamérica. A tal punto llegan la fusión y la colaboración de estructura social y estructura religiosa, que el poeta dice lo siguiente: «la verdad religiosa / y la verdad política / eran para el pueblo una misma verdad» (p. 43). Cardenal quiere pintarnos el concepto de un universo unido, que perdió la civilización europea hace siglos ya y que anhela recuperar. *Homenaje a los indios americanos* sugiere que podemos buscarlo entre los indígenas de las Américas: podemos buscar al hombre nuevo en el mundo nuevo.

En su naturaleza de texto didáctico, *Homenaje a los indios americanos* le permite a Cardenal señalar los peligros de un sistema capitalista, y llega a recordar lo que escribieron Marx y Engels:

> La burguesía sitúa a todas las naciones, aun las más bárbaras, dentro de la civilización. Las obliga a introducir lo que ella llama la civilización a su compañía, es decir, a hacerse burguesas también. En breve, crea un mundo a su propia semejanza [27].

Los cimientos moralizantes del *Manifiesto del Partido Comunista* (1848), se transforman en la obra de Cardenal, haciéndose una visión de la política y la economía bajo la luz de los valores espirituales también. El *Homenaje,* en una repetición de la ampliación temática lograda antes en *Salmos,* demuestra que la desposesión es un problema que puede enfrentar cualquier pueblo bajo el capitalismo. Como lo ha observado Pablo Antonio Cuadra, «el indio ha dejado de ser "indio", para ser, simple y hondamente, el Hombre» («Sobre E. C.», p. 21). En esta sencilla metáfora yace la gran universalidad del *Homenaje.*

---

[27] Karl Marx y Frederick Engels, *The Communist Manifesto* (Nueva York: International Publishers, 1971), pp. 11-12.

Cardenal ha subrayado el hecho de que *Homenaje a los indios americanos* no es un mero tratado de economía: «En estos poemas trabajo con una preocupación por el aspecto religioso y místico de la vida humana, y no sólo el económico. Hablando de los incas, digo que su sociedad socialista fue una economía con religión. No me interesa la liberación del hombre sin la liberación del hombre *entero*» [28].

De acuerdo a su temática ejemplar, Cardenal pinta a los indios americanos como ilustraciones de cómo debe vivir el hombre en general, en contacto vital y constante con valores espirituales que guíen y den valor a su vida cotidiana. Así, los indios de todas las Américas son un medio por el que Cardenal exige reformas sociales y económicas, pero completadas por las espirituales por igual. Descubre en los americanos originales una humanidad auténtica, en contacto con un pasado y una fe transmisibles que les dan una cultura perdurable. En consecuencia cuando la voz poética clama por la justicia social, también sugiere, en un sentido que exalta los valores morales, que nuestras sociedades de hoy evolucionen hacia el pasado. Sí podemos volver, nos asegura, al mundo integral de los indios del hemisferio, en el que religión, economía y el quehacer social eran todos una sola estructura global.

Cardenal, entonces, lleva su búsqueda de siempre más al pasado que antes, y hace preguntas fundamentales. En el último verso de «Las ciudades perdidas», por ejemplo, pregunta «¿Pero volverán los pasados katunes?» (p. 43). Es decir, ¿puede restaurarse el pasado, o por lo menos sus valores más básicos? En otro poema, "Mayapán» (que como «Las ciudades perdidas" trata a los mayas), se da la respuesta: «Se repiten los katunes / katunes pasados son los del futuro / historia y profecía son lo mismo» (p. 35). En estos poemas, Cardenal utiliza el concepto maya del tiempo circular o cíclico, para decir que la historia del pasado nos dice lo que pasará mañana: el futuro utópico, si es que se puede hallar, se encontrará en el pasado.

Sin lugar a dudas, *Homenaje a los indios americanos* es una poesía de esperanza —«nuevos cantos de vida y esperanza», como bien ha dicho Lilia Dapaz Strout. Si la inmoralidad trae destrucción, como lo vemos en «Nele de Kantule» o «Kayanerenhkowa», una vuelta a la moralidad puede traer la salvación:

---

[28] Christ, p. 190, en referencia al *Homenaje*, p. 40. Compárese esta aclaración sobre la naturaleza totalizante del cambio al hombre nuevo con esta frase de Gustavo Gutiérrez: «Pero el hombre de hoy no aspira sólo a liberarse de aquello que viniendo del *exterior,* le impide realizarse en tanto que miembro de una clase social, de un país, o de una sociedad determinada. Busca, igualmente, una liberación *interior,* en una dimensión individual e íntima» (p. 49). Para una visión de lo que se entiende por «liberación», término que para los teólogos del movimiento tiene un elemento social y otro espiritual, ver las pp. 121 y 227 del texto de Gutiérrez.

Muchas de las fuentes que usó Cardenal en el verso de tema indígena se pueden hallar en sus artículos sobre el tema: «Quetzalcóatl», «In Xóchitl in Cuícatl» y demás. Las más notables son mundialmente conocidas: Garibay y León-Portilla. Pero abundan otras lecturas, en profusión que confirma una vez más el largo estudio que Cardenal invierte en sus investigaciones.

Cuando venga el cambio de poder
cuando venga el gobierno de muchos
    grandes serán sus jícaras
        grandes los platos en que coman en común
entonces el Katún será establecido
        el katún del Arbol de la Vida
Veo ya a los generales detenidos
        llevados presos.
    Escribimos en el Libro para los años futuros.
      Los poetas, los
que protegemos al pueblo con palabras.
Las profecías os engañarán
       si tenéis desprecio por ellas.
   Un Katún No-Violencia
Cielos tranquilos sobre las milpas del pueblo
      …en el tiempo de la cosecha de la miel…
        Entonces nos devolverán la choza hermosa.
En palabras pintadas está el camino
en palabras pintadas el camino que hemos de seguir.
   Mirad la luna, los árboles de la selva
      para saber cuándo habrá un cambio de poder.
¿Qué clase de estela labraremos?
      Mi deber es ser intérprete
        vuestro deber (y el mío)
       es nacer de nuevo.

                                          («8 Ahau», p. 59)

Homenaje a los indios americanos es uno de los mayores éxitos artísticos de Cardenal. Como se verá en más detalle en la segunda parte de este estudio, en la que se examinan con mayor precisión los temas principales de su obra, el *Homenaje,* al interpretar el pasado indoamericano de acuerdo a los conceptos de su autor, forma un solo tejido estético e ideológico que alcanza una unidad temática convincente, y aun sorprendente, dada su complejidad y su naturaleza controversial. Al responder a las preguntas de *Salmos,* esta colección revela los adelantos en el pensamiento de Cardenal, y supera la relativa pasividad anterior. Ya no sólo hay reacción, sino también acción; no sólo hay búsqueda sino sobre todo descubrimiento. Con *Homenaje a los indios americanos,* puede decirse que la poesía de Cardenal acaba su evolución, no porque su autor haya agotado el caudal de sus recursos poéticos, sino porque el desarrollo lineal se acaba, habiendo dado sus vueltas para no perder los temas iniciales, en el hallazgo de una poética definitiva, nueva, plenamente evolucionada. Así, buena parte del verso posterior al *Homenaje,* aunque no le es inferior en calidad, no deja de reiterar lo que ha podido crear Cardenal en esta obra.

Obras más recientes

Los últimos libros de poesía nueva que ha publicado Cardenal son *Canto nacional* (1972) y *Oráculo sobre Managua* (1973), largos y complejos poemas que continúan los temas y las técnicas anteriores. Confirman lo que el poeta ha dicho: «Mi poesía ha tenido una evolución, pero no sé si va a seguir evolucionando. Mis últimos poemas se han parecido más o menos a los anteriores» («Entrevista», p. 378). El escritor, creyendo haber encontrado el lenguaje y los temas adecuados a su momento histórico, lógicamente prosigue su obra basándose en ellos. *Oráculo sobre Managua,* por ejemplo, confirma lo que dicen *Salmos* y *Homenaje a los indios americanos,* con una aplicación específica a la Nicaragua contemporánea. Una sola composición larga, *Oráculo sobre Managua* interpreta el terremoto que destruyó gran parte de la capital nicaragüense en 1972 como un aviso, aun divino. El poeta se viste de oráculo o veedor, para manifestar la continuidad de los sucesos advenidos, y para comunicar su sentido más claramente. El *Oráculo,* como buena parte del verso de Cardenal, tiene un mensaje: que, como dice en otro lugar su autor, «nuestro Dios es un Dios vivo, que sigue hablando en la historia" [29].

Cardenal declaró públicamente su adhesión al Frente Sandinista de Liberación Nacional a finales de 1977 o principios de 1978, escribiendo lo siguiente: «Ya es el momento que yo declare públicamente que pertenezco (y esto también a mucha honra) al Frente Sandinista de Liberación Nacional» [30]. Aunque tal adhesión se sospechaba, Cardenal debió callarla mientras vivía en Solentiname, por razones más que evidentes. Sin embargo, sí tuvo el valor de dedicar su *Canto nacional* al Frente (cuya dedicatoria no es, como lo hacen pensar algunas ediciones, parte del título). El poema representa una visión revolucionaria de Nicaragua, vívida y ejemplar, que retrata a personas y acontecimientos reales y específicos. Es también una celebración de los valores populares de su nación, por lo cual alcanza cierta cualidad épica. Tanto *Canto nacional* como *Oráculo sobre Managua,* aunque no marcan mayores cambios en la obra cardenaliana, son escritos de primera categoría, que documentan poéticamente las duras realidades y la fervorosa esperanza de Nicaragua bajo los Somoza. Así como lo indica el título del *Oráculo,* la función del poeta en estas obras es la del vidente: la palabra poética, pues, sirve para despertar al lector a las circunstancias reales. El *Oráculo* expresa este concepto del poeta explícitamente en un pasaje metaliterario (no infrecuente en su obra): «La abeja exploradora, con danza y canto delante del panal / indica la dirección y distancia donde están las flores / (función del poeta en la comunidad)» (p. 46). Como parte integral de su presentación de la realidad, se tratan necesariamente cuestiones sociales de importancia, para lo cual Cardenal reitera una vez más, en el *Oráculo,* la función social de la poesía, citando en este caso a Mao Tse-Tung: «La literatura puede ser una arma tan eficaz como los fusiles» [31].

[29] «Un marxismo», p. 61 (citando a Jules Girardi).
[30] Declaración enviada a Robert Pring-Mill por Ernesto Cardenal el 20 de enero de 1978 (desde Madrid).
[31] Transcripción en mimeógrafo de un diálogo entre Cardenal y estudiantes de la Universidad Central de Venezuela, p. 6; *Oráculo,* p. 45. Cardenal ha hecho

Después de *Oráculo sobre Managua* y *Canto nacional,* sólo se han publicado nuevos poemas de Cardenal en revistas y antologías. Incluyen las meditaciones «Los chayules» y «En el lago» (Ant. Siglo 21) y dos poemas que introducen un cambio formal con respecto a su obra anterior: «Epístola a José Coronel Urtecho» y «Epístola a monseñor Casaldáliga» [32]. Ambos poemas son cartas en verso, una forma artística que Cardenal emplea por primera vez en estas obras, y que reafirma su fe en una poesía que establece la comunicación más directa posible. El poema-carta a Casaldáliga empieza:

> Monseñor:
>
> Leí que en un saqueo de la Policía Militar
> en la Prelatura de São Félix, se llevaron entre
> otras cosas, la traducción portuguesa (no sabía
> que hubiera) de «Salmos» de Ernesto Cardenal. Y
> que a todos los detenidos han dado electrodos
> por Salmos que muchos tal vez no habían leído.
> He sufrido por ellos, y por tantos otros, en
>   'las redes de la muerte' ... 'los lazos del Abismo'
>   Hermanos míos y hermanas
> con la picana en los senos, con la picana en el pene.
> Le diré: esos Salmos aquí también han sido prohibidos
> y Somoza dijo hace poco en un discurso
> que erradicaría el «oscurantismo» de Solentiname.
>
>   (p. 53)

En «Epístola a monseñor Casaldáliga», Cardenal se solidariza con el prelado brasileño encarcelado, y reafirma la necesidad de su mutua lucha social y espiritual: «Para los cristianos, Dios no existe sin la justicia» (p. 59). Leemos también estos versos, que hacen tanto un comentario sobre su misma obra poética como el verso purista tradicional:

>   No es tiempo ahora de crítica literaria.
> Ni de atacar a los gorilas con poemas surrealistas.
> ¿Y para qué metáforas si la esclavitud no es metáfora
> ni es metáfora la muerte en el Río das Mortes
> ni lo es el Escuadrón de la Muerte?
>
>   (p. 61)

En «Monseñor Casaldáliga» Cardenal demuestra que el compromiso sociopolítico sigue siendo la misma esencia de su expresión poética. El

muchas lecturas públicas de sus versos, especialmente en universidades, incluso una del *Canto nacional* en la Managua de Somoza (*La santidad,* p. 14).

Tal vez éste sea el momento oportuno para recordar que José Martí llamaba a sus versos «mis guerrilleros» (introducción a *Versos libres*), buen ejemplo del poeta de temática revolucionaria universalmente estimado. Igualmente, Martí comenta cómo este tipo de poesía debe forjar su camino: «para vencer, combatirá primero» («Siempre que hundo la mente en libros graves», de *Flores de destierro*). Interesa hacer un estudio comparado de Martí y Cardenal.

[32] «Epístola a monseñor Casaldáliga», *El Pez y la Serpiente,* núm. 13 (verano de 1975), pp. 53-61 (también en *La santidad,* pp. 93-103, y antologías recientes).

poema también es un manifiesto de su concepto de la interrelación entre fe religiosa y la acción social, partiendo del ejemplo del brasileño. «Epístola a José Coronel Urtecho», en cambio, es un manifiesto sobre el valor moral y la función social del arte literario:

> Yo prefiero el verso, usted sabe, porque es más fácil
> y más breve
> y el pueblo lo capta mejor, como los posters.
> Sin olvidar que
> «el arte revolucionario sin valor artístico
> no tiene valor revolucionario»   (Mao)
> (p. 83)

Este fragmento importa. Por mucho que Cardenal declare que le importa más el mensaje que el medio (la palabra), y que le parecería lícito subordinar la literatura a un mensaje social, vemos que no hay distancia entre su poesía y su «mensaje», y que continuamente tiene presente la necesidad de no permitir ninguna debilitación de la calidad estética de sus escritos.

«Epístola a José Coronel Urtecho» también afirma el constante interés de Cardenal por el lenguaje popular, que corre el peligro de ser destruido (un tema que data de *Hora 0*):

> A los bancos les interesa que el lenguaje sea confuso
> nos ha enseñado el maistro Pound
> de ahí que nuestro papel sea clarificar el lenguaje.
> Revaluar las palabras para el nuevo país
> mientras el FSLN viene avanzando en el norte. [...]
>
> «El arte revolucionario sin valor artístico...»
>   ¿Y el artístico sin valor revolucionario? Me parece
> que grandes bardos del siglo XX están en la Publicidad
>   esos Keats y Shelleys cantando la sonrisa Colgate
> la Coca Cola cósmica, chispa de la vida
>   la marca de carro que lleva al país de la felicidad.
> La inflación y devaluación del lenguaje
> parejas a las del dinero y causadas por los mismos.
>   Al saqueo llaman sus inversiones.
> Y están llenando la tierra de latas vacías.
>   Como un río de Cleveland que ya es inflamable
> el lenguaje, también polucionado.
>   «Parece que nunca entendió (Johnson)
>   que las palabras tienen un significado real
>   además de servir para la propaganda»
>   dijo *Time* que sí lo entiende y miente igualmente
> Y cuando la defoliación en Vietnam
> es Programa de Control de Recursos
> es también defoliación del lenguaje.
>   Y el lenguaje se venga negándose a comunicar.
>   El saqueo: inversiones
> También hay crímenes de la CIA en el orden de la semántica.
> Aquí en Nicaragua, como usted ha dicho:

la lengua del gobierno y la empresa privada
contra la lengua popular nicaragüense.

(pp. 89-90)

Se observa en las «Epístolas» un cambio tonal frente a la obra anterior de Cardenal. En ellas, uno ya ve, y por primera vez, a un poeta que mira su propia obra con la perspectiva de los años transcurridos —sin dejar por ello de luchar por el futuro siempre. Presentes también están la confianza y la autoridad del escritor que sabe que ya se ha hecho oír. Posiblemente sea éste el motivo del formato epistolar: como San Pablo, su supuesto modelo en estos poemas, la vida de Cardenal sufrió una repentina y radical transformación que llevó a la fundación de una comunidad eclesiástica, fundada en amor cristiano. Y como San Pablo, su voz clara y conmovedora se hace oír por medio de la palabra escrita.

Cambios

Mientras Cardenal residió en Solentiname, siempre hubo represalias y amenazas contra él y los suyos. Peligraban todos, a pesar de la estatura internacional y la condición sacerdotal que gozaba Cardenal. En parte, corrían peligro precisamente porque Cardenal no cesaba de probar el régimen —nunca, durante los años en Solentiname, comprometió sus declaraciones públicas para atenuar las presiones oficiales sobre la comunidad. Cartas publicadas durante el período en cuestión demuestran con cuánto vigor Cardenal denunciaba las injusticias acaecidas en su país:

> Aquí vienen tiempos malos, mejor dicho ya estamos en ellos: la presidencia del peor Somoza, que se inaugura en mayo; acaba de ser «electo» presidente (así le llaman ellos). Vienen días de sangre. Ya hubo sangre en las calles de Managua antes de las elecciones. La paz de Solentiname no sé cuánto tiempo va a durar, porque hasta aquí llegará la angustia bajo la tiranía. Yo no me podré quedar con los brazos cruzados, por lo menos tengo que hablar, es decir, escribir. Y ya estoy listo para ellos. Y para lo que pueda venir. La caída de Tachito Somoza no es sólo posible, sino necesaria...
>
> Desde las ventanas se mira la gran extensión azul, en calma. El lago es maravilloso calmo. Pero este día de hoy es trágico para mi país de mierda: este día primero de mayo, está tomando posesión de la Presidencia Tachito Somoza. Así le llaman ellos a lo que él es en este país. «Presidente electo». Hoy celebré la misa de Solentiname (en compañía de unas cuantas personas pobres), ofreciendo el Santo Sacrificio por la caída pronta de su gobierno [33].

Tales cartas, literalmente del frente mismo, como hoy sabemos, levantaban el ánimo de los exilados, y de los que aún podían seguir en Nicaragua.

---

[33] Carta a *El Corno Emplumado,* fechada «Nuestra Señora de Solentiname, febrero de 1967», y publicada en el núm. 23 (julio de 1967), p. 153; carta a *El Corno Emplumado,* fechada «Nuestra Señora de Solentiname, mayo de 1967», y publicada en el núm. 23 también (p. 154).

Las represalias que el gobierno somocista libró contra Cardenal incluían la censura de sus libros, prohibiciones contra su importación, la detención de cartas y materiales enviados por correo, prohibiciones contra la venta de los productos artísticos y artesanales de Solentiname, amenazas indirectas, y los acostumbrados problemas con los funcionarios de Inmigración (ver «La llegada», antología Barral, pp. 251-52, y la «Presentación» a *La santidad*).

Ahora, todo aquello ha terminado. Nicaragua ha abierto su futuro a direcciones nuevas con la victoria popular y el exilio y muerte de Somoza. Aquí, habla Cardenal sobre los últimos días de Solentiname:

Pocos días antes del asalto a San Carlos yo salí de Nicaragua, por órdenes del Frente Sandinista, para cumplir ciertas tareas en el extranjero al tiempo que estallaba la insurrección. Esta insurrección no se pudo llevar a cabo como se había planeado; sólo se produjo en San Carlos, en el norte del país, y en Masaya. Hasta más tarde la insurrección ha tomado fuerza y ahora prácticamente existe en todo el país. Pues yo como te digo salí unos días antes del 13 de octubre, día del asalto, y también salieron conmigo William y Teresita y sus niños; quedando en nuestra comunidad solamente los que iban a participar en el asalto a San Carlos.

Después del asalto, los muchachos, y muchachas, que participaron en la acción armada han estado continuando integrados al Frente Sandinista y están combatiendo muy valientemente en él como guerrilleros. Yo he sido designado como representante del Frente Sandinista en el extranjero, ante el mundo entero —una especie de embajador. Y me ha tocado viajar en esa calidad en una gran cantidad de países: América Latina, Canadá, España, Francia, Portugal, Italia, Holanda, Suiza, Dinamarca, Suecia, Finlandia, Moscú, Irac, Libia, Alemania. También soy una especie de vocero oficial del Frente: cuando la organización quere dar una declaración suele darla a través mío [34].

Después del asalto al cuartel de San Carlos, Solentiname, como era de esperarse, fue destruido: las casas con sus efectos personales quemadas, y muchos campesinos de la zona llevados presos. Los detalles del asalto y la detrucción de Solentiname están en «Lo que fue Solentiname» (González-Balado, esp. p. 215).

Hoy, podemos ver cómo estos acontecimientos contribuyeron a la caída del régimen, cuya misma debilidad traicionaban. Y con la formación del Gobierno de Reconstrucción Nacional, y el nombramiento de Ernesto Cardenal a Ministro de Cultura, vemos mejor cómo su verso preparó el terreno que ahora se camina, y más de lo que pudiera hacerlo otra actividad suya. Y ahora, más que nunca, Cardenal tiene algo que cantar, y (por el mismo motivo) una labor poética no menos dura sino profundamente cambiada.

Los últimos años y sus acontecimientos han tenido para Cardenal tantas dificultades como nuevas oportunidades poéticas. Si bien sus esfuerzos por la revolución Sandinista y su trabajo en el ministerio de Cultura han reducido en extremo las horas libres para la poesía, también es cierto que la contribución de un poeta capaz de cantar la revo-

---

[34] Carta personal, fechada «26 de enero de 1979».

lución no ha disminuido; sólo se ha de abrir en una nueva fase [35]. Y Cardenal ha cumplido con este deber en lo posible, sacando a luz algunos poemas que unas veces prometen y otras inquietan.

Los nuevos poemas son los siguientes:

«Los yaruros». *Casa de las Américas,* xx, núm. 115 (julio-agosto 1979), páginas 86-92.

«Luces». *Casa de las Américas,* xx, núm. 117 (noviembre-diciembre 1979), páginas 40-41.

«El cuento de los garrobos», «Muchachos de 'La Prensa'», «Otra llegada», «En la tumba del guerrillero», «Ofensiva final», «Waslala» y «Barricada». *Nicaráuac,* año 1, núm. 1 (mayo-junio 1980), pp. 85-90.

«Libres». *Patria Libre,* núm. 4 (mayo 1980), p. 35.

«Meditación en un DC-3» y «Las loras». *Plural,* 2.ª época, ix-x, núm. 106 (julio 1980), p. 52.

De estas once composiciones, una («Los yaruros») se ajusta a la temática de *Homenaje a los indios americanos.* Evoca la melancólica situación económica de la tribu venezolana, en vívido contraste con la riqueza de su vida espiritual: «Un pueblo de místicos, obsesionados por el cielo». A la vez es éste el retrato de una tribu moribunda, cuyas tierras y cuya misma cultura le van siendo enajenadas por las incursiones de latifundistas: «Ninguna explicación tenían de la superioridad de los blancos / a no ser por la maldad de los blancos». El poema funde una tristeza a ras de suelo con un profundo respeto por estos ascetas del Amazonas, primitivos y avanzados a la vez —y más avanzados en los mismos valores que el poeta tanto estima. Una última nota biográfica: «Los yaruros», compuesto durante la resistencia a Somoza, alude a un viaje de Cardenal en 1977 a conocer directamente a la tribu, como lo había hecho antes para el *Homenaje a los indios americanos.* Funde, pues, lecturas con observaciones personales, lo que acaba por dar al poema una tonalidad íntima y conmovedora.

Los demás poemas de los últimos años tienen todos una temática revolucionaria —ya no en general, «la que habrá», sino la ya cumplida revolución nicaragüense, desde «Luces» y «Ofensiva final», que evocan los mismos momentos de lucha y victoria, hasta cantos a los héroes («Los muchachos de "La Prensa"», «En la tumba del guerrillero», «Barricada» y «El cuento de los garrobos», que no es cuento y trata de una anécdota de Sandino). Por último, hay unos pocos que poetizan el período posterior a la lucha: «Otra llegada», cuyo título alude a «La llegada» anterior y revela el cambio en las circunstancias de Nicaragua (y continúa la alusión de Cardenal a su propia obra vista ya en las «Epístolas»); y «Waslala», «Libres» y «Las loras».

Estos poemas varían en sus valores estéticos. «Libres», por ejemplo, es una breve anécdota de un momento en que la frase «Ahora somos libres» produce una fugaz concepción intuitiva de cuánto implica la realidad que la frase expresa. La concatenación de detalles individuali-

---

[35] Así lo han reconocido los Editores y Libreros Alemanes, al conceder a Cardenal su Premio de la Paz de 1980.

zados y la conjugación de momentos contrastivos (antes y después de la revolución) nos parecen eficaces. Sin embargo, otros detalles chocan por una yuxtaposición brusca o acaso arbitraria: el niño «de 7 años chupando su helado, libre para siempre», y la que podría parecer glorificación del «comandante» (Bayardo Arce, se supone), que aquí no viene al caso. Esta última nota preocupa, sobre todo vista en función de los escritos y discursos de Cardenal como Ministro. Muy consciente de sus responsabilidades públicas, Cardenal correrá el riesgo ineludible de hacer una poesía institucionalizada. Léase también «Meditación en un DC-3».

Los riesgos propagandísticos, digámoslo de una vez, no nos parecen mayores. Cardenal escribe una poesía exhortativa e ideológica desde hace años y sabrá mantenerse en los equilibrios ya con tanto trabajo descubiertos por él. Así lo revelan los mejores poemas de la pos-revolución: «Waslala», «Otra llegada» y «En la tumba del guerrillero». En ellos se observa el enfoque popular que va y viene entre lo específico y el fenómeno general (ejemplos y tesis, si se quiere), observado en sus mejores poemas de antes. Estos poemas representan la continuidad temática y estilística, que predomina en esta limitada producción del possomocismo. Una parte de la que Cardenal antes había cantado ya se cumplió, pero esa parte no es más que el inicio, y es, con toda probabilidad, lo más fácil (sin negar lo que costó ganarlo). Pero si es que los ideales de Cardenal se van a cumplir con amplitud, su labor de poeta no es de menos importancia que su labor oficial.

En Cuba hace unos años, un grupo de estudiantes universitarios escribió preguntas que le harían a Cardenal si tuvieran la oportunidad de entrevistarlo. En sus respuestas, Cardenal resumió lo que ha querido decir en su arte:

> He querido decir que el mundo es bueno, que la vida tiene un sentido, que América Latina tiene un tesoro en sus culturas y sus razas indígenas, y que la revolución es nuestro futuro, he condenado las opresiones de los hombres, y he afirmado que después de la muerte no se ha acabado la vida, y que —como ha dicho Coronel— la revolución no termina con la muerte. («Respuesta», p. 368).

* * *

Los primeros tres capítulos de este libro han seguido el orden cronológico, para manifestar la evolución estilística y temática de la obra poética de Cardenal. A la vez, hemos dado indicaciones de las diferencias y similitudes entre los diversos textos, y cómo ciertos elementos constantes recurren en su trayectoria. Aquí termina la parte histórico-analítica de nuestro estudio, y el enfoque vertical o evolutivo. El cuarto capítulo pasará a examinar en algún detalle los aspectos más importantes de la estilística definitiva de Cardenal, ejemplificada en sus poemas más logrados. Con este capítulo se produce un cambio, al optar por una perspectiva horizontal o sincrónica. Pretendemos, así, servirnos de las oportunidades de ambos enfoques. La segunda parte del estudio, en su totalidad, mantendrá esta última perspectiva, al dedicarse a los grandes temas de la obra de Cardenal.

CAPÍTULO IV

LA ESTILISTICA DE ERNESTO CARDENAL

> *Mi verso al valiente agrada:*
> *mi verso, breve y sincero,*
> *es del vigor del acero*
> *con que se funde la espada.*
>
> JOSÉ MARTÍ

El estilo poético definitivo de Ernesto Cardenal, evidentemente, es el resultado de un largo proceso de experimenatción y evolución, visto ya en sus diversas etapas. Así lo declara el poeta, y así lo hemos comprobado. Es más importante observar, sin embargo, que su estilo nace especialmente de la íntima relación que existe en su verso entre espiritualidad, arte y preocupación social. La fundamental y compleja unidad de la poesía de Cardenal reside menos en sus innovaciones estilísticas —por notables que sean— que en este tejido de ideas y estética. De aquí nace también la dificultad que Cardenal le presenta a la crítica, ya que todo intento de tratar su poesía de una manera convincente, conlleva la necesidad de tomar en cuenta la diversidad de estas inquietudes, que en ningún momento han de existir aisladas una de la otra. Hay que apreciar la tela como tal, y por bonito que sea un solo hilo, vale poco si no se percibe en función de los demás. Así, las comparaciones hechas entre el verso de Cardenal y la poesía más tradicional tendrán poco valor. Por ejemplo, un estudio contrastivo de su obra con la de los místicos españoles, aunque pueda analizar su dimensión religiosa, no puede enfrentar debidamente su elemento social. Igualmente, una comparación de su poesía con el verso sociopolítico corriente, difícilmente será capaz de contar con su aspecto espiritual [1]. La naturaleza plural, por así decir, de la poesía de Cardenal le impone a la crítica posibilidades y límites bastante específicos —si no nuevos— que uno se encuentra obligado a atender. Tales son las complicaciones que trae la triple relación central de las ideas de Cardenal, expresadas en la misma naturaleza de su verso.

Renée Winegarten, en su estudio de literatura y la preocupación re-

---

[1] William Blake, el poeta inglés cuyo misticismo y cuya postura política se entremezclaban, parecería ser uno de los pocos escritores cuya obra podría acaso prestarse a un estudio comparado con la de Cardenal.

74

volucionaria, ha sostenido que «tres aspectos —el político, el moral y el estético— son las tres formas de la orientación revolucionaria total»[2]. Estos tres aspectos están vívidamente presentes en los escritos de Cardenal, una circunstancia que afirma cuán completamente nace su poesía de una orientación revolucionaria integral. La observación de Winegarten, aun cuando no menciona a Cardenal, da apoyo a una de nuestras tesis: que bajo la claridad superficial de la poesía de Cardenal, yace una complejísima red de interrelaciones que la constituyen. El análisis debe pasar de esta superficie, para llegar al fondo ideológico, si es que espera comunicar una experiencia poética totalizadora. Por tanto, este ensayo buscará demostrar cómo es que la relación tripartita que forma el núcleo del pensamiento de Cardenal, da origen en gran parte a las características más fundamentales de su estilo poético.

Es tentador sugerir que la sencillez es una característica del estilo de Cardenal, y efectivamente muchas veces se ha dicho. No obstante, cuando se estudia con cuidado su obra, resulta patente que tal sencillez es más ilusoria que real. La estructuración de sus poemas posteriores, para dar el ejemplo más notable, no es sencilla en absoluto. Sí es cierto que sus composiciones son claras, y lo que suele suceder es que el lector ingenuo o entusiasta confunde la claridad —distintivo esencial de la eficacia expresiva— con la «sencillez». Es decir, que se percibe la unidad de impresión creada por esta misma eficacia estilística. Llegaríamos a afirmar que la capacidad que ha demostrado Cardenal para lograr la claridad al tratar en su verso los asuntos más complejos, como lo son cuestiones de economía internacional, los problemas eternos de la vida y la muerte, o las responsabilidades del cristiano o el intelectual, para dar tres ejemplos, es, en efecto, una persuasiva confirmación de su destreza técnica[3]. Sin duda que un poeta torpe, al tratar temas como éstos, sólo produciría composiciones inferiores, caóticas, nimias. Cardenal, en cambio, como poeta que escribe para el pueblo y que debe por lo mismo utilizar una expresión tan comprensible como estéticamente válida, poco se interesa por producir versos rimbombantes y preciosistas, o por ese tipo de imagen hermética —la metáfora artificial, a veces sin referente concreto, que llegó a seducir a ciertos imitadores del vanguardismo— que hace delirar la crítica. Al contrario, Cardenal escribe una poesía emotiva, sí, pero es una cuyo efecto es gradual, acumulativo, que aun cuando trata los temas más metafísicos o abstraídos, no deja de mantener los pies firmemente sobre el suelo.

¿Cómo es, pues, que se quiere decir que su verso es sencillo, sabiendo perfectamente que no lo es de ningún modo? El impacto del

---

[2] Renée Winegarten, *Writers and Revolution: The Fatal Lure of Action* (Nueva York: New Viewpoints, 1974), p. xxx.

[3] Una declaración de Borges puede aplicarse directamente a Cardenal: «Es curiosa la suerte del escritor. Al principio es barroco, vanidosamente barroco, y al cabo de los años puede lograr... no la sencillez, que no es nada, sino la modesta y secreta complejidad»; ver su prefacio a *El otro, el mismo,* de 1969, reunido en *Jorge Luis Borges: Obra poética* (Madrid-Buenos Aires: Alianza-Emecé, 1972), página 114. Evidentemente, el arte está en esconder su complejidad, no eliminarla.

verso de Cardenal, de tan sentido por el lector predispuesto y sensible, parece nacerle de adentro, y no del cerebro. Reaccionan las entrañas más que la capacidad analítica, y esto, repetimos, al tratar los temas más controversiales y susceptibles al análisis intelectual[4]. Si es posible decir que en algún sentido el verso de Cardenal puede considerarse sencillo —atendiéndonos ahora sólo a su impacto emotivo superficial— hay que decir que es ésta una «sencillez» ultrasofisticada, paradójica, nacida del dominio más completo del arte poético. Es, luego, una sencillez aparencial, que reside no en el verso sino en la reacción del lector. Recuerda lo que dijo una vez Ezra Pound de unos poetas que él admiraba, y que nos parece muy adecuado al verso de Ernesto Cardenal: «Estas cosas contienen esa pasión por la sencillez que no puede alcanzar la precisión del intelecto». El intelecto entra en juego, sí —pero para complementar lo que ya le ha dicho al lector la reacción subjetiva, interna. Los versos, así, logran un efecto unido y profundo sobre el lector, cuya capacidad cognitiva percibe la sofisticación de la técnica, y cuyo ser interior responde al contenido. Hacen arte al leerse; dan que pensar después. No hay, pues, conflicto entre fondo y forma en Cardenal. Todo lo contrario: se dan la mano, para celebrar el renacimiento de una poesía que en lo auténtica, profunda y a la vez popular, se parece a la de José Martí.

En las siguientes páginas, se examinará la poesía de Cardenal más de cerca, para documentar algunas de las más importantes características de su expresión poética. Al hacerlo procuraremos demostrar los efectos de la relación entre preocupación social, estética y moralidad, y dar algunos indicios de cómo es que Cardenal la convierte en arte poético.

Técnicas de estructuración

Si en sus técnicas de rima y versificación Cardenal parte de Mallarmé y los poetas norteamericanos, en su estructuración de la poesía se aparta radicalmente del verso tradicional y hasta del más contemporáneo de sus maestros norteamericanos. Muchas veces es imposible dividir sus poemas en partes y movimientos claramente delimitados uno del otro. Sus divisiones estróficas frecuentemente parecen hechas al azar. Tal impresión generalizada de desorganización nace de que Cardenal ha desdeñado el uso de los aparatos que tradicionalmente establecían el orden poético a favor de métodos más sútiles e interiores, menos mecanistas, que suple muchas veces el lector —porque el poeta apenas los explicita. Por ejemplo, aun en la poesía histórica, el orden cronológico se abandona a favor de una estructura que pone en relieve las relaciones temáticas que ligan los segmentos. Tal ordenación tipifica la novela

---

[4] «No se hace arte (ni se lo siente) con la cabeza sino con el cuerpo entero; con los sentimientos, los pavores, las angustias y hasta los sudores.» Así declara Ernesto Sábato, *El escritor y sus fantasmas*, 3.ª ed. (Buenos Aires: Aguilar, 1967), página 210.

moderna, pero el verso de tema histórico en Hispanoamérica, que ha acostumbrado imitar los modelos épicos, ha tendido a emplear estructuraciones estrictamente temporales. Así como lo ha reconocido la novela, sin embargo, los sucesos que narra una obra literaria valen por lo que revelan, y un texto se puede ordenar con miras a subrayar lo que significan las acciones a nivel profundo. Este fenómeno surte un efeco único en una narración —sea en prosa o en poesía— de naturaleza histórica. Si en la novela, la acción suele interesar exclusivamente por lo que revela, en una relación histórica coexisten ambos niveles —acción y esencia revelada— en igual medida. No se puede descartar ni una ni otra, porque cada una tiene su propio valor. La innovación de Cardenal al re-estructurar acronológicamente su poesía histórica, es que vuelve imposible el desconocimiento del nivel esencial o interior, la «trasrealidad» en que sucede el verdadero acto poético —porque la poesía no puede funcionar sólo en la superficie— y en que se revelan los temas fundamentales del poema.

Oráculo sobre Managua, largo poema documental e histórico, parece presentar una estructura floja, y ejemplifica nuestra tesis. Lo siguiente resume la organización del *Oráculo:*

Páginas 7- 9. Repetidas destrucciones de Managua.
   »   9-16. Descripciones de Managua anterior a 1972.
   »   16-21. Leonel Rugama y la rebelión.
   »   22-25. Evolución social.
   »   25-30. Escisión social.
   »   30-46. Varios temas morales (revolución, re-nacimiento, la Iglesia).
   »   46-58. El asalto de las guerrillas urbanas.
   »   58-68. Descripción de Managua destruida por el terremoto.
   »   68-72. Resumen.

Se observan tres agrupaciones narrativas: la sociedad en general (páginas 22-30), la actividad política revolucionaria (pp. 16-21 y 46-58) y las contrastivas descripciones de Managua (pp. 7-16 y 58-68). Este ordenamiento, que parece arbitrario a primera vista, ofrece una especie de contrapunto estructural. Lo que unifica tan dinámica estructura es el movimiento central (pp. 30-46), que lleva la clave interpretativa del poema. Esta sección, necesariamente, es la más compleja, ya que debe ser el crisol en que se funden los diversos temas presentados, y patentizar la unidad de la composición —unidad que no puede ser a nivel de la acción (notar que no hay una sola acción o «argumento» narrativo). *Oráculo sobre Managua,* como buena parte de las obras más largas de Cardenal, no deriva su coherencia estructural del uso de aparatos formalistas ni ordenamientos simplistas, sino de la manera en que Cardenal nos hace ver cómo se ligan temáticamente sus secciones. En este poema, el tema fundamental es que los procesos sociales y políticos son parte de un dinamismo evolutivo de la vida humana. El terremoto se interpreta como un aviso, como una oportunidad de cambiar. Sólo este tema, nos parece, es capaz de unificar las diversas partes del *Oráculo,* que no guarda las antiguas unidades de tiempo ni lugar, ni se adhiere a personajes ni otras circunstancias centrales.

Lo que hemos hecho para elucidar el tema de *Oráculo sobre Managua* no es aplicable solamente a esa composición, ni tampoco solamente a la obra de Cardenal, claro está. Pero tan eficaz es la estructuración temática del nicaragüense que en sus poemas, el mismo contenido sugiere una organización. El plan del autor, en un verso narrativo, se hace menos visible, y el lector no piensa en sus actos creadores, sino en lo que se ha creado. La humildad del poeta, por así llamarlo, confiere al texto la independencia y dignidad más completas. Así, aducimos que la aparente falta de estructuración es en realidad la subordinación del papel del poeta como guía en la lectura, a su papel mayor como guía moral absoluto. Como resultado de este importante desplazamiento del papel del poeta (hablamos ya del «autor», no del hablante dentro del texto), se asegura que el acto de leer sí afectará la realidad extrapoética. El lector cree juzgar éticamente los hechos leídos de la misma manera en que juzgará los que vivirá después; la presencia del guía moral subordinado del poema acaso sea capaz de extenderse hasta fuera del poema, y surtir un efecto más duradero y plenamente revolucionario. Esta, por lo menos, será la esperanza de una poética revolucionaria.

Hace poco comentamos una disyunción estructural aparente, y el uso del contrapunto como aparato estructural también. En efecto, tal contrapunto se nota en casi todo el verso maduro de tipo narrativo de nuestro autor. El lector de Cardenal lo nota de inmediato en poemas como las «Coplas a la muerte de Merton», los largos *Canto nacional* y *Oráculo sobre Managua* y otras obras extensas. El contrapunto frecuentemente, como en las «Coplas», no es meramente la conjugación de dos temas, sino de varios, en una estructura parecida en función y forma a la fuga musical. En *Hora 0,* la canción «Adelita», cuyos fragmentos interrumpen varias veces la acción narrativa, ejemplifica cómo Cardenal inserta un elemento complementario a la acción, para abrir los horizontes temáticos del poema. Pero un examen del movimiento en que aparece la «Adelita» (el tercero de *Hora 0*), revela que éste consiste en una fusión compleja de otros elementos temáticos también: la guerra de Sandino, las actividades de Somoza, la muerte de Sandino y —hacia el final— una breve evocación del paisaje nicaragüense. Y es en la conjugación de pasajes contrapuntales donde Cardenal mejor revela su destreza, ya que su verso, sobre todo dada su naturaleza popularista, aparenta no complicarse, no confundirse. Y el lector, aun el lector ingenuo —Cardenal escribe para el pueblo, recuérdese— tampoco se desorienta, porque lo guía la disposición física de las estrofas, cuyas yuxtaposiciones y otros mecanismos estróficos, como se observó en *Hora 0,* comparten la comunicación con los demás elementos del poema. Así, las separaciones y conjunciones de estrofas son, en manos de Cardenal, un método más para decir algo. Entran, así, en el sistema comunicador del poema. (En breve, se ejemplificarán con más precisión las manipulaciones estróficas aludidas.)

Rimas, ritmos y musicalidad

Además de las experimentaciones con nuevas estructuras que obedecen a lo que Ernst Renan llamaba las *rimes de pensées,* Cardenal también se separa de las formas poéticas tradicionales al abandonar la versificación convencional: ritmos fijos y regulares, rimas y número de versos predeterminados. Tal disposición no es, desde luego, nada nuevo desde el siglo pasado. Sin embargo, uno de los mayores éxitos de Cardenal ha sido su capacidad para identificar el ritmo que Pound describía como «más una parte de la "cosa", más pertinente, íntimo, interpretativo» que una forma predeterminada (soneto, décima, etc.). Es de notarse, en este respecto, el cultivo de versos cuya extensión varía enormemente (desde una sola sílaba hasta ya no caber en un renglón); desde la poesía de juventud Cardenal investía en la extensión del verso un papel importante en la manipulación rítmica de la composición. Este uso de versos variados es de doble importancia por correr paralelo en efecto con las técnicas de estructuración que hemos comentado. Tanto uno como otro, en sus respectivos niveles, remiten a un solo plan estético: la auto-revelación aparente del contenido. La «realidad» tras el poema lo ordena. Es este un evento poético de mucha importancia, y que alcanza con Cardenal quizá su mejor explotación en Hispanoamérica hasta la fecha.

Hemos aludido al control con que Cardenal guía las estructuras rítmicas de sus composiciones. Es hora ya de identificar algunos de los elementos que más contribuyen a este control, dentro de ciertos límites prácticos. Se enfocarán, así, las técnicas repetitivas y condensatorias, la reducción de la puntuación, y la musicalidad interior.

Conste que Cardenal, al abandonar la rima final, no desatiende la musicalidad de la poesía. Más bien, la sitúa dentro de los versos, por medio de frecuentes aliteraciones y algún caso de rima interna. Estas técnicas, todas de naturaleza fónica o sonora, se pueden documentar concisamente, citando ejemplos. Empecemos por las aliteraciones:

> Cascos de buques viejos en la costa seca.
> Chozas de paja seca bajo los cocos secos.
> Sol sobre salinas secas. Sal de color de ceniza.
>
> (antología Barral, p. 13)

*

> los verdes valles vacíos
> (antología Lohlé, p. 51)

*

> el rumor de los remos en el río
> (antología Lohlé, p. 53)

*

> como las pirámides de los muertos
> en la milpa de los muertos
>
> (*Homenaje*, p. 83)

Estos han sido sólo cuatro de los centenares de posibles ejemplos. La aliteración abunda en el verso de Cardenal, y casi cualquier poema presenta varias instancias.

Otra técnica musical que yace en el interior del verso es la onomatopeya. En la obra de Cardenal, la onomatopeya es menos frecuente que la aliteración, pero suele usarse con bastante efecto y delicadeza:

> los balam que vuelan invisibles sobre los árboles, y los
> oís silbar, los oís
> silbar de noche en los caminos arriando los espíritus malos.
>
> (*Homenaje*, p. 83)

*

> en mayo el croarrrrr de las ranas con las primeras lluvias
>
> (*Canto nacional*, p. 10)

Nos parece que la mayor parte de las onomatopeyas de Cardenal representan sonidos naturales, imitados fonéticamente. Más notables serán los cantos de las aves, como se nota en *Canto nacional,* que abre y cierra con sus voces: «el toledo de terciopelo negro y boina escarlata / canta TO-LE-DO TO-LE-DO en los cafetales / el pijul de plumaje de color de noche canta / PIJUL PIJUL PIJUL / (come las garrapatas del ganado) / el trespesospide canta / TRES PESOS TRES PESOS TRES PESOS» (página 10); o:

> PIJUL PIJUL PIJUL
>   PIJIL
> FUÍ FUÍ
>   KRAK!!!
>   BIEN TE VÍ
>   PONÉ PONÉ
>   JO-DI-DO   JO-DI-DO
>   CHE CHE
>   MARÍA YA ES DE DÍA / MARÍA YA ES DE DÍA
>
> (p. 58)

Estos sonidos, que hubieran podido presentar una verdadera cacofonía, dentro del contexto del poema más bien representan una celebración natural y poética: el canto de Nicaragua.

Cardenal hace frecuente uso de la rima interna, que emplea en muy diversas formas. A veces se realiza sencillamente debido a la repetición de una palabra, con otra que le hace rima:

> hemos soñado aquí un país
> por el que hemos tenido luchas, muchas
> luchas
>
> (*Canto nacional*, p. 36)

*

Tierra mía y sus ríos, bellos ríos míos
(*Ibíd.*, p. 30)

*

Supongamos ahora que una masa enorme de gas uniforme
(antología **Barral**, p. 281)

*

la lenta venta de vidas
(*Oráculo sobre Managua*, p. 30)

Otras veces la rima interna es menos obvia, como en el siguiente ejemplo, en que hay asonancia en *i-o*, en los versos 1, 3 y 4:

la chorchita canta en los plantíos levantando la colita
el tecolote llora en cementerios y ruinas en las noches de luna
el pájaro-gritón en el río Escondido, está siempre escondido
se oye su grito y nunca se le ve

(*Canto nacional*, p. 10)

Puede observarse igualmente la asonancia en *a-o* (y *o-a*): *cayos, blancos, guano, costas* y *lagartos* (y la repetición de *cocos* en *cocoteros*) que ocurre en este ejemplo:

Y hay cocoteros en esos cayos. En esas costas
hay langostas. El agua azul y los cayos
blancos llenos de guano, con sus cocos.

(*Ibíd.*, p. 38)

Creemos que la musicalidad derivada de las aliteraciones, onomatopeyas y rimas internas se ha documentado ya. Cardenal ha dicho precisamente que la musicalidad es «uno de los elementos más importantes en la poesía» («Entrevista», p. 379). Los pocos ejemplos ofrecidos, y los centenares de otros que adornan su verso, demuestran que el abandono de la rima final no ha desprovisto su verso de efectos sonoros y musicales. De hecho, Cardenal logra un alto grado de valor musical en su poesía por medio de variados recursos cuyo efecto de interiorizar todos los elementos activos del poema, da más apoyo todavía a la eficacia de las estructuras de sus composiciones. Y, por último, no se sacrifican los recursos de la poesía tradicional: algunos se emplean en su forma acostumbrada, otros se modifican, y los otros se desplazan hacia el interior del poema.

Recursos mecánicos

Una de las dimensiones más innovadoras de la poesía de Ernesto Cardenal será su uso de lo que podemos llamar recursos mecánicos, es decir, los varios aspectos de la presentación física del poema: tipografía, el plan visual de la página y cuestiones semejantes. Puesto que Cardenal ha sido especialmente innovador en estos asuntos, merecen un estudio algo detallado, en particular porque tal investigación tenderá a revelar algunas de las bases estéticas que informan la poesía del nicaragüense. Centraremos nuestro examen de recursos mecánicos sobre todo en la división estrófica (como prometimos hacer antes), la puntuación y los efectos visuales.

Cardenal, como casi todo poeta, utiliza las divisiones estróficas en su función acostumbrada: para demarcar los pasos narrativos, así como lo hace en prosa el párrafo. Se obtiene asimismo la posibilidad de dirigir el ritmo general del poema. Pero más importante que otros usos más tradicionales, nos parece, es el empleo de divisiones estróficas inesperadas para subrayar y aun modificar el contendo narrativo. Por ejemplo, una misma narración puede separarse en más de un solo apartado o «párrafo», proporcionando un descoyuntamiento en la forma del poema que reitera el aislamiento que comunican las palabras; véanse estas dos citas:

> Partió otra vez de Guatemala Pedro de Alvarado
> con su flota, a descubrir nuevas tierras,
> hacia China
>   y Californias...
> Con vistosos estandartes, banderas de cuadra,
>   flámulas, grímpolas y gallardetes!
>
> Pero al llegar a Jalisco estaban los indios alzados.
> Porque Vázquez de Coronado se había ido a la Cíbola
> y Oñate había quedado con poca gente en Guadalajara.

(El Estrecho Dudoso, p. 107)

*

> mientras el avión saltaba en pedazos
> desarmándose y hundiéndose en el agua
> y quedaba solamente flotando en el agua
> gasolina de avión mezclada con sangre
> el montaje de la cola, pedazos de ala.
>
> Una lucecita azul:
> después el mar calmo iluminado por la luna.

(Oración por Marilyn Monroe, p. 16)

En estos fragmentos ejemplares, la división estrófica meramente nos señala el cambio de tono, una nueva etapa en el poema y su desarrollo lógico y temático. Es notable también, no obstante, el efecto dramático sobre el ritmo de la lectura. Pero otras veces se vuelve mucho más activa. En la cita siguiente, de *Hora 0,* una serie de versos que evidentemente describen dos escenas que simultáneamente se llevan a cabo en dos lugares distintos, se ponen en tres estrofas —que *no* corresponden debidamente a las escenas:

> «An insult!» dijo Somoza al Ministro Americano
> el VEINTIUNO DE FEBRERO a las 6 de la tarde

«An insult! I want to stop Sandino.»
Cuatro presos están cavando un hoyo.

«Quién se ha muerto?», dijo un preso.
«Nadie», dijo el guardia.
«Entonces para qué es el hoyo?»

«Qué perdés», dijo el guardia, «seguí cavando».
El Ministro Americano está almorzando con Moncada.
«Will you have coffee, sir?»

(p. 26)

La presentación de estas dos escenas, una clara ruptura con la disposición normal de las estrofas —que típicamente sí sigue Cardenal— crea un efecto dramático: el «Ministro Americano" queda contaminado por medio de su asociación en la forma del poema, con los nefastos sucesos del presidio. Su aparente inocencia, dentro de tal contexto, también se contamina, y se vuelve un no querer saber premeditado y deseado. Luego: la disposición mecánica de estos versos se hace parte activa del poema, y denuncia al Ministro, sin que el narrador intervenga con juicios o comentarios morales explícitos [5].

Ortografía

Una serie de pequeñas idiosincracias ortográficas identifican el verso de Ernesto Cardenal como cosa individualizada, apartada de la poesía más tradicional, bien que no son elementos muy extremos. Su valor reside en que indican, especialmente en coexistencia con los demás elementos innovadores de su verso, hasta qué punto Cardenal ha ido reformando, desde lo minúsculo y lo más detallado, la forma de la escritura poética. Al leer por primera vez su obra, uno no puede menos que observar la relativa (y a veces casi total) ausencia de signos ortográficos tradicionales, especialmente la coma y el punto final, pero también los demás signos que ayudan al lector a percibir la construcción de la frase —o, en poesía, del verso. *Salmos* es el texto en que la omisión de los signos ortográficos es más notable, pero la tendencia es general en la obra de Cardenal. Ejemplifiquen la supresión de estos signos los siguientes trozos, fragmentos de tres poemas:

> Señor
> recibe a esta muchacha conocida en toda la tierra con el
>   nombre de Marilyn Monroe
> aunque ese no era su verdadero nombre
> (pero Tú conoces su verdadero nombre, el de la huer-
>   fanita violada a los 9 años

---

[5] La forma de estos versos no es uniforme en todas las ediciones. Se sigue aquí la de 1966. Pero cabe observar que aun cuando la forma que aquí llevan fuera errónea (según el plan del autor), no dejan de tener el efecto notado. Asimismo, el efecto de la simple yuxtaposición de tales escenas tendría en sí un efecto casi tan dramático.

y la empleadita de tienda que a los 16 se había querido
    matar)
y que ahora se presenta ante Ti sin ningún maquillaje
sin su Agente de Prensa
sin fotógrafos y sin firmar autógrafos
sola como un astronauta frente a la noche espacial.

                («Oración por Marilyn Monroe», *Oración,* p. 9)

*

Alabad al Señor en el cosmos
                  Su santuario
de un radio de 100.000 millones de años luz
Alabadle por las estrellas
              y los espacios inter-estelares
alabadle por las galaxias
              y los espacios inter-galáxicos
alabadle por los átomos
              y los vacíos inter-atómicos
Alabadle con el violín y la flauta
              y con el saxofón
alabadle con los clarinetes y el corno
      con cornetas y trombones
                  con cornetines y trompetas

       (Salmo 150, «El cosmos es su santuario», *Salmos,* p. 67)

*

      Y HE AQUI
         que vi un ángel
           (todas sus células eran ojos electrónicos)
y oí una voz supersónica
que me dijo: Abre tu máquina de escribir y escribe
         y vi como un proyectil plateado que volaba
       y de Europa a América llegó en 20 minutos
y el nombre del proyectil era Bomba H
         (y el infierno lo acompañaba)
         y vi como un platillo volador que caía del cielo
Y los sismógrafos registraron como un gran terremoto
y cayeron sobre la tierra todos los planetas artificiales
       y el Presidente del Consejo Nacional de Radiación
       el Director de la Comisión de Energía Atómica
       el Secretario de Defensa
          todos estaban metidos en sus cuevas
y el primer ángel tocó la sirena de alarma
       y llovió del cielo Estronsium 90
          Cesium 137
          Carbono 14
y el segundo ángel tocó la sirena

                 («Apocalipsis», *Oración,* p. 55)

La radical supresión de signos ortográficos en los versos citados tiene varios efectos. En primer lugar, el verso parece estructurarse a sí mismo, sin la intervención del autor (extra-textual). Se diría que obedece su sintaxis o forma a lo que Melvin Friedman llamó «emotional breath groups» (el equivalente emocional de conjuntos fonéticos)[6]. Tal procedimiento, además de reducir la visibilidad del poeta, comprime y simplifica el verso, por lo menos en apariencia. Así como en el caso de Neruda, que también omitía los signos iniciales (¡ ó ¿), Cardenal desintelectualiza y vuelve menos abstraído su poesía, lo que tiene por resultado una intensificación de su contenido emotivo. Finalmente, la reducción de puntuación, sin presentarle la menor dificultad al lector, le da al verso cierta ambigüedad temporal: el control del ritmo del verso, menos predeterminado ya, permite que el contenido se revele sin distracciones ni ropajes innecesarios, especialmente por medio de la omisión de los puntos finales. El verso parece no terminar, parece extenderse hacia el infinito, lo cual produce un efecto conmovedor en un poema como «Apocalipsis». El lector, en estas circunstancias, necesariamente suple el punto que le falta al verso, y va entrando así en la misma hechura del poema. El lector y el poeta, colaboradores a nivel de la construcción de la frase y el ritmo, se dan la mano.

Así como Cardenal manipula el verso para sacarle el máximo de vitalidad, y emplea las divisiones estróficas para hacerlas entrar en el juego comunicativo, quizá los efectos visuales más interesantes sean los múltiples recursos tipográficos que adornan y avivan su verso. Al examinarlos brevemente, iremos en orden descendente: de lo mayor a lo menor.

Entre los recursos visuales más empleados por Cardenal figura la disposición de varios versos en una especie de descenso, como lo hace en el poema «DC-7B»:

> a las aguas heladas y negras
> donde van bajando y bajando
>   sin tocar fondo
> amarrados a los sillones
>   revueltos con valijas
>   y «Vogue»
>
> (*Oración*, p. 15)

En este ejemplo, como en muchos otros, el descenso visual de cada verso en relación con los otros que le van agrupados por sentido y ritmo, establece un paralelo expresivo, o aun una imitación física de la acción: aquí, el hundimiento de un avión en el mar. Hay que notar que estos versos, de diferentes medidas, no se hubieran hallado en esta peculiar relación visual y mimética meramente por su extensión individual. La mano del poeta ha entrado en juego, visiblemente. Y en este caso, como en el siguiente ejemplo de *Salmos,* el pensamiento parece fragmentarse; pero al leer el verso dentro de su contexto rítmico y conceptual, lo que resulta es un efecto coral, que en vez de fragmentar la comunicación, aumenta su impacto expresivo:

---

[6] Expresión de Melvin J. Friedman, usada en su *Stream of Consciousness: A Study in Literary Method* (New Haven, Connecticut: Yale University Press, 1955), página 20.

Y nosotros
             tu pueblo
Te alabaremos eternamente
y te cantaremos
                      de generación
                                   en generación
                («Jerusalén es un montón de escombros», p. 47)

Este mismo efecto coral puede observarse en muchos otros lugares; en *Salmos,* naturalmente, abunda, como notamos en el fragmento de «El cosmos es su santuario» (Salmo 150), citado anteriormente.

Muchos otros modos tiene Cardenal de disponer el verso sobre la página. Uno de los más atrevidos es un procedimiento que puede llamarse acoplamiento múltiple: la disposición de una serie de versos de modo que cada uno quede un tanto a la derecha del que le precede. Esta técnica, naturalmente, no es nueva con Cardenal. Pero él no sólo la utiliza con cierta frecuencia, sino que logra con ella varios efectos bastante eficaces. Las siguientes citas la contienen:

      alabadle con los clarinetes y el corno
        con cornetas y trombones
                       con cornetines y trompetas
             (Salmo 150, «El cosmos es su santuario», p. 67)

                              *

No se a fecho relaçion a vuestra magestad
por cabsa de tener los gouernadores desta prouinçia
           absoluto ymperio
                 porque pedrarias davila
después que degolló al capitan francisco hernandez
procuro por todas las vias anichilar esta provincia
                       (*El Estrecho Dudoso,* p. 145)

                              *

pero los pasajeros son pasados sin transición
del confort de aire acondicionado y luz indirecta
donde van fumando o leyendo «Life» o «Vogue»
durmiendo en los sillones que se recuestan
o conversando con la stewardess en el lounge
a las aguas heladas y negras
            donde van bajando y bajando
                       sin tocar fondo
      amarrados a los sillones
                  revueltos con valijas
                              y «Vogue»
trozos de fuselaje
            sandwiches y abrigos
y una puerta a medio abrir por la que sale una mano [...]
¿Y qué pasó después?
            Cuéntelo «Life» o «Vogue»
                («DC-7B», *Oración,* pp. 15-16)

En estas citas se ve que el acoplamiento múltiple produce un efecto que abarca no solamente un descenso visual (como en la primera y la tercera), sino igualmente un acoplamiento rítmico y conceptual entre los versos en cuestión. En la primera, hay un claro juego entre los nombres de los instrumentos y sus formas diminutivas (otros instrumentos), lo que amplía los casos que se dan hasta abarcar todas las formas y transformaciones de los instrumentos musicales del mundo, efecto metonímico comunicado con más eficacia con el acoplamiento —efecto puramente visual— que con ninguna otra técnica (una enumeración, por ejemplo). En el segundo ejemplo, la relativa posición de los versos ayuda a revelar la ironía de las circunstancias históricas. Las palabras «absoluto ymperio», que evocan la gran confianza real en la administración de Pedrarias Dávila, se colocan cerca y en alguna relación ambigua con el nombre del primer dictador de Panamá. Su poco clara relación con Pedrarias y su cargo administrativo queda aclarada verso seguido: en vez de justificar la confianza real, Pedrarias la aprovechó, cometiendo una serie de vejámenes individuales y sociales. Así, vemos el por qué de la ambigua colocación relativa de «pedrarias davila» y «absoluto ymperio» —esta última frase ya cobra un valor éticamente contrario, en que ya no representa confianza sino tiranía. El acoplamiento de estos versos, a través de la pausa que produce en la lectura y la modificación irónica del significado, da un juicio ético al poner en juego visual elementos del suceso histórico y al revelar cuál es su relación efectiva. Con respecto a la última cita, el poner el título «Vogue» al final de tres versos, en posición bastante visible, resalta la naturaleza insípida —dentro del contexto temático de la vida y la muerte, especialmente— de las revistas, y establece un marco moral o espiritual que predetermina la actitud del lector hacia ellas, que normalmente serían poco ofensivas. El último verso de la cita, especialmente, revela el cuidado del poeta por hacer destacarse las revistas. Y lo que es más todavía, el melancólico contacto entre las revistas y la mano que las había retenido pocos momentos antes, queda evocado con especial delicadeza y patetismo al colocar «mano», también, en posición final de verso, donde se relaciona visualmente con los nombres de las revistas. Otra vez, el acoplamiento múltiple, que guía el ojo a una relación que le da a la lectura toda su riqueza interpretativa, y que hasta revela un sentido verdadero, se hace un recurso poético utilísimo. El verso se auto-revela. No tendría el mismo efecto sin el acoplamiento, y su forma por tanto se hace parte tan integral del verso como las palabras.

El acoplamiento múltiple fácilmente pasa desapercibido conscientemente por el lector. Sin embargo, ofrece una dimensión nueva al verso, al reducir la aparente visibilidad del poeta, efecto ventajoso para una poesía supuestamente objetiva como la de Cardenal, y al permitir una intensa condensación debida a la reducción al mínimo de las explicaciones y clarificaciones. Cardenal, así, depura su verso de retórica fácilmente reconocible, y de pasividad. Al reducir los elementos blandos, pastosos, pasivos, y al volver lo más sugestivos y activos posible los elementos conservados, Cardenal restaura el poder comunicativo original de la palabra poética.

El uso que hace Cardenal de la dimensión física de la poesía impresa no se limita a lo que puede hacerse con la forma del verso. Su atención minuciosa se extiende también a la presentación de la palabra misma, al aprovechar con frescura y variedad una serie de recursos tipográficos. En las siguientes citas, las mayúsculas sirven para reproducir la estridencia de los anuncios iluminados:

> TACA BUNGE KLM SINGER
> MENNEN HTM GOMEZ NORGE [...]
> Kodak TROPICAL RADIO F & C REYES
> > («Managua 6:30 pm», *Oración*, p. 47)

*

> Indiferentes a la cuestión de la guerra. Y a la Revolución.
> > LIQUORS — DRUG-STORE
> «¿Ve muy cambiado Nueva York?»
> > («Viaje a Nueva York», antología Barral, p. 255)

*

> Un muchacho con una rueda en el pecho: IMPEACH NIXON
> > Mujeres como de plástico
> Cruzo la calle con mucho miedo: WALK — DON'T WALK (en rojo)
> > (*Ibíd.*, p. 263)

Cardenal usa la tipografía de otras maneras con igual destreza. En *Homenaje a los indios americanos* y en *El Estrecho Dudoso,* dos tipos de letra tipográfica se usan para distinguir un hablante de otro. Y en varias oportunidades, la misma forma de las letras llega a producir una pictografía, como en estas citas:

> Allá van, allá van, volando en V
> > negras V V V V V V
> los patos canadienses
> > («Kayanerenhkowa», *Homenaje*, p. 53)

*

> AP, NUEVA YORK,
> > (en la larga tira de papel amarillo)
> AZÚCAR MUNDIAL PARA ENTREGAS FUTURAS BAJÓ HOY
> LAS VENTAS FUERON INFLUIDAS POR LA BAJA DE PRECIOS
> EN EL MERCADO EXPORTADOR Y POR LAS PREDICCIONES DE QUE
> LA PRODUCCIÓN MUNDIAL ALCANZARÁ UNA CIFRA SIN PRECEDENTES
> > («Economía de Tahuantinsuyu», *Homenaje*, p. 43)

*

> Viendo tal vez una película en colores
> YO Y ELLAS EN PARIS *** con Tony Curtis y Janet Leigh ***
> > sobre Solentiname
> > (*Homenaje*, p. 49)

Estas citas, que podrían multiplicarse muchísimo más, revelan el uso de varios recursos tipográficos —la mayúscula, la forma de la letra, la extensión del verso, el asterisco— y sus combinaciones. En la primera, la *V* imita las alas de los patos tanto como la forma de su «escuadrón», cuyas migraciones quedan hermosamente reproducidas también en la suave aliteración rítmica «allá van, allá van», que hace oírse también el movimiento de las alas. La segunda cita evidentemente reproduce en forma una cinta del mercado de valores de Nueva York o un informe económico sobre «ticker-tape»; la extensión del verso, tanto como las mayúsculas, sugiere la pictografía (aunque en los textos los versos suelen deformarse ya que son demasiado largos para caber en una página de libro normal). La tercera cita es un caso especialmente eficaz del uso que hace Cardenal de la pictografía, ya que presenta un juego de palabras visual, en que los asteriscos representan tanto luces de cine como dos tipos de estrella: las «estrellas» de cine Curtis y Leigh, y las estrellas celestiales sobre el archipiélago nicaragüense. El fragmento, pues, da una visión de un cosmos que los intereses comerciales quieren pervertir y volver boca abajo.

Los pocos procedimientos y ejemplos ofrecidos hasta aquí, han demostrado que el uso de recursos visuales en la poesía de Cardenal no es de ninguna manera un diletantismo «pop», aunque sí puede verse un sentido del humor. Su presencia no es tampoco gratuita, y vemos que cada verso tiene por qué estar dispuesta de cierta manera, de acuerdo a la estética exteriorista de Cardenal. Para él, pues, la poesía no se limita a las palabras, y confía menos aun en la palabra como entidad puramente abstracta[7]. Si la poesía exteriorista busca ser lo más concreta posible, hay que concretizar la palabra y la forma del verso. Pero vemos asimismo que Cardenal no cae en el peligro de sacrificar la comunicación ni los valores estéticos de su poesía para jugar ni chocar. Sencillamente, nos enseña que la poesía tiene una dimensión física y visual tanto como la conceptual y la sonora, y emplea todas estas dimensiones con equilibrio, naturalidad e innovación[8].

Al integrar los aspectos mecánicos aquí estudiados con la misma esencia de su verso, Cardenal hace en poesía lo que hace el lenguaje normal: que el contenido conceptual y su forma expresiva se complementen. Logra lo que ha observado Octavio Paz en el verso de Mallarmé:

> La página, que no es sino la representación del espacio real en donde se despliega la palabra, se convierte en una extensión animada, en perpetua

---

[7] En parte, el uso de tales efectos refleja cierta desconfianza en la palabra y sus insuficiencias comunicativas. En «Grabaciones de la pipa sagrada» Cardenal escribe, «supe que decía algo, no decía palabras / algo más claro que palabras» (antología Barral, p. 166).

[8] Cardenal ha dicho, «Yo también encuentro que mi poesía la he desnudado de metáforas y adjetivaciones y la escultura es también sumamente simple, el mínimo de expresión en las formas. Esto es el espíritu indígena de la estilización. En mi escultura yo también busco suprimir todo lo que sobre» (Murillo, «Barro de Dios y del alma india», p. 30).

comunicación con el ritmo del poema. Más que contener a la escritura, se diría que ella misma tiende a ser escritura [9].

Lenguaje

La sencillez aparencial del verso de Cardenal, comúnmente observada, se debe sobre todo a la elección que hace de sus palabras. Ya hemos visto que ni las estructuras rítmico-musicales ni el uso de la imagen ni las estructuras narrativas lo son. En efecto: casi sin excepción, los que hablan en sus poemas emplean el vocabulario popular y sencillo de la conversación corriente. Las abstracciones y las formas expresivas hiperintelectualizadas, posibles evasiones de la realidad social, se suprimen. Tal uso del lenguaje diario le presente al poeta posibilidades y problemas únicos —no debe caer en la vulgaridad ni la torpeza al usar un lenguaje que tradicionalmente se asocia con ellas. El uso del lenguaje cotidiano, lejos de traicionar una escasez de recursos expresivos, más bien exige extraordinaria destreza y sensibilidad para dar una poesía rica, sin incurrir en los evidentes peligros.

El uso del lenguaje popular en la obra del nicaragüense ha llevado a algunos lectores a suponer que Cardenal escribe antipoesía. Tal supuesta nos parece errónea, por las razones que a continuación ofrecemos. Para fundamentar nuestra idea de antipoesía, nos hemos de referir directamente al chileno Nicanor Parra, claro está, por ser el «padre» de la antipoesía hispanoamericana, y al libro de Edith Grossman que trata su creación [10]. Al tratar la «constante equiparación de lenguaje hablado con antipoesía», dice la profesora Grossman que en Parra, «son (o debían ser) idénticos, ya que uno de los quehaceres primordiales del antipoeta es el de recrear o reproducir la jerga callejera, el argot, los lugares comunes —los hilos más conocidos en el tejido del lenguaje corriente». Un poco más adelante, la profesora Grossman sugiere que los siguientes son «los elementos fundamentales de la antipoesía: el uso de un lenguaje claro, accesible, ametafórico, para describir a individuos, objetos y experiencias». Por fin, nos dice que el objetivo de la antipoesía es el de quitar «los residuos poéticos —palabras con cargas emotivas especiales, vocabulario, imágenes y metáforas rebuscados— y el de liberar y simplificar el lenguaje literario, devolviéndolo a las raíces más populares del lenguaje hablado» [11].

Buena parte de lo que dice la profesora Grossman sobre el uso del lenguaje en la obra de Parra, puede aplicarse con iguales beneficios a la de Cardenal. Pero hay, desde luego, una diferencia fundamental: si bien en Parra, el uso de lenguaje e imágenes populares tiende a reducir los hombres y los objetos a su denominador común más reducido, Car-

---

[9] Octavio Paz, *El arco y la lira*, 2.ª ed. (México: Fondo de Cultura Económica, 1970), p. 280.
[10] Edith Grossman, *The Antipoetry of Nicanor Parra* (Nueva York: New York University Press, 1975).
[11] *Ibíd.*, pp. 32, 33, 78 y 90.

denal halla su unión a un nivel más elevado. Si en Parra, lo que tiene la humanidad en común motiva sarcarmos, chistes crueles y un humorismo existencial y autodestructor, Cardenal encuentra en los mismos lazos interpersonales la esperanza de una futura liberación. La radical soledad de Parra nos parece absolutamente incompatible con la actitud humanista del autor de *Salmos*. Tales contrastes en el uso de un mismo lenguaje popular, máxime cuando sus posiciones sociopolíticas no difieren exageradamente, iluminan las diferencias básicas entre el verso de Ernesto Cardenal y la antipoesía de Nicanor Parra. Roberto Fernández Retamar también ha observado la diferencia entre la antipoesía y la poesía de Cardenal, que él llama «conversacional», especialmente si por «incongruencia», entendemos el absurdo, el sinsentido: «la antipoesía suele señalar la incongruencia de lo cotidiano; la poesía conversacional suele señalar la sorpresa o el misterio de lo cotidiano» [12].

Volvamos ya exclusivamente a Cardenal, siempre con el tema de su uso de lenguaje popular. Tal empleo del idioma en el verso significa un rechazo estético del amaneramiento retoricista que tipificaba el movimiento modernista, y la abstracción ultraísta, que no dejaron de creer, fundamentalmente, en la naturaleza exclusivista del arte, aun dentro de la fase más popularista del modernismo (que heredó tal interés superficial y desde afuera del romanticismo). Aun en el siglo veinte, no es nuevo escribir de las cosas ordinarias, como lo atestiguan poemas como la «Oda a los calcetines» de Neruda, o «Las moscas», de Antonio Machado. Lo que importa, estéticamente, es no caer en el abismo de la inexpresividad, o en el de la propaganda. Cardenal ha hablado francamente del problema:

> No me gusta la poesía del disparate ni los hermetismos, surrealismos y dadaísmos. Mi poesía es una poesía clara y que se entiende: me gusta una poesía que sea buena, pero que se escriba para el pueblo. Pero poesía para el pueblo no quiere decir como lo entienden ciertos marxistas: poesía del Partido [13].

[12] Fernández Retamar, p. 262. Interesa observar que Parra también fue muy influido por la poesía en lengua inglesa, en lo que la profesora Grossman llama una «iluminación inglesa», una reorientación fundamental hacia la poesía. T. S. Eliot se cita como una influencia principal; no se menciona a Pound.
Además de la visión del hombre tan diferente en Parra y Cardenal, también hay que recordar que el fundamental elemento de la ética de Cardenal está totalmente ausente en Parra, quien ha dicho que el antipoeta no predica (Grossman, página 42). En Cardenal, casi siempre se encuentran juicios éticos; en contraste, un fundamento de la antipoesía es que hay que deshacer la poesía de la moralidad, que se concibe como esencialmente falsa y aun estúpida. Donde sí concuerda el verso de Parra con el de Cardenal es en que los dos son antirretoricistas, antielitistas.
[13] Ovalles, p. 14. Ciertos comentarios del poeta Jorge Guillén sobre el uso de lenguaje popular se asemejan enormemente a los de Cardenal: «La poesía no requiere ningún especial lenguaje poético. Ninguna palabra está de antemano excluida... sólo es poético el uso, o sea, la acción efectiva de la palabra dentro del poema: único organismo real»; citado por Concha Zardoya, «Jorge Guillén y Paul Valéry», en *Poesía española del 98 y del 27* (Madrid: Gredos, 1968), p. 247. Comparar con Ovalles, p. 15.

La citada declaración de Cardenal confirma que distingue claramente entre un auténtico arte literario, y un manifiesto doctrinario en verso cuyo valor —si es que lo tiene— yace en su adhesión a una línea ideológica oficial. De Cardenal, pues, se puede decir que sí escribe «una poesía para el pueblo», como lo dice él mismo, y su verso siempre tiene en cuenta al pueblo. Recuérdese que como revolucionario cristiano, Cardenal no es ortodoxo ni para la Iglesia ni para ninguna agrupación socialista. Su uso de imágenes, escenas y lenguaje populares, así, es el producto de su fe en la democracia, tanto religiosa como social.

Hemos aludido al delicado equilibrio entre las formas antiexclusivistas de expresión poética, y la dignidad indispensable al mensaje que lleva la poesía de Cardenal. *Salmos* y *Gethsemani, Ky.* ejemplifican el dominio estilístico necesario, especialmente en los pasajes en que la humanidad se aproxima a Dios:

> Son muchos los que dicen:
>   ¿quién nos librará de sus armas atómicas?
> Haz brillar Señor tu faz serena
> sobre las Bombas
>
> Tú le diste a mi corazón una alegría
> mayor que la del vino que beben en sus fiestas
>
> Apenas me acuesto estoy dormido
> y no tengo pesadillas ni insomnio
> y no veo los espectros de mis víctimas
> No necesito Nembutales
>   porque tú Señor me das seguridad
>
>   (Salmo 4, «Oyeme porque te invoco», p. 11)

El hablante, aun cuando habla con la mayor reverencia por su Dios, le expresa fervorosamente su gratitud con su sencillo y directo lenguaje de todos los días. De la misma manera, en «Oración por Marilyn Monroe», la voz le ruega a Dios por el alma de la muerta, con una humildad tan respetuosa que —evadiendo el peligro de rebajar a Dios hasta ponerlo en el mismo nivel terreno del hombre— el hombre se exalta en el mismo contacto espiritual:

> Señor
> quienquiera que haya sido el que ella iba a llamar
> y no llamó (y tal vez no era nadie
> o era Alguien cuyo número no está en el Directorio
>   de Los Angeles)
> contesta Tú el teléfono!
>
>   (*Oración*, p. 12)

El concepto de «Dios-proletariado» debe verse siempre con mucho tacto, y no creemos que Cardenal vulgarice la divinidad en ningún momento. No se sacrifica la dignidad de Dios, como lo hace algún verso religioso «pop». Contrariamente, en Cardenal la aproximación del hablante a Dios representa la superación de su propia imperfección humana: un momento «místico» disfrazado por el lenguaje cotidiano. Efectivamente, los momentos más poderosos de *Salmos* serán los en que el hablante (en representación de sus prójimos) y su Dios se unen en amor mutuo:

> Pero yo podré hablar de ti a mis hermanos
> Te ensalzaré en la reunión de nuestro pueblo
> Resonarán mis himnos en medio de un gran pueblo
> Los pobres tendrán un banquete
> Nuestro pueblo celebrará una gran fiesta
> El pueblo nuevo que va a nacer
>
> (Salmo 21, «¿Por qué me has abandonado?», p. 32)

Está visto que en tema, imagen y vocabulario, los escritos de Cardenal evocan constantemente la vida diaria. Sus poemas están poblados de objetos ordinarios: teléfonos, marcas comerciales, lemas publicitarios, y así. Igualmente, son también figuras populares los protagonistas de sus versos: Sandino (en *Hora 0*), el indígena Lempira *(El Estrecho Dudoso)* o el mismo Jesucristo. Son todas éstas figuras históricas cuya preeminencia no las llevó a abandonar sus raíces en el pueblo. En contraste, la tragedia de otra figura de origen proletario, Marilyn Monroe, nace de las tensiones de la industria cinematográfica, que quiso hacer de ella alguien totalmente ajeno al ser esencial cuya eclosión no querían permitir («Oración por Marilyn Monroe»; ver también «Estrella encontrada muerta en Park Avenue», antología Educa, pp. 201-2).

«Oración por Marilyn Monroe» demuestra cómo Cardenal emplea vocabulario e imágenes diarios para comunicar conceptos plenamente metafísicos, hecho que sorprende al lector nuevo. El teléfono de «Marilyn Monroe», por ejemplo, representa la comunicación del hombre con Dios (la oración, si se quiere), como lo hace también el radio de «Estrella encontrada muerta». La frase «OK», en «Coplas a la muerte de Merton», expresa la aceptación de la vida y la muerte como partes integrales de un plan divino; igualmente se nota cómo se amplía la siguiente imagen, también de las «Coplas»: «Estamos extraños en el cosmos como turistas / no tenemos casa aquí sólo hoteles» (antología Lohlé, p. 20). Creemos que ninguna exégesis hace falta.

La ampliación de la imagen coloquial se lleva a cabo de varias maneras, y los objetos e individuos que pueblan la obra cardenaliana a veces aparecen en circunstancias que sorprenden. Frecuentemente, por ejemplo, se liga la antigüedad con nuestros días mediante el uso de una imagen anacrónica: «y el rey [Netzahualcóyotl] va de sala en sala vestido de blue-jean» (*Homenaje*, p. 70), o

> Los discursos de Ah Maax Cal, El-Mono-vocinglero
> Gran podredumbre
> y cielos entristecidos
> Ubico, Carías, los Somozas
> Cuánto habremos de dar para saciarlos?
>
> («Oráculos de Tikal», *Homenaje*, p. 90)

Asimismo, en las «Coplas», los trapenses son «nuevos mayas», sembrando «el antiguo maíz» (ant. Lohlé, p. 210). «La danza del espíritu», de tema indígena, alude al movimiento pacifista en los Estados Unidos de los años sesenta:

> Disparar a otros hombres es malo.
> No lo quiere el Gran Espíritu.
> Y en Nevada otro profeta, payute:
> Lo primero, no más guerras
> Amarse unos a otros
> todos deben danzar
> MAKE LOVE NOT WAR [14]

Tales imágenes transtemporales a veces también se pasan de los límites geográficos y culturales. Particularmente notables en *Salmos* y *Homenaje a los indios americanos,* sugieren que en esencia, bien poco ha cambiado desde los tiempos «primitivos» o antiguos. Como consecuencia, la misma contemporaneidad del lenguaje, con suma ironía, manifiesta la paralización social y moral de nuestros días. Igualmente, el lenguaje muy del día también pone en manifiesto la vitalidad con que la humanidad busca resolver sus problemas más persistentes; el vocabulario puede cambiar, pero las preocupaciones son de siempre.

Hace unos momentos, aludimos a las varias barreras que traspasa Cardenal con su vocabulario, con su lenguaje conversacional. Tal lenguaje se amplía también lingüísticamente como natural consecuencia, y llega a abarcar el frecuente uso de los anglicismos [15]. La presencia de las expresiones en inglés, entre otros efectos, contrarresta el efecto limitante de circunstancias frecuentemente localistas. *Canto nacional* y *Oráculo sobre Managua,* para citar dos ejemplos, tratan de cuestiones regionales, y sin embargo alcanzan alto grado de universalidad mediante el uso discreto de recursos que amplían la localidad.

Como es de esperarse, el uso de las palabras en inglés es variado e innovador en Cardenal. Con frecuencia, tales palabras —especialmente los nombres propios— sencillamente evocan un ambiente pequeño-burgués, como en varios de los poemas breves de *Oración por Marilyn Monroe* o *Salmos.* «Mayapán» presenta un buen ejemplo también:

> «Building Boom» en Guatemala y
> «Estela Boom»
> ¿Ciudades? Sí
> pero ciudades sagradas
> no Commercial Centers
> sino centros ceremoniales, Ceremonial Centers [...]

---

[14] *Homenaje,* p. 100. La misma frase se emplea en las «Coplas» a Merton, p. 199 (antología Lohlé).

[15] Cardenal usa muy pocas palabras en inglés hispanizadas. Nos referimos más bien a las palabras presentadas directamente en inglés. Sí, sospechamos, pudiera haber ciertas dudas con respecto al casticismo de su gramática y sintaxis, sin embargo.

Mediocres las esculturas de los templos
incensarios de mal barro, poroso; y hechos en moldes;
dioses en serie, mass production, assembly line, Henry Ford.

(*Homenaje,* pp. 28 y 31)

Es innegable el valor simbólico de estas palabras en inglés, que evocan la esterilidad de la vida moderna. Debe observarse, no obstante, que el simbolismo apunta menos a un reproche al sistema socioeconómico de Estados Unidos en específico, que a los problemas de la sociedad occidental en general. Norteamérica es uno de muchos símbolos de la crisis moral que Cardenal ve en nuestras civilizaciones, que se hallan (como en «DC-7B») corriendo desbocadas hacia un futuro falso y vacío. Los anglicismos, en escala mayor, son una manera concisa y eficaz de evocar nada menos que una crisis de proporciones mundiales. Tal empleo de las palabras en inglés se ejemplifica en «Kentucky», composición que contrasta un pasado idílico, descrito por el explorador norteamericano Daniel Boone, con el día presente lleno de «high fidelity, highballs y fenol». Los anglicismos dan amplias oportunidades para evocar una tecnología desenfrenada, y una industria desalmada (el «fenol»), y llegan también a explicitar la perversión del mismo lenguaje en la sociedad de hoy:

Forest Grove Prairie Village Park Forest Deer Park
¡los nombres de la frontera!
ahora son nombres de fraccionamientos suburbanos [16].

Los vocablos angloamericanos muchas veces se ofrecen para establecer vívidos contrastes, como en el poema acabado de citar. Tal predisposición los vuelve un arma satírica potente. *Hora 0,* en parte un virulento ataque contra los Somoza, ilustra su uso satírico:

«He is a bandido», decía Somoza, «a bandolero».
Que traducido al español quiere decir:
Somoza le llamaba a Sandino bandolero [17].

Al entremezclar español e inglés, la figura del dictador se autorridiculiza, y el lector se da cuenta que está tan vendido a los intereses extranjeros que no es dueño verdadero ni de su propio idioma.

No se crea que Cardenal sólo utiliza palabras en inglés para comunicar juicios negativos sobre la sociedad y la economía. De hecho, uno de los usos más importantes está en la apertura o expansión del len-

---

[16] *Oración por Marilyn Monroe,* p. 43. Nótese que el primer verso de esta cita presenta una pequeña instancia de la técnica en la enumeración caótica, muy usada por Cardenal. Este ejemplo es bastante ilustrativo, ya que el lector tiene dificultad en hallarle el sentido o la correcta agrupación a los nombres de los lugares. El verso, así, presenta un equivalente lingüístico al *fraccionamiento* retratado en el poema.

[17] *Hora 0,* p. 18. (Se ha omitido un verso aquí, colocado después del primer verso citado: «Y Sandino nunca tuvo propiedades.» Aunque Cardenal sí utiliza muchas repeticiones, sospechamos que éste sea un error de imprenta.)

guaje poético, rechazando las limitaciones previamente impuestas en la poesía. Un buen modernista moriría de rabia ante una expresión tal como «make love not war». Para Cardenal, sin embargo, ningún lenguaje tiene que ser excluido de la poesía: «No hay palabras de mal gusto, ni prosaicas, todo depende de cómo se usen. El poeta puede sacar poesía con cualquier clase de palabras (o puede no sacarla)» (Ovalles, p. 15). La ruptura con los límites anteriores, es, ante todo, un paso necesario en la evolución del lenguaje poético de mañana. El uso de anglicismos, o de palabras en cualquier idioma de conocimiento general, multiplica el vocabulario activo del poeta, y reconoce, por primera vez al nivel de la palabra poética, una circunstancia clarísima: la interdependencia cultural de los países del hemisferio, y aún más la existencia de un modo de expresión común a los pueblos oprimidos, un lenguaje nacido de sus luchas y problemas mutuos, capaz de dar voz a sus comunes tragedias y esperanzas.

Técnicas asociativas

El presente estudio de los elementos más importantes del estilo poético de Ernesto Cardenal ha procurado enfocar ante todo los aspectos cuya naturaleza presta su estudio a la penetración directa en la esencia de su verso. Los párrafos dedicados a los anglicismos, por ejemplo, nos permitieron identificar la expansión del lenguaje poético que ha efectuado el nicaragüense, y también proporcionaron una vía de aducir cómo la revolución sociopolítica se relaciona a una revolución —o, al menos, a una dramática evolución— en la poesía. Nuestro análisis del estilo cardenaliano se dará fin con el estudio de una de sus facetas más originales y sugestivas: su utilización de técnicas asociativas, término con el que denotamos dos importantes maneras de asociar entre sí elementos de un poema —las técnicas de condensación, recapitulación y repetición (con la enumeración); y las técnicas de yuxtaposición.

Antes de pasar adelante, hemos de explicar cómo se han de entender los términos. Repetición, suponemos, está clara ya. Al decir recapitulación, nos referimos a la imagen que reúne en sí una serie de conceptos y otros elementos sembrados en varios pasajes, en un solo momento. Por condensación, queremos decir el reunir en un momento los elementos de un solo pasaje o momento textual. Las dos se refieren, pues, a maneras de emplear la imagen que la libran con toda su fuerza sugestiva y plena de todas las asociaciones y cargas simbólico-emotivas que ha acumulado [18]. Empecemos por la repetición.

La repetición, caracterísica de la literatura popular, es un recurso muy usado de Cardenal. La repetición incremental, por ejemplo, que lleva adelante un pasaje por el aumento de elementos nuevos, es una

---

[18] La condensación, se recordará, es una aportación de Pound y los «Imagists» al exteriorismo, así como se vio en el segundo capítulo. Ver los comentarios sobre el ideograma en Benedetti, pp. 101-2, que son de suma importancia en la estética de Cardenal.

técnica repetitiva especialmente eficaz, y muy usada en la poesía popular norteamericana y en la poesía náhuatl por igual. En la obra de Cardenal, se emplea más en *Homenaje a los indios americanos,* del cual se extraen los siguientes ejemplos:

> Tristísima luna,
> tristísima luna en el cielo del Petén. [...]
> En el mar sale la aleta
> sale la aleta
>> del maligno Xooc, Tiburón

*

> poetas con nuevos ismos
>> ismos mayas [...]
> textos bien labrados en los altares en los dinteles
>> textos   textos
> largos textos
>> textos en las gradas
> largos textos subiendo la larga fila de gradas [19].

Tales repeticiones incrementales —podríamos llamarlas igualmente, aumentativas— varían un tanto de forma. Unas nos dan una sorpresa o sentimiento de ironía, al revelar el resto de un pasaje sólo parcialmente revelado anteriormente:

> «I did it», dijo después Somoza.
> «I did it, for the good of Nicaragua».
>> (*Hora 0,* p. 24)

*

> fui hecho de barro como vasija,
>> como vasija de barro que vuelve al barro
>>> (*Homenaje,* p. 20)

Otras técnicas repetitivas sencillas se hallan fácilmente en el estilo de Cardenal. La anáfora (la repetición de las mismas palabras al inicio de varios versos consecutivos), crea el efecto coral observado en los salmos «El cosmos es su santuario» y «Alabad al Señor nebulosas». Otras veces, la repetición se encuentra en las imágenes cuyas recurrencias las vuelve *leitmotive,* tal como sucede en la primera parte de *Canto nacional,* en que se hace buen uso de las frases repetidas «banqueros extranjeros» y «la luna llena».

Otro uso de las técnicas repetitivas en Cardenal se nota en la tercera sección de *Hora 0.* Este es el movimiento que contiene los fragmentos de «Adelita», una canción popular de la revolución mexicana, inserta-

---

[19] «Katún ll Ahau», de *Homenaje,* p. 47; «Mayapán», *Homenaje,* p. 27. Obsérvese cómo en el segundo ejemplo, la forma de los versos duplica la repetición incremental hecha con sus palabras. Otras técnicas repetitivas (especialmente la anáfora) se derivan más bien del verso hebreo.

dos en cuatro momentos distintos. Con las sucesivas reapariciones de los fragmentos, la canción se hace portadora de continuidad narrativa y emotiva, ampliando la rebelión en Sandino al hacer contacto con otras luchas parecidas[20].

Las técnicas repetitivas a veces se emplean satíricamente en la obra de Cardenal, cuya afición a la sátira ya se ha observado. El fragmento que sigue, parte de un pasaje mucho más largo y que extiende aún más la técnica en cuestión, repite muchas veces el sufijo -ción / ciones:

> la United Fruit Company
> con sus revoluciones para la obtención de concesiones
> y exenciones de millones en impuestos de importaciones
> y exportaciones, revisiones de viejas concesiones
> y subvenciones para nuevas explotaciones
>
> (Hora 0, p. 9)

Citar más extensamente este pasaje sería atribular innecesariamente al lector, ya que tantas repeticiones del mismo sonido (o morfema) rinde sin su valor comunicativo normal los términos económicos empleados[21]. Se observa cómo las repeticiones de Cardenal subrayan la naturaleza popularista de su verso, y cómo enriquecen su estilo sin abstraerlo. Llegan a contribuir a la interpretación del lector, y juegan un papel fundamental en el ritmo y la estructura de la narrativa, como bien se puede imaginar[22].

Como elementos estructurales, las repeticiones tienen ante todo la función de adelantar al próximo «acto» o parte de una obra, lo que ha pasado ya, como pasa con la «Adelita» de Hora 0. La condensación, la próxima técnica por estudiar, es otra manera de lograr este efecto acumulativo, y es un *sine qua non* del exteriorismo. Al condensar en

[20] Ver el libro ya citado de Kristeva sobre las relaciones intertextuales, especialmente pp. 15 y 23-24.

[21] Ver Kristeva también sobre el «discurso carnavalesco» (pp. 28-48), que incluye técnicas caóticas como la enumeración y las repeticiones notadas en Hora 0. Ambas técnicas, escribe, «des-significan» las palabras empleadas, insistiendo más en el acto de nombrar que en lo nombrado. El discurso carnavalesco rinde ineficaces y básicamente sin valor comunicativo las palabras usadas.

[22] Ver Ruth apRoberts, «Old Testament Poetry: The Translatable Structure», *PMLA* 92 (octubre de 1977), pp. 987-1004. Sus observaciones iluminan muy bien ciertos aspectos del estilo de Cardenal y sus salmos en especial. También ayudan a apreciar cuán profundamente los poetas bíblicos influyeron en su estilo. Viene muy a propósito un pasaje de *El Evangelio en Solentiname* (tomo 2, p. 41), en que se discuten unos versos de S. Juan:

> Julio Ramón: Mucho repite la misma cosa. (Y con el dedo en la sien, hace el signo de que está loco.)
> Dice otro de los jóvenes de la Comuna (Boniche): Mucho repite, pero cada repetición es un poco diferente, siempre dice lo mismo un poco diferente.
> Alejandro: Y esa repetición suena muy poética.
> Natalia (con énfasis): Y es para que lo creamos.

Evidentemente, podían haber dicho lo mismo sobre el poeta Cardenal.

una imagen buena parte del poema, Cardenal falicita su progresión; se puede pasar adelante con toda la carga emotiva a cuestas. Un poema de *Gethsemani, Ky.* ejemplifica cómo se llega a destilar buena parte de una composición en una sola imagen final:

> Cuando se encienden los primeros anuncios
> y se iluminan las marquesinas de los cines
> aquí ya sólo se oyen las golondrinas.
> A las 7 p.m. se acuestan los trapenses.
> Todavía hay luz como si fuera mediodía
> y una luna llena como si fuera medianoche.
> Los caballos están callados en la caballeriza.
> Los camiones están dormidos en los garages
> y los tractores parados delante del granero.
> Y sobre el tanque de agua, la luna de aluminio.
>
> *(Gethsemani, Ky.*, p. 16)

La imagen final comprime en un momento todo el juego visual de la luz (luna y sol), todo el reposo y silencio, y la fusión de modernidad con eternidad. Llega a ser, si se quiere, todo el poema, condensándolo.

La técnica condensatoria es capaz de simplificar y volver más comprensibles cosas complejas:

> Los banqueros Brown Brothers compraron todo el papel que quisieron
> o sea todo el papel moneda que quisieron, a 20 por un dólar
> y lo vendieron a 12,50 por el dólar, todo el papel que quisieron
> o sea 20 pesos comprados costaban 1 dólar (y podían comprar
> los que quisieran) y vendidos (cuando ellos quisieran) valían
> un dólar sesenta. Es decir
> compraban dinero barato para venderlo caro
>
> *(Canto nacional,* pp. 14-15)

Puede también ser una manera de sugerir un sentimiento ingenuo y sincero sin caer en el paternalismo, así como en «Nele de Kantule»:

> Y *Nele* de Kantule fue el *Nele* por antonomasia
> le llamaban sencillamente Nele
>
> o Dr. Nele
>
> *(Homenaje,* p. 13)

Igualmente, la técnica de condensación llega a comprimir toda una descripción física o moral, y vale así como una manera de caracterizar implícitamente a un personaje, como en los dos casos siguientes, apelando a reacciones previsibles del lector:

> Somoza estaba bailando mambo
>
> mambo mambo
> qué rico el mambo
> cuando los estaban matando.
>
> *(Hora 0,* p. 27)

*

Vanderbilt
no sabía decir Nicaragua. Decía Nicaraguey.

(*Canto nacional*, p. 29)

Aunque queda mucho más por decir sobre la condensación en Cardenal, técnica de que hace alarde en «Condensaciones y visión de San José de Costa Rica» (ant. Barral, pp. 279-84), basta en este estudio inicial haber señalado la presencia de la técnica y sus usos más fundamentales. Nos corresponde, pues, seguir camino para señalar otra técnica asociativa muy predilecta de Cardenal: el uso del *collage* poético. Ha dicho que casi todo puede incluirse en la poesía exteriorista:

> Pound ha enseñado que la poesía puede ser tan amplia como la prosa y que en ella caben relatos, cuentos, ensayos, reflexiones filosóficas, tratados de economía, denuncias políticas, anécdotas y se pueden incluir también en ella, como en un *collage*, textos de otros autores, recortes de periódicos, cartas, fragmentos de conversaciones y estadísticas, chistes, en fin, todo lo que cabe en la prosa cabe también en esta poesía exteriorista. (Steinsleger, p. 3)

Hora 0, en que usa por primera vez la técnica colagística, contiene telegramas, canciones, diálogos, estadísticas, cartas, lemas publicitarios, etiquetas («Made in USA»), versículos bíblicos y muchos elementos más. Y sin embargo, su poesía no llega a abarcar ingredientes foráneos a su tema. Si para Pío Baroja la novela era un saco en que todo cabía, para Cardenal la poesía puede también usarlo todo, siempre que venga al tema, y contribuya a su efecto estético. Así, llega a cumplir las posibilidades legítimas del género poético, sin diluir la unidad de sus composiciones con adornos superfluos [23].

Cardenal, juntamente con sus otras técnicas asociativas, utiliza la simple yuxtaposición con mucha finura. A veces, enmarca un poema, como *Hora 0*, *Oráculo sobre Managua*, «Las ciudades perdidas» o «Nele de Kantule». Los «marcos» temáticos dan un punto de referencia para todo el poema, así como en *Canto nacional*, que se abre y se cierra con escenas de belleza natural que contrastan casi brutalmente con la narrativa principal, y hacen resaltar así el tema del poema.

Otras formas de yuxtaposición son más sencillas y más reducidas. En su forma más directa y simple, Cardenal puede comunicar un juicio moral sin intervenir visiblemente, al yuxtaponer dos elementos: «Ya viene el general... rodeado de... diputados y putas picadas» (de «Marcha triunfal»); «si mi tribu aprendiera de los pájaros / la tribu estaría alegre, llena de niños. / (Un cese de bombardeo es / dice Rusk / "casi una propuesta obscena")» («Marchas Pawnees»). También se hallan empleos más optimistas de la yuxtaposición comparativa: «Son las selvas del quetzal, y de los sandinistas» (*Canto nacional*). Otras veces más, la yuxtaposición es el producto de la división estrófica, ya comentada, al su-

---

[23] Cosa muy parecida ha hecho Cortázar con la prosa de ficción, ensanchando sus límites con obras como *Libro de Manuel* (1973) y *Ultimo Round* (1966), y sus experimentaciones con el punto de vista narrativo y el lenguaje conversacional.

primir una división que normalmente se produciría. Volviendo a *Canto nacional*, cuyas páginas iniciales evocan las bellezas naturales de Nicaragua, recordamos que pronto se da en la presentación de los terrores económicos que entraron en el país. La casi total ausencia de transición subraya cuán cruel y repentino fue el cambio:

> y canta el cucurruchí en el verano haciendo su nido
> y en la bahía de Bluefields es la pesca de las almejas
>   —marzo y abril— y
> en Ocotal, en abril, la cría de los quetzales.
> Pero sucedió que otro país tenía necesidad de estas riquezas.
> Por los préstamos de 1911 Nicaragua cedió sus aduanas
> a los prestamistas y la dirección del Banco Nacional
>
> (pp. 12-13)

Tal puede ser el efecto de la «simple» yuxtaposición de elementos contrastivos cuando se sabe hacer de los recursos adecuados el uso más artístico [24].

*

Creemos que los variados e innovadores usos de las técnicas estilísticas que se han comentado en estas páginas ilustran que la sencillez, en el sentido de una insuficiencia técnica, no es característica del verso de Ernesto Cardenal [25]. Más bien, el poeta busca hacer entrar en el poema la cantidad mínima de elementos, aprovechando ricamente cada uno, volviendo activas todas las partes del poema. Con todo, Cardenal ha hecho una contribución innegable a la poesía en lengua española —que ya ha empezado a crear escuela.

Si la sencillez, luego, no es propia a la poesía de Cardenal, sí se han observado varias características que aseguran su claridad. El poeta, aunque no abandona una retórica —ningún escritor puede hacerlo— sí ha dejado atrás los retoricismos más cansados y abusados. En particular, logra reanimar los lugares comunes, inyectar vida en el lenguaje cansado que se venía empleando siempre en la poesía. Sólo un poeta con

---

[24] Las técnicas de Cardenal que se basan en las yuxtaposiciones sorprendentes —uso de las palabras en inglés en un poema en español, las imágenes anacrónicas, y demás— responden a su preocupación por lo que él concibe como un deber del poeta: el de renovar el lenguaje, comentado por Cardenal en varias obras. En efecto, el nicaragüense bien podría ser el escritor que mejor practica lo que describió una vez Ernesto Sábato: «El artista devuelve a las palabras cierta aspereza nueva, cierto novedoso resplandor, acoplándolas a otras con las que habitualmente no se acoplan, estableciendo entre ellas diferencias de voltaje, tensiones y distorsiones que les movilizan músculos atrofiados y que las iluminan con resplandores insólitos: piénsese en la 'infame fama' de Borges» (obra citada, p. 239).

[25] Al tratar las técnicas asociativas de Cardenal, hay que aludir a las equivalencias simbólicas (y hasta alegóricas) establecidas en sus poemas al nivel del tema. El mejor ejemplo quizás sean las «Coplas» a Merton, que establecen las siguientes, entre muchas otras: vida=sueño; vida=amor; vida=muerte. Estas correlaciones (que son desde luego reversibles) serán la vía más importante en que el poema de Cardenal pasa de acción superficial a contenido temático. Obliga, pues, a una lectura paradigmática.

101

una sensibilidad estética y un dominio estilístico completo pudiera hacer uso artístico de expresiones tan «prosaicas» y rescatarlas así del osario léxico.

Cardenal ha dado la espalda a los ismos poéticos de momento. Su verso, sin duda, es único e identificable. Puede verse igualmente que el actual interés en su obra no es meramente el resultado de una creciente aceptación ideológica tampoco. Se debe, más bien, a que ya se empiezan a reconocer los méritos del joven que hace veinte años, puso como su profesión la de «poeta», y que aún sigue demostrando hasta qué grado la acertó.

SEGUNDA PARTE

APROXIMACIONES TEMATICAS

Comment peut-on croire au progrès sans être mystique?

EUGÈNE IONESCO

CAPÍTULO I

HACIA EL HOMBRE NUEVO

El artista es intermediario entre sus prójimos y lo divino, porque el arte enlaza apariencia y realidad.

EVELYN UNDERHILL

José Miguel Oviedo ha anotado que «la evolución temática de Cardenal es un ir y volver en círculos por temas, tonos y motivos recurrentes» [1]. La búsqueda de la justicia, como hemos dicho, es su tema dominante, y recurre en variadas manifestaciones a través de su obra. En *Epigramas,* la primera colección cardenaliana en cuanto a fecha de composición, el tema general de la justicia subsume sus dos expresiones más específicas: el amor y la política [2]. La política tiene que ver con la justicia socioeconómica —la justa interacción entre naciones, clases y demás agrupaciones sociales— y el amor exige un trato justo entre dos individuos. En la mayor parte de los epigramas, parece dominar un solo aspecto de la justicia. En algunos, empero, empiezan a confluir, y en uno por lo menos, así como en el verso posterior de Cardenal, llegan a fundirse de verdad.

El presente capítulo se da inicio con un estudio de los epigramas amorosos. Se verá que esta colección prefigura la transformación del amor como pasión erótica, en una experiencia de naturaleza mística que conlleva un íntimo compromiso para con Dios y el prójimo por igual. La ampliación del concepto cardenaliano del amor señala la eclosión

---

[1] «Viejos y nuevos poemas: Ernesto Cardenal», *Hoja,* p. 16 (material proporcionado por el padre Cardenal). Oviedo, en su «Místico comprometido», busca establecer una clasificación temática que difiere algo de la nuestra. Cardenal observa menos este tipo de división temática —necesidad del estudioso y del crítico— que «planos» que coexisten en su obra. Ver Benedetti, p. 103.

[2] Pring-Mill, entre otros, ha notado estos temas predominantes en «The Christian Revolutionary»; ver también Benedetti, p. 103, y Elías, pp. 57-58.

Cabe advertir que los epigramas tienen un contenido autobiográfico a *grosso modo,* con frecuencia. Los nombres femeninos (Claudia, Miriam), por ejemplo, son los propios de mujeres que el poeta supuestamente conocía en esa época. No obstante estos detalles, urge no hacer suposiciones indocumentadas acerca de la vida de Cardenal sólo basadas en ellos. *Epigramas* no es tanto una evocación de aspectos de la vida del poeta nicaragüense como una representación poética de sus inquietudes, y, por tanto, se utiliza una multiplicidad de voces y *personae* poéticas.

de su obra madura, escrita con posterioridad a su conversión religiosa en 1956. Empezamos con los comienzos del verso didáctico-ejemplar.

«*Epigramas*»

Los epigramas amorosos de Cardenal son de dos tipos principales: unos pintan el amor como una experiencia positiva y fructífera; en otros, el amor sólo conduce a frustraciones y desilusión. Los epigramas amorosos contribuyen relativamente poco al subgénero de la poesía amorosa, aparte de las innovaciones y revitalizaciones estilísticas de Cardenal.

Algunos epigramas de amor más positivos, aunque pueden ser poesía perfectamente lícita, se basan en metáforas y otras comparaciones más o menos tradicionales:

> Tus ojos son una luna que riela en una laguna negra
> y tu pelo las olas negras bajo el cielo sin luna
> y el vuelo de la lechuza en la noche negra.
>
> (p. 35)

> El agua de South West Bay es más azul que el cielo
> pero tus ojos son más azules que South West Bay
> y en la cueva de Brig Bay hay un tesoro de pirata
> pero tu cabellera vale más que el tesoro de Brig Bay.
>
> (p. 51)

Otros epigramas, que revelan mejor la tendencia a jugar con los conceptos tradicionales de la poesía erótica, también ejemplifican otra tendencia de Cardenal: la expresión lírica atenuada en un prosaísmo intencionado:

> Al perderte yo a ti tú y yo hemos perdido:
> yo porque tú eras lo que yo más amaba
> y tú porque yo era el que te amaba más.
> Pero de nosotros dos tú pierdes más que yo:
> porque yo podré amar a otras como te amaba a ti
> pero a ti no te amarán como te amaba yo.
>
> (p. 17)

> Si tú estás en Nueva York
> en Nueva York no hay nadie más
> y si no estás en Nueva York
> en Nueva York no hay nadie.
>
> (p. 33)

El juego poético, evidentemente, es tanto verbal como conceptual. Parece darle al hablante (o a los hablantes, si se quiere) una máscara protectora, tras la cual esconde la intensidad de su sentimiento. El éxito tonal de estos versos nace de que su atenuación sentimental, en vez de caer en los apasionados suspiros y melodramatizados clamores de la poesía romántica, que insistirían más en la expresión como tal que en el sentimiento mismo (la vanidad retórica), los hace más verosímiles, y más aptos a nuestros días. La misma ausencia de extravagantes manifestaciones pasionales llama la atención del lector y revela con naturalidad su afecto [3].

Una sencillez ingenua caracteriza los más logrados epigramas de amor:

> Viniste a verme en sueños
> pero el vacío que dejaste cuando te fuiste
> fue realidad.
>
> (p. 60)

Este último epigrama revela que Cardenal, aun a estas alturas (1952-1956), ya dominaba dos de las características más importantes de su estilo: el uso de vocabulario diario para evocar un momento de mucha emoción sin recurrir a las exageraciones retoricistas, y el uso de una técnica sencilla para cargar poéticamente un pasaje algo prosaico. En el caso arriba citado, esta técnica es la colocación de la frase «fue realidad» al final del epigrama, en soledad como el hablante poético.

La alegría de la intimidad pasional vista hasta aquí, sin embargo, contrasta con la actitud que predomina en *Epigramas*. Por la mayor parte, Eros fracasa. En vez de conducir a la unión y a una vitalidad renovada, la pasión erótica se vuelve en última instancia infructífera, y hasta destructora. En el siguiente epigrama, la pérdida de la amada ha engendrado amargura:

> Muchachas que algún día leáis emocionadas estos versos
> y soñéis con un poeta:
> sabed que los hice para una como vosotras
> y que fue en vano.
>
> (p. 18)

En varios otros epigramas, el rechazo o el amor perdido conducen a insultos y aun a amenazas:

> Esta será mi venganza:
> que un día llegue a tus manos el libro de un poeta
>   famoso
> y leas estas líneas que el autor escribió para ti
> y tú no lo sepas.
>
> (p. 19)

*

> Ella fue vendida a Kelly y Martínez Cía. Ltda.,
> y muchos le enviarán regalos de plata,

---

[3] Los epigramas presentan, luego, un desafío a las antiguas fórmulas. Si antes el verso pasional tenía que engrandecer el sentimiento del hablante con hipérboles y grandilocuencia, el epigramista —que desconfía de tales exageraciones— establece la ecuación opuesta. La expresión calmada es, ahora, distintivo sentimental.

y otros le enviarán regalos de electroplata,
y su antiguo enamorado le envía este epigrama.

(p. 21)

/

*

Tú no mereces siquiera un epigrama.

(p. 27)

De igual manera, la conversión de amor en rencor evocado en el siguiente epigrama produce un autorreproche irónico por parte del poeta, un reconocimiento de la naturaleza del fracaso mutuo:

Tú que estás orgullosa de mis versos
pero no porque yo los escribí
sino porque los inspiraste tú
y a pesar de que fueron contra ti:

Tú pudiste inspirar mejor poesía.
Tú pudiste inspirar mejor poesía [4].

Se ve, así, que *Epigramas* llega a pintar el fracaso de Eros. El hablante queda buscando algo más duradero y completo. Su otra actividad, la política, se le ofrece como una muy tentativa ampliación del amor como actividad erótica e individual, en una preocupación de dimensiones sociales. Este contacto preliminar entre el amor y la política, las dos pasiones que según Cardenal lo dominaban en esta época, queda aludido en sus versos:

Me contaron que estabas enamorada de otro
y entonces me fui a mi cuarto
y escribí ese artículo contra el Gobierno
por el que estoy preso [5].

Este epigrama es uno de varios —sólo reproducimos tres— que marcan la transición entre el tema amoroso y el político. Su contacto, motivado por razones bien poco claras, se confirma en un epigrama un tanto más positivo:

---

[4] *Epigramas*, p. 22. «Coplas a la muerte de Merton» también hace el nexo entre la desilusión erótica y la insatisfacción con la poesía: «ni el verso fue tan bueno como quisimos / o el beso» (antología Barral, p. 132).

Otro epigrama parecido parece haberse inspirado en el artículo de Cardenal sobre Joaquín Pasos, de 1947. En el artículo, Cardenal escribe: «Ignoro si aquélla a que son dirigidas estas últimas líneas [de Pasos] las conoce ya y las ha comprendido plenamente, pues sería de lamentar si no fuese así» (p. 231). Un epigrama (p. 18) expresa la misma ironía con mayor concisión y efecto, y ejemplifica cómo el acto de poetizar intensifica el lenguaje: «Esta será mi venganza: / Que un día llegue a tus manos el libro de un poeta famoso / y leas estas líneas que el autor escribió para ti / y tú no lo sepas.»

[5] *Ibíd.*, p. 20. Este epigrama ha contribuido a la suposición, tan repetida como equivocada, que Cardenal haya sido encarcelado por sus actividades políticas, que él mismo ha corregido ya varias veces (ver la «Nota», pp. 8-9, por ejemplo).

> Yo he repartido papeletas clandestinas,
> gritando: ¡VIVA LA LIBERTAD! en plena calle
> desafiando a los guardias armados.
> Yo participé en la rebelión de abril:
> pero palidezco cuando paso por tu casa
> y tu sola mirada me hace temblar [6].

Las dos composiciones recién citadas establecen una relación difusa entre el amor y la política. Una pasión parece estimular la otra, y la frustración en una parece consolarse en la otra.

Un epigrama en especial nos parece de importancia porque en él, hay más que una simple declaración amorosa o una nebulosa conexión de inquietudes juveniles. A la preocupación política y el amor pasional, se les reúne un concepto de la función social del poeta, quien se halla ya en el crisol de dos hondas motivaciones. Al fundirse con ellas este nuevo convencimiento, Eros tiene que quedar transmutado, y en efecto se subordina casi totalmente en el compromiso social del poeta:

> ¿No has leído, amor mío, en *Novedades*:
> CENTINELA DE LA PAZ, GENIO DEL TRABAJO
> PALADIN DE LA DEMOCRACIA EN AMERICA
> DEFENSOR DEL CATOLICISMO EN AMERICA
> EL PROTECTOR DEL PUEBLO
> EL BENEFACTOR...?
> Le saquean al pueblo su lenguaje.
> Y falsifican las palabras del pueblo.
> (Exactamente como el dinero del pueblo.)
> Por eso los poetas pulimos tanto un poema.
> Y por eso son importantes mis poemas de amor.
>
> (p. 53; citado anteriormente)

Este epigrama parece comunicar un concepto nuevo en Cardenal: que en la expresión poética del amor también yace latente el compromiso social en un poeta; el amor a la mujer se ensancha bajo la influencia de la actividad política, y se convierte poco a poco en un amor más amplio que deja atrás la sexualidad y da en el amor por el pueblo. El poeta, que quizá sólo empiece a vislumbrar la convergencia de estos sentimientos —antes dos, ahora uno— busca a tientas la manera de integrarlos en su verso. En *Epigramas,* no se pasa de estas alusiones al problema, pero por lo menos se reconoce su existencia. Y este «problema», más tarde, se convertirá en una fuente de inspiración y posibilidades temáticas para toda la obra de Cardenal. Así, *Epigramas* representa un preludio a la plena evolución de estas cuestiones en la obra posterior del nicaragüense.

---

[6] *Ibíd.,* p. 23. Cardenal muchas veces recurre a tropos bastante antiguos, como lo hace aquí con la alusión al motivo de la «dulce enemiga» (recuérdese las «armas y letras» de *Hora 0*). Igualmente, el amor se describe como una tiranía, símil amoroso muy clásico y tradicional: «Ah tú despiadada, / más cruel que Tachito» (p. 38).

«*Vida en el amor*»

La plena transformación de Eros en *ágape* —amor a la humanidad basado en el amor divino— corresponde a la conversión religiosa de Cardenal [7]. Los versos de *Epigramas* sólo aludían a tal cambio, como hemos visto. Cardenal se da cuenta de cómo ha mudado el concepto del amor en su obra y en su pensamiento:

> Mis epigramas fueron compuestos cuando era joven, y son una poesía de amor y de odio, y algunos poemas son de amor y de odio a la vez —porque aunque son poemas políticos, también son poemas de amor. No fue hasta mucho más tarde que evolucioné una poesía distinta —social, política y profética. (Christ, p. 191)

Vida en el amor, escrito en Cuernavaca, posdata la conversión de Cardenal. Como resultado, va mucho más allá, aunque no deja de haber una continuidad. Se adjunta a sus textos poéticos, los cuales complementa, porque sus ensayos presentan las bases filosófico-teológicas de muchos poemas posteriores. Una colección de meditaciones centradas en el amor —palabra que aparece ya en el mismo título— *Vida en el amor* va directamente a su tema en el primer párrafo: «Todas las cosas se aman. La naturaleza toda tiende hacía un *tú*. Todos los seres vivos están en comunión unos con otros» (p. 23).

En éstas, las tres primeras frases de *Vida en el amor*, están ya los tres principales aspectos del amor como lo concibe Cardenal después de su conversión: el amor fuente de unidad universal produce una responsabilidad social colectiva, y da la esperanza de un re-nacimiento del ser humano en toda su dignidad. Estos tres aspectos del amor se estudiarán brevemente y dentro de la obra cardenaliana, ya que fundamentan el concepto del cristianismo que infunde toda su poesía.

La primera frase de *Vida en el amor* suele sorprender por su aparente ingenuidad: «Todas las cosas se aman». Así como lo anota Merton, en el prólogo, Cardenal no dice que el amor debiera existir, sino que existe ya. Los actos de violencia y opresión que llenan los periódicos y revistas, pues, no demuestran que la humanidad sólo sabe odiar, ni que el amor no existe; más bien nos recuerdan tristemente que los hombres hemos aprendido a desatender ese amor innato en todos. Para Cardenal, el amor no es un ideal ni un concepto platónico hacia el cual hemos de dirigir nuestros pasos, sino que es la condición natural de la humanidad, presente *ab initio* en todo lo vital. De aquí se siguen dos derivados. En primer lugar, si el estado normal de la vida es el dar y recibir amor, él mismo no es otra cosa que un punto de partida para la existencia, siempre y por definición recuperable. En segundo lugar, esta natural predisposición unifica las cosas vivas, unión expresada en el reflexivo «se aman». Cardenal subraya esta unidad: «toda la natu-

---

[7] Sobre la historia y la filosofía del amor dentro del cristianismo, puede consultarse Anders Nygren, *Agape and Eros*, trad. de P. S. Watson (Nueva York: Harper & Row, 1969).

raleza tiende [no «debía tender»] hacia un *tú*». El razonamiento cardenaliano parte de premisas sumamente optimistas, nacidas de un concepto inspirado de la vida terrestre y humana, y que insiste que el individuo se define solamente en relación con el prójimo —el *tú*.

Unión

Para Cardenal, el mutuo amor de Dios y el hombre unifica las cosas. Merton dice al respecto: «Sin la gracia de Dios no puede haber unión y naturalidad en nuestra vida, sino sólo contradicción»[8]. Santo Tomás Aquino también expresa idea semejante:

> Vemos ahora que las cosas están ordenadas con más perfección mientras estén más cercanas a Dios. Porque en los cuerpos inferiores, que están más alejados de Dios en semejanza de Su naturaleza, a veces descubrimos defectos en el curso ordinario de la naturaleza; ... mientras esto nunca sucede en los cuerpos celestiales, aunque son susceptibles al cambio en cierto grado, ni en la sustancia intelectual. Por ende, Dios es la causa del orden de las cosas[9].

Si para Cardenal la vida se basa en la unidad que Merton y Aquino han descrito, la característica esencial de la muerte ha de ser la desunión:

> El fuego eterno deberá ser un eterno estado de desintegración molecular o nuclear de la materia. Dios es amor y unión, y su amor es la fuerza de la cohesión molecular de la materia, y el infierno es la desintegración eterna, la materia desunida y desgarrada y en guerra consigo misma, y el dolor del desamor. (*Vida en el amor*, p. 155)

Las imágenes de desunión sirven en Cardenal para comunicar una vida incompleta, dividida. La oposición *nosotros* / *ellos* en *Salmos*, por ejemplo, ilumina la desunión social (ver salmos 9, 11 y 113, por ejemplo). «Ellos», los opresores, se oponen directamente a «nosotros», los pueblos oprimidos para los cuales habla la voz poética. De acuerdo a los salmos bíblicos, la nación judía es el prototipo de los tiranizados:

---

[8] Merton, «First and Last Thoughts», en *A Thomas Merton Reader*, p. 17.

[9] Anton C. Pages, ed., *Basic Writings of Saint Thomas Aquinas*, dos tomos (Nueva York: Random House, 1945), 2:114 (de *Summa contra gentiles*, III, capítulo 64). Si la proximidad a Dios conlleva la perfección, el amor es lo que produce este acercamiento. En un contexto más inmediato, interesa observar las declaraciones de Paul Tillich, quien expresa muy bien la esencia de esta cuestión en Cardenal: «En el gran mandamiento del Antiguo Testamento, confirmado por Jesús, el objeto de nuestra máxima inquietud y del amor incondicional, es Dios. De ahí el amor a lo que es Dios, representado igualmente en uno mismo y en el prójimo. Así, son el 'temor a Dios' y el 'amor a Dios' que, en toda la literatura bíblica, acondicionan el comportamiento ante los demás. [...] La conciencia de identidad perfecta en el Uno hace posible y necesaria la identificación con todos los seres.» Ver su *Dynamics of Faith* (Nueva York: Harper & Row, 1957), páginas 112-3.

Cuando Israel salió de los campos de concentración de Egipto
de los ghettos donde nos tenían encerrados
saltaron los montes como carneros
y los collados como corderitos...

(Salmo 113, «Cuando Israel salió de los ghettos», p. 57)

*

Oh Dios
Jerusalén es un montón de escombros
La sangre de tu pueblo se derramó en las calles
y corrió por las cunetas
y se fue por las alcantarillas

(Salmo 78, «Jerusalén es un montón de escombros», p. 47)

Como en la alusión citada a los «campos de concentración», la opresión de los judíos del Antiguo Testamento se liga a la de tiempos más modernos:

Somos tu pueblo de Auschwitz
de Buchenwald
De Belsen
de Dachau

(Salmo 43, «Porque no confiamos en nuestros armamentos», p. 41)

Israel no sólo representa al pueblo hebreo, sino igualmente a todo otro pueblo oprimido: «Somos los desplazados / somos los refugiados que no tienen papeles» *(Ibíd.);* «Pero tú tienes un gobierno eterno / un gobierno de JUSTICIA / para gobernar los gobiernos de la tierra / todos los pueblos» (Salmo 9, «Cantaré Señor tus maravillas», p. 17). El conflicto entre «nosotros» y «ellos», expresado de manera especial en las imágenes de tiranía política, se extiende así en el tiempo y el espacio, y refleja la universalidad de la desunión [10].

Responsabilidad social

La comunión monástica vivida por Cardenal le enseñó que la verdadera liberación no se halla en la evasión, sino en la comunidad. Es lo que el teólogo H. Richard Niebuhr llamaba «libertad en la mutua dependencia» [11]. Niebuhr también escribe, «El problema existencial, expresado con fe o con desesperación, no puede expresarse simplemente en términos del «yo». *Nosotros* somos afectados y cada «yo» individual enfrenta su propio destino en nuestra misma salvación o condenación» (p. 243). Así como la sobrevivencia física del hombre depende del funcionamiento adecuado de un aparato socioeconómico, su sobreviven-

[10] Sobre las oposiciones como el *nosotros/ellos,* ver Veiravé, pp. 65-74 (especialmente pp. 72-73), y las tipologías de Elías (especialmente pp. 121-23).
[11] «Freedom in dependence», frase usada en su *Christ and Culture* (Nueva York: Harper & Row, 1951); ver las pp. 249-56.

cia espiritual puede asegurarse solamente cuando llega a integrar su vida particular con la de sus prójimos. Para Cardenal, luego, tanto el amor divino como la naturaleza social del hombre conducen a una responsabilidad colectiva: cada individuo tiene un deber ineludible para con los demás, así como consigo mismo. La idea de una revolución socialista en Hispanoamérica nace de este concepto de responsabilidad social universal, fundamental a la concepción cardenaliana del cristianismo. Con frecuencia, el nicaragüense habla de los primeros días de la iglesia cristiana, como un buen ejemplo de esta responsabilidad compartida:

> San Pablo usa una misma palabra griega, *Koinonia,* para la comunión eucarística y para la comunidad de bienes. Y usa también la misma palabra para la unión de los hombres con Dios: lo que él llama la comunión (o comunidad de bienes) del Espíritu Santo. O lo que podríamos llamar el comunismo que hay entre los hombres y Dios. Por cierto, que para Pablo la puesta de bienes en común y la eucaristía y la comunión con el Espíritu Santo son una misma cosa, y cuando en la Epístola a los Hebreos habla de la puesta en común de los bienes, dice que ése es el sacrificio que agrada a Dios. Como quien dice: la verdadera misa. («Un marxismo», p. 57)

Para Cardenal, la salvación del alma y la liberación o revolución social llegan a ser indivisibles. Al explicar una vez su concepto del cristianismo como medio de liberación, dice:

> Les digo que «Jesús» es un nombre que antes se acostumbraba traducir por Salvador o Salvación, pero que ahora se traduce más adecuadamente por Liberador o Liberación. El nombre hebreo es *Jeshua,* que quiere decir «Yavé libera» o «Yavé es liberación». (*El Evangelio en Solentiname,* p. 13)

Aun etimológicamente, *salvación* quiere decir *liberación,* nos informa Cardenal, y los datos biográficos demuestran que desde su conversión, la preocupación religiosa y la social han sido inseparables de su quehacer diario y poético [12]. En *Vida en el amor,* vimos que considera que el man-

---

[12] Gutiérrez insiste repetidamente que, como el pecado es un fenómeno individual y social por igual, se manifiesta en acciones de cada uno y de la sociedad. Por tanto, la salvación del pecado y la liberación socioeconómica son interdependientes, y deben realizarse en conjunción. Puede notarse la equivalencia o correlación entre salvación y liberación en varios pasajes: «Cristo salvador libera al hombre del pecado, raíz última de toda ruptura de amistad, de toda injusticia y opresión, y lo hace auténticamente libre, es decir, vivir en comunión con El, fundamento de toda fraternidad humana»; «la salvación de Cristo es una liberación de toda miseria, de todo despojo, de toda alienación» (pp. 59 y 229; ver también 121). Concuerda René Laurentin: «La liberación debe realizarse en todos los niveles: el económico, el político, el cultural y el humano. Exige una reflexión clarísima en todos estos niveles. Tiene que ser una liberación radical del pecado que es la raíz de todo mal. Sin esta regeneración del pecado por el amor *(agape)* que Dios revela, no habrá verdadera fraternidad entre los hombres. Insistir sobre la palabra «liberación», luego, concretiza y revalora el sentido de la palabra «salvación»; *Liberation, Development and Salvation,* trad. de Charles U. Quinn (Maryknoll, New York: Orbis Books, 1972), p. xiv.

damiento de amar al prójimo nos comunica una responsabilidad social colectiva [13]. Este es el significado del *tú*, nos asegura el poeta. El objeto amado nos confiere existencia.

Históricamente, desde luego, el cristianismo ha disputado la interpretación del mandamiento de amor al otro, como nos lo dice Ernst Wilhelm Benz:

> La historia entera del cristianismo se tipifica por muchos intentos de restringir el mandamiento de amar a ciertas categorías: el compañero en la fe, el familiar, el paisano, o el compañero de partido, de modo que no quede más amor para la gente más «distante». Jesucristo mismo descartó toda interpretación casuística desde el principio. «Porque si amareis á los que os aman, ¿qué recompensa tendréis? ¿no hacen también lo mismo los publicanos? Y si abrazareis á vuestros hermanos solamente, ¿qué hacéis de más? ¿no hacen también eso los Gentiles?» (S. Mateo). Asimismo, la realización del amor al prójimo en «estos mis hermanos más pequeñitos» se nombra como un criterio decisivo del Juicio Final (S. Mateo) [14].

Cardenal también rechaza una interpretación casuística y fácil del mandamiento sobre el amor. Para él, la Encarnación —la presencia de Dios en el hombre— significa que el deber ante Dios es también el deber ante la humanidad. S. Pablo habló de Cristo como «formado en nosotros», y el místico Nicolás de Cusa escribió, «Porque Tú eres el Verbo de Dios humanizado, y Tú eres el hombre divinizado» [15]. Cardenal declara que Cristo es «la comunicación de Dios con el hombre» (*El Evangelio*, p. 4), e insiste que nuestro trato con el prójimo es también una interacción con la divinidad. En breve, el misterio de la Encarnación es el fundamento del evangelio social de Cardenal [16].

Thomas Merton, el mentor espiritual de Cardenal, también escribió apasionadamente de la responsabilidad social del cristiano, explicándola de manera parecida a la actual presentación de Cardenal, y a la antigua y tradicional de las autoridades eclesiásticas:

> La civilización occidental ya se halla en plena decadencia en la barbarie... porque ha sido culpable de una deslealtad doble: a Dios y al Hombre.

---

[13] Sobre esta cuestión, consúltese Dale W. Brown, *The Christian Revolutionary* (Grand Rapids, Michigan: William B. Erdmans Publishing Co., 1971), especialmente las pp. 85-88 y 109-113.

[14] *Encyclopaedia Britannica*, 15.ª ed. (1973), *sub verbo* «Christianity».

[15] *Apud* Evelyn Underhill, *Mysticism: A Study in the Nature and Development of Man's Spiritual Consciousness* (Nueva York: World Publishing Co., 1955; originalmente de 1911), p. 118.

[16] En el segundo tomo de *El Evangelio*, Cardenal confirma que aunque no se puede ver a Dios (p. 39), El sí está presente en la recta acción humana (p. 24) y que Dios se hará presente también «cuando él vuelva como pueblo» (p. 68). Esta tendencia entre la iglesia católica la acerca más que antes a las protestantes, que tradicionalmente han tendido a rechazar lo que veían como una desvalorización de la experiencia evangélica entre los místicos. Han preferido más bien poner fe, como lo hacen también los teólogos de vanguardia de hoy, en el misterio de la Encarnación como vía de acceso directo a Dios. Ver Thomas Hywell Hughes, *The Philosophical Basis of Mysticism* (Edinburgo: T. & T. Clark, 1971), pp. 12 y 415-25.

Para un cristiano que cree en el misterio de la Encarnación, y para quien esa fe es algo más que una mera teoría pía sin correlativos humanitarios, estas no son dos deslealtades, sino una sola. Desde que el Verbo fue hecho Carne, Dios está presente en el hombre. Dios está en todos los hombres. Todos los hombres han de ser vistos y tratados como a Cristo [17].

El compromiso social desde luego forma una parte entrañable de la fe de Cardenal y de Merton, su maestro en religión. La solidaridad y la responsabilidad sociales, proceden de la integración del «yo» de *Vida en el amor* con el *tú* hacia el que tiende, y que en *Epigramas*, aún procuraba dividirse en dos expresiones: la amorosa y la política, para unirse ya por fin. Por tanto, Cardenal declara que el amor conduce a la acción social:

> San Juan dice que Dios es amor. Esta es una frase vaga, que no dice nada —a no ser que entendamos con precisión qué quiere decir San Juan por amor. Por amor, San Juan entiende una cosa muy concreta, y una cosa a la que nosotros corrientemente no le damos el nombre de amor. Y que Jeremías describe así: «Defender la causa del pobre y del indigente» [18].

En otra parte, dice que «el amor es la única ley que rige el universo... la ley de cohesión que une todas las cosas» [19]. Lilia Dapaz Strout, escribiendo de la ética de Cardenal, ha observado acertadamente que «el individuo asume responsabilidad personal de parte de lo colectivo y lo integra en su propio proceso de integración». También confirma que «el individuo que entiende y responde a la Voz..., a su responsabilidad frente a Dios, también debe atender a su responsabilidad frente a la comunidad» [20].

En resumen, tanto la liberación social y la salvación personal son fenómenos netamente sociales para Cardenal, quien a la manera de los

---

[17] Thomas Merton, «Conquistador, Tourist and Indian», en *A Thomas Merton Reader*, p. 305.

[18] «Un marxismo», p. 69. Para Cardenal, el pecado original —que describe como la tendencia de los hombres a obrar tanto el mal como el bien— también es social. «Ese pecado [original] es colectivo, y lo concibo como un pecado estructural de carácter social y que se manifiesta en las estructuras sociales injustas (es la injusticia social)» («Respuesta», p. 631). En esto, Cardenal se basa mucho en Miranda y Gutiérrez (obras ya citadas).

[19] *Vida en el amor*, pp. 88-89. C. A. Bouquet observa que los místicos están de acuerdo en que «toda división y separación es irreal, que el universo es una sola unión indivisible»; ver su *Comparative Religion* (Middlesex, Inglaterra: Penguin Books, 1969), p. 293.

[20] Lilia Dapaz Strout, «Nuevos cantos de vida y esperanza: Los *Salmos* de Ernesto Cardenal y la nueva ética», en Elisa Calabrese *et al.*, *Ernesto Cardenal: Poeta de la liberación latinoamericana* (Buenos Aires: Francisco García Cambeiro, 1975), pp. 110 y 111. Paul Tillich escribe que amor y acción se derivan igualmente de la fe y no se pueden separar de ella (112), y que «la experiencia inmediata del amor es la acción» (115). G. Gutiérrez cita ante todo el concepto de caridad como motivo de acción social (20-21). Está visto que aunque es general la aceptación de la acción social como un deber del creyente, no hay acuerdo con respecto a la motivación específica.

profetas del Antiguo Testamento, niega ninguna separación de la vida religiosa y la vida en la sociedad. Luego: en su verso definitivo, la preocupación social y la perspectiva religiosa también son inseparables.

Re-nacimiento

El tercer aspecto de amor expresado en *Vida en el amor* —el re-nacimiento— constrasta con la final esterilidad del amor erótico pintado en *Epigramas*. Se expresa mejor en *Gethsemani, Ky.* Dentro del concepto de Cardenal, la resurrección o re-nacimiento, un retorno a la unidad en que tiene origen la vida (y hacia la que tiende), caracteriza la vida integral. Evelyn Underhill, en su clásico estudio del misticismo, describe el proceso de re-nacimiento, que concuerda bien con la idea que Cardenal expresa en su poesía:

> La vida mística verdadera, y seguramente dirigida, se inicia con ese fenómeno real, aunque indescriptible: la llegada a conciencia del ser más profundo y espiritual, que los escritores ascetas y místicos de todos los tiempos han acordado llamar Regeneración o Re-nacimiento.
> Ya hemos tratado el aspecto puramente sicológico del nuevo renacimiento como la eclosión del sentido trascendental. Ahora se exhibe su faceta más profunda y mística. Por medio de un proceso que puede describirse igualmente como el nacer de algo nuevo o la salida a la luz de algo que ha dormido —ya que ambas expresiones no son sino metáforas que representan otra operación más secreta— el ojo se abre ante la Eternidad; el ser, repentinamente conciente de la realidad, sale de la cueva de ilusión como el niño tierno que sale del útero y empieza a vivir en el plano sobresensual. Entonces, siente en sus entrañas una nueva presencia, una nueva conciencia —apenas fuera exagerado decir, una nueva Persona— débil, en busca de nutrimento, evidentemente con necesidad de experimentar varias etapas evolutivas antes de llegar a la perfección; y sin embargo, de una naturaleza tan extraña que en comparación con su medio ambiente, puede considerarla Divina.
> «Este cambio, esta turbación, se llama un re-nacimiento. *Nacer*, sencillamente, quiere decir entrar en un mundo en el que los sentidos predominan, en que sabiduría y amor adolecen en los lazos del individualismo. *Re-nacer* significa volver a un mundo en que gobierna el espíritu en sabiduría y amor, y el hombre le obedece.» Así dice Eckartshausen. Según Jane Lead, quiere decir «sacar a luz en el alma una similitud divina y recién creada». (Underhill, pp. 122-23)

Nos hemos detenido un tanto en estas cuestiones, y en especial la descripción del re-nacimiento, para que se puedan apreciar las evoluciones y los valores simbólicos de las imágenes que aluden a ellas. El motivo del renacimiento, por ejemplo, persiste en la obra de Cardenal, pero no tiene en sus primeras apariencias el significado que más tarde tendría. Su primer uso importante fue en un epigrama, y en un contexto sociopolítico:

Epitafio
Para la tumba de Adolfo Báez Bone

Te mataron y no nos dijeron dónde enterraron tu cuerpo,
pero desde entonces todo el territorio nacional es tu
  sepulcro;
o más bien: en cada palmo del territorio nacional en que
  no está tu cuerpo, tú resucitaste.

Creyeron que te mataban con una orden de ¡fuego!
Creyeron que te enterraban
y lo que hacían era enterrar una semilla [21].

Más tarde, en *Vida en el amor* —texto en prosa, recuérdese— el renacimiento patriótico aludido en el epigrama, al fusionarse con los motivos de la retórica religiosa, hace juntarse la acción política con la salvación espiritual del individuo. Cardenal da a entender que la vida plena puede ser de todos, con tal que se esté dispuesto a vivir de acuerdo a la verdadera naturaleza del hombre: en unión. Como consecuencia, el motivo del renacimiento recurre más de una vez en *Gethsmani, Ky.* —producto de la unión social que Cardenal experimentó en el monasterio— y se expresa principalmente en imágenes naturales, especialmente las de la primavera:

En Pascua resucitan las cigarras
—enterradas 17 años en estado de larva—
millones y millones de cigarras
que cantan y cantan todo el día
y en la noche todavía están cantando.
Sólo los machos cantan:
las hembras son mudas.
Pero no cantan para las hembras:
porque también son sordas.
Todo el bosque resuena con el canto
y sólo ellas en todo el bosque no los oyen.
¿Para quién cantan los machos?
¿Y por qué cantan tanto? ¿Y qué cantan?
Cantan como trapenses en el coro
delante de sus Salterios y sus Antifonarios
cantando el Invitatorio de la resurrección.

*

Detrás del monasterio, junto al camino,
existe un cementerio de cosas gastadas,
en donde yacen el hierro sarroso, pedazos
de loza, tubos quebrados, alambres retorcidos,
cajetillas de cigarrillos vacías, aserrín
y zinc, plástico envejecido, llantas rotas
esperando como nosotros la resurrección [22].

---

[21] *Epigramas*, p. 42 (Báez Bone participó en la rebelión de 1954). La imagen recurre en *Hora 0*, recuérdese.

[22] *Gethsemani, Ky.*, pp. 7 y 38. Cardenal habla de la primavera como símbolo de la resurrección en *Vida en el amor*, p. 159.

La imaginería de la resurrección, presente en la poesía de Cardenal desde sus comienzos y que liga la redención con los procesos más naturales, nos lleva así de *Epigramas* a *Gethsemani, Ky.*

«*Gethsemani, Ky.*»

Así empezó la faceta didáctica de la obra de Cardenal. Siempre tuvo la tendencia de «enseñar deleitando», como puede verse en *Hora 0*, y aun hasta cierto punto en «Proclama del conquistador». Pero no fue hasta después de su experiencia religiosa y el consecuente efecto unificador sobre sus ideas, que su obra adquirió sus características definitivas. Los primeros versos producidos bajo esta nueva luz y con esta renovada expresión, son los de *Gethsemani, Ky.* Habiendo terminado ya nuestra exposición condensada de las ideas de naturaleza religioso-social de la época, pasamos a su concreción poética.

El concepto del amor, tal como lo pinta Cardenal en *Gethsemani, Ky.*, ha evolucionado desde las frustraciones del mero erotismo hasta una experiencia con implicaciones profundas y duraderas para el individuo y su sociedad. Un poema de *Gethsemani, Ky.*, de naturaleza autobiográfica, parece narrar esta misma evolución, y confirma que para Cardenal el amor que descubrió al convertirse es una continuación de la búsqueda originalmente evocada en *Epigramas,* re-expresada ahora:

> Ha venido la primavera con su olor a Nicaragua:
> un olor a tierra recién llovida, y un olor a calor,
> a flores, a raíces desenterradas, y a hojas mojadas
> (y he oído el mugido de un ganado lejano...)
> ¿O es el olor del amor? Pero ese amor no es el tuyo.
> Y amor a la patria fue el del dictador: el dictador
> gordo, con su traje sport y su sombrero tejano,
> en el lujoso yate por los paisajes de tus sueños:
> él fue el que amó la tierra y la robó y la poseyó.
> Y en su tierra amada está ahora el dictador embalsamado
> mientras que a ti el Amor te ha llevado al destierro [23].

El *destierro* aludido es espiritual y político a la vez, y se referirá a la ausencia del escritor de su país y al aislamiento voluntario del monasterio. Eros ya está ausente, desplazado por un amor que expresa una fe espiritual juntamente con un interés social, confluencia poco común, y que caracteriza la colección como la primera conjunción importante de tan poderosas preocupaciones temáticas en la obra de Cardenal, y quizá en la literatura hispanoamericana. Otra composición de *Gethse-*

---

[23] Fíjese en la imagen de la posesión territorial como un acto de violación sexual, prefigurada en «Proclama del conquistador». Es también de notarse que el «Amor» adquiere una connotación divina en Cardenal; recuérdese la equivalencia establecida entre Dios y su revelación «como amor». La mayúscula hace patente el simbolismo.

mani, Ky. rememora el abandono de Eros, el amor superficial e infructí-
fero en el contexto moral y social, a favor de *ágape:*

> Como latas de cerveza vacías y colillas
> de cigarrillos apagados, han sido mis días.
> Como figuras que pasan por una pantalla de televisión
> y desaparecen, así ha pasado mi vida.
> Como los automóviles que pasaban rápidos por las carreteras
> con risas de muchachas y música de radios...
> Y la belleza pasó rápida, como el modelo de los autos
> y las canciones de los radios que pasaron de moda.
> Y no ha quedado nada de esos días, nada,
> más que latas vacías y colillas apagadas,
> risas en fotos marchitas, boletos rotos,
> y el aserrín con que al amanecer barrieron los bares.
>
> (p. 24)

En *Vida en el amor,* Cardenal escribe de su vida previa y de su
amor a las mujeres, diciendo que ahora, «todos mis amores han muerto,
y no queda más que el tuyo [el de Dios]» (p. 71). El poema arriba citado,
que alude a la superación de placeres pasajeros, bien puede verse como
una referencia a la vida del propio Cardenal con anterioridad a su conversión. Las risas y la belleza de las muchachas ya están en el pasado.
Con este cambio, advertido en *Vida en el amor* y expresado poéticamente en *Gethsemani, Ky.,* nace ya la poesía religioso-didáctica de Cardenal, aunque todavía carece del elemento profético de *Salmos* y obras
posteriores.

Gethsemani, Ky., luego, es el primer fruto artístico de la nueva perspectiva de su autor, y su tono de pacífica seguridad y confianza hace
un notable contraste con el estilo de *staccato* de *Hora 0.* Los poemas
de *Gethsemani, Ky.* evocan los diversos aspectos de la vida recién po-
sibilitada por la integración de actividades diarias con un punto de referencia trascendental. Las piezas más representativas de esta integración son las que capturan un momento muy normal, investido de algo
muy atenuado, pero presente bajo la superficie cotidiana:

> Pita una fábrica en el campo
> como el pito de un barco:
> Como el vapor 'Victoria' pitando
> en el lago... (Antes que el viejo 'Victoria'
> se hundiera en el lago).
>
> (p. 25)

*

> Tú nos envuelves como la niebla
> de esta mañana de invierno.
> Yo te oigo en el grito del grajo,
> los gruñidos de los cerdos comiendo,
> y el claxón de un auto en la carretera.
>
> (p. 33)

119

El poeta revela una sensibilidad nuevamente puesta en pie, que percibe mejor lo que su medio ambiente presenta ante sus ojos recién abiertos[24]. La nueva perspectiva o sensibilidad es tan expansiva que para Cardenal, todo acto del creyente es un acto religioso. El arte también manifiesta una fe:

> Toda obra de arte es también una alabanza a Dios. Y da gloria a Dios, como las estrellas que proclaman la gloria de Dios. Todo verdadero arte es también en cierto sentido una oración. Y el arte no necesita ser religioso para dar gloria a Dios, porque todo arte es religioso. (*Vida en el amor*, p. 117)

Desde sus inicios en *Epigramas* hasta *Gethsemani, Ky.*, la primera fase del verso religioso y didáctico de Cardenal se ha resumido. Este capítulo transicional habrá revelado la continuidad de las ideas fundamentales de Cardenal y cómo su obra posterior no contradice, sino que ensancha y enriquece su producción temprana. También es éste un capítulo preparatorio, así como lo es el verso discutido en él, que pronto alcanzará sus dimensiones más completas. La visión esencialmente negativa del amor erótico y de acción social (que fracasa) en *Epigramas*, constituye el prefacio de la emergencia del «hombre nuevo», que representa el anhelado futuro que prevé Cardenal. Así, su próxima obra, *Salmos*, llevará más adelante el papel del artista y el poeta cristiano en especial en su creación. El poeta, hasta ahora sobre todo un individuo que habla principalmente de problemas que aquejan a su persona, expresará la unidad que ya descubre, y pasará de esta poesía didáctica a una poesía profética[25].

---

[24] Varios poemas recuentan la percepción de Dios en el ambiente físico; ver también pp. 32 y 35. La presencia de Dios en la naturaleza hace surgir el problema del panteísmo. Los escritores sobre el misticismo reconocen que el panteísmo es una verdadera amenaza para el contemplativo; Hughes (p. 8) sugiere que los místicos más grandes se salvan de tal herejía debido a su fe en una divinidad personalizada. Desde luego, uno de los problemas más graves para el que quiere escribir de una experiencia de tipo místico, es la necesidad de relatarla en términos simbólicos —procedimiento muy aprobado por S. Tomás, por cierto (I:15, de *Summa theologica*, I, pregunta 1, artículo 9). Así como no se puede interpretar en sentido estrictamente literal las bodas metafóricas entre el místico y Dios, tan frecuente simbolismo en los escritores místicos como Sta. Teresa, Juan de la Cruz y Bernardo, tampoco hay que suponer que las imágenes naturales en el verso cardenaliano remitan a un panteísmo latente.

[25] Cardenal alude a su didactismo en la entrevista con Benedetti: «Hay algunos poemas míos que realmente son ensayos etnológicos y antropológicos o religiosos, y he expresado a través de los poemas algunas enseñanzas de economía o de política y no he sentido la necesidad de usar el ensayo» (p. 103).

CAPÍTULO II

POESIA Y PROFECIA

El poeta es esencialmente un profeta.

George Santayana

El inicio de la poesía religiosa y didáctica de Cardenal remite a «La casa de Cristo», escrito por 1950 [1]. Esta faceta temática, no obstante, pronto se abandonó, y Cardenal no volvió a tomar el hilo hasta por 1959. Las obras compuestas entre estas dos fechas contienen elementos didácticos patentes (que hemos comentado en *Epigramas* y *Hora 0*), pero no se preocupan por el análisis de sistemas ético-morales, ni con proponer la superioridad de un sistema sobre otro. *Epigramas,* aunque lleva antecedentes del verso social y didáctico, carece de la orientación religiosa de los poemas posteriores a 1956. *Hora 0* sólo alude a una moralidad con base espiritual en el epígrafe: «¡Centinela! ¿Qué hora es de la noche?»

Consideramos que toda poesía social es didáctica en un sentido general, básese el análisis en pragmatismos socioeconómicos, o más bien en estructuras de tipo moral, que buscan resolver los problemas sociales con relación a una metafísica. El primero de estos dos casos es aplicable a *Hora 0* y *Epigramas,* cuyos juicios éticos se preocupan sencillamente por la justicia socioeconómica. Ambos textos, se percibe, predatan la evolución de un sistema moral que descansara sus objetivos sociales sobre cimientos filosóficos más sólidos.

Con *Gethsemani, Ky.* el verso de Cardenal hizo el salto hacia la fe. Bien que sus poemas casi nunca sean abiertamente religiosos y nunca son directamente de naturaleza proselitista, sí vuelven a la vertiente didáctica abierta hacía años. A diferencia de *Hora 0* y *Epigramas,* en que se insiste más en la relación del individuo con la sociedad, *Gethsemani, Ky.* enfoca mejor la integridad personal y la relación del individuo con Dios. Debido a este cambio de énfasis, con este texto se produce una breve interrupción del *engagement* temático de Cardenal. Fue ésta una pausa entre el compromiso puramente político de las primeras obras,

---

[1] Los términos «poesía religiosa» y «poesía didáctica» se refieren, respectivamente, al verso que refleja una moralidad fundada específicamente en la religión (como la de *Oráculo sobre Managua*), y a un sistema de valoraciones éticas no teísta, basado en pragmatismos sociales (como en *Hora 0* y *Epigramas*).

y la posterior asimilación de fe religiosa con el activismo social que tipifica su obra posterior.

Las principales obras religiosas y didácticas de Ernesto Cardenal, luego, reconcilian las dos tendencias de su poesía temprana. Se funde el interés de *Epigramas* y *Hora 0* con la visión individual e interior de *Gethsemani, Ky.*, fusión que permite la apertura de ambas tendencias temáticas. La conciencia social ya se abre a valores más duraderos, y la orientación mística de los versos de Kentucky recibe nueva vida y un complemento pragmatista bajo el compromiso con los hermanos extramonásticos. Hasta aquí, hemos debido referirnos a las tendencias temáticas de las primeras obras con los términos «religioso» y «didáctico», y sus variantes. Ya podemos dejarlos atrás, porque la poesía examinada en el presente capítulo —especialmente *Salmos* y *Oráculo sobre Managua*— es más que didáctica: es una poesía profética [2].

El verso profético de Cardenal integra el interés social con la creencia espiritual. En estas obras, así, la poesía sirve tanto a la fe como a las preocupaciones más mundanas. Se logra reunir la tradición de poesía política en Hispanoamérica (como en Neruda y Vallejo) con la perspectiva de los profetas bíblicos y los místicos españoles. Su verso profético es seguramente una de las hazañas más señaladas de Cardenal. *Salmos,* ya mencionado en este contexto, y *Homenaje a los indios americanos,* otro texto dotado de una dimensión claramente profética, serán sus colecciones más célebres hoy día.

Cardenal y el misticismo

La esencia del misticismo es que el individuo experimenta (o cree experimentar) directamente lo Absoluto —Dios, para el místico cristiano. Si se acepta que el poeta es mediador entre la palabra y el oyente— o, como lo intiman Octavio Paz y Evelyn Underhill, entre lo divino y lo terreno —se deduce que el poeta y el místico no son idénticos [3]. Sin embargo, sí pueden coincidir. El poeta puede escribir de una experiencia mística, o puede ayudar al lector en su propia búsqueda (*vide* Sta. Teresa y S. Juan de la Cruz, entre otros). En el caso de Ernesto Cardenal, no hay seguridad de que haya tenido una experiencia mística clásica, porque sus declaraciones sobre su propio misticismo y su conversión son bastante ambiguas; se nos escapa lo que está por debajo de su superficie. No dice, por ejemplo, «Dios se me reveló», como suelen tes-

---

[2] Aparte de *Salmos* y *Oráculo sobre Managua*, incluimos entre la poesía profética de Cardenal buena parte de *Oración por Marilyn Monroe*, y los poemas «Grabaciones de la pipa sagrada» y «Coplas a la muerte de Merton». También es de observarse que elementos proféticos están presentes igualmente en su poesía de tema indígena.

[3] Según Edward Cuthbert Butler, la palabra «místico» no llegó a usarse comúnmente hasta la última parte del Medioevo; se usaba más bien «contemplativo»; ver su *Western Mysticism*, 2.ª ed. (Nueva York: Harper & Row, 1966), p. 4. «Contemplativo» es la palabra que Cardenal suele emplear.

tificar los místicos más conocidos, sino «Dios se me reveló como amor», una abstracción («Nota», p. 10). Otra vez elude una declaración directa: «Se me reveló Dios como un amor inmensamente mayor que todos los que yo había conocido» («Ernesto Cardenal cuenta la historia de Solentiname», p. 24). Y, sin embargo, no interesa al presente estudio investigar la naturaleza de la relación de Cardenal con Dios, a la vez que deseamos preservar el velo que Cardenal tan celosamente ha defendido[4]. Más bien, se pretende identificar elementos místicos en su poesía y su pensamiento.

Veamos cómo Cardenal entiende el misticismo. Ha dicho que se considera un místico en la tradición de los descalzos españoles, San Juan y Santa Teresa: «La mística es la unión amorosa con Dios, y considero que sí tengo esa tendencia en mi vida. La clase de misticismo que yo he practicado es la misma de San Juan de la Cruz y Santa Teresa»[5]. Esta frase, que parece bastante directa, puede entender la «unión» como un sentimiento generalizado de intimidad o acercamiento, más que la unión descrita por los descalzos y otros místicos. Recuérdese que Cardenal, quien ya ha dicho que experimentó a Dios «como amor», ha dicho repetidamente que la unión con Dios se efectúa por medio del hombre. Para él, en efecto, el pueblo mismo es una expresión de la divinidad; y, por añadidura, admite que el hombre no ve a Dios:

> Yo renuncié a la literatura cuando entré a un monasterio trapense... Pero yo no había entendido bien las Escrituras. Después he comprendido que a Dios no se le ama directamente: sólo se le conoce, en el sentido bíblico (o sea, se le posee) a través del hombre. San Juan insiste en que nadie ha visto a Dios. Dios vino al hombre en la persona de Jesucristo. Pero no nos debemos equivocar tampoco con la persona de Jesucristo: ahora Jesucristo es el pueblo[6].

Igualmente, su verso frecuentemente evoca a un Dios invisible, cuyos fieles le ruegan que se presente: «¿Hasta cuándo Señor estarás escondido?» (p. 18); «Y tú eres ahora un Dios clandestino / ¿Por qué escondes tu rostro olvidado de nuestra persecución y de nuestra opresión?»

---

[4] Fernando Jorge Flores presenta una investigación en la experiencia espiritual de Cardenal en «Comunismo o reino de Dios: Una aproximación a la experiencia religiosa de Ernesto Cardenal», en Calabrese, pp. 161-196.

[5] «Entrevista», p. 378. Aunque es innegable una especie de activismo en los santos carmelitas, las actividades extracontemplativas de santos Juan y Teresa versaban, sobre todo, en reformas internas de su orden, y el evangelismo. No llegaron a fomentar directamente los cambios políticos o sociales. Como ha señalado José García López en el verso de S. Juan, «San Juan prefiere *eludir toda referencia a lo concreto,* llegando a afirmar que la consideración de la humanidad de Cristo sólo es adecuada para principiantes»; *Historia de la literatura española,* 9.ª ed. (Barcelona: Vicens-Vives, 1965), p. 216 (subrayado del profesor García López).

[6] «Un marxismo», p. 55. En lo de no ver a Dios directamente, Cardenal recibe el apoyo de Tomás de Aquino; véase I:92-118 (*Summa theologica,* pregunta 12, artículos 1-12), y II:82-83 (*Summa contra gentiles,* capítulo 47). Ver también Butler, sobre todo las pp. 119-20.

(página 43). En fin, la cuestión de la experiencia divina directa no se resuelve en la poesía ni en las declaraciones de Cardenal, y apenas hay momentos místicos en su verso[7].

¿Cuál es, pues, el misticismo de Cardenal? José Miguel Oviedo ha llamado a Cardenal un «místico comprometido», apelativo que Cardenal acepta («Respuesta», p. 637). Se reconoce que el término es paradójico, puesto que el compromiso a realidades sociales se opone tradicionalmente a la orientación mística en Occidente y en Oriente. Muchos escritores han apuntado la tendencia del misticismo cristiano a desatender los problemas del mundo cotidiano para buscar a Dios. Pedro Salinas la ha observado en San Juan, al mismo tiempo que defiende al poeta descalzo: «San Juan renuncia todo esto [la realidad exterior] y se escapa en el alma»[8]. El teólogo Walter Raushenbusch, por otra parte, sostiene que el peligro del misticismo está en su tendencia a aislar al contemplativo:

> La vía mística no es por medio del hombre, sino por encima de él. No podemos apartar de tal modo la fundamental ley de Dios. Nos creó cada uno para el otro, y nuestro perfeccionamiento no se origina en el aislamiento, sino en el amor... La experiencia mística que vuelve menos inmediato a nuestro prójimo, y que hace menos dignos nuestros trabajos diarios, es una religiosidad peligrosa[9].

El filósofo George Santayana también concuerda con Rauschenbusch, aunque sí reconoce la utilidad de una perspectiva mística controlada:

> El ideal místico es... directamente contrario al ideal de la razón: en vez de perfeccionar la naturaleza humana, busca abolirla; en vez de construir un mundo mejor, hasta debilitaría los fundamentos del mundo que hemos hecho hasta ahora; lejos de desarrollar los horizontes y la precisión de nuestra capacidad mental, volvería a la condición de protoplasmo —a la bendita inconciencia de una Realidad Indecible... [El espíritu místico] no se da por satisfecho, una vez que está plenamente desarrollado y sin temor, hasta alcanzar la Nada Absoluta[10].

La actitud negativa ante las cosas mundanas y físicas que ha heredado el misticismo occidental se ha atribuido a la filosofía dualista griega, en particular por medio de S. Pablo y el neo-platonista Seudo-Dionisio, del siglo cinco[11]. La búsqueda divina de los ascetas místicos los

---

[7] «No sé quién» (p. 35) y «Yo apagué la luz» (p. 32) son los únicos poemas místicos en un tomo tan espiritual como *Gethsemani, Ky.*

[8] Pedro Salinas, *Reality and the Poet in Spanish Poetry*, trad. Edith Fishtine Helman (Baltimore: Johns Hopkins Press, 1966), pp. 127-28.

[9] Walter Rauschenbusch, *A Theology for the Social Gospel* (Nashville, Tennessee: Abingdon Press, s.f.), pp. 104-5. (Este texto es fundamental en la evolución de una teología social, y prefigura su desarrollo en Hispanoamérica. Debería conocerse muchísimo más, así como el otro, aún más bello, citado abajo.)

[10] Santayana, p. 143. Sobre esta cuestión, véanse también Hughes (p. 15) y Underhill (pp. 413-43, *passim*). Generalmente, el misticismo oriental se interesa mucho más por el concepto de la nada como objetivo de la contemplación mística.

[11] Hughes, pp. 373 y 368; Butler, p. 4.

llevó a un concepto despreciativo de las imperfecciones humanas; el hombre sólo podía unirse con Dios, por tanto, deshaciéndose de sí. Asemejarse a Dios era dejar atrás la humanidad corpórea e imperfecta. Cardenal, en cambio, ha heredado el desprecio de los placeres físicos universal entre los místicos, sin su menosprecio ante la misma existencia del individuo en el mundo [12]. Para él, la búsqueda de unión con Dios, fundada en la Encarnación, tiene necesariamente una dimensión social. Si Dios se halla ya dentro del hombre, será falso e ilusorio un misticismo que desatienda a la humanidad.

«Grabaciones de la pipa sagrada», poema de tema indoamericano no incluido en *Homenaje a los indios americanos,* presenta una concisa exposición poética de la revaloración del misticismo que infunde el verso de Cardenal. En él, el hombre se relaciona, social y espiritualmente, a la vez con Dios y con sus semejantes:

> La primera (y más importante) la paz dentro de uno
> cuando uno siente su parentesco con el universo
> y siente a Wakan-tanka en el centro del universo
> y que el centro es en todas partes y dentro de uno
> la segunda entre dos hombres y tercera entre dos pueblos
> pero no hay entre pueblos si no hay dentro del hombre.
>
> (antología Barral, p. 164)

Para Cardenal, se ve, la fe religiosa no abstrae al hombre del mundo, sino que lo mete más completamente en él. La autenticidad personal, como se vio en el capítulo anterior, depende orgánicamente de la autenticidad y el bienestar sociales; y el creyente comprometido difiere del activista no religioso sólo en que el primero le añade una tercera dimensión a la lucha. Para él, esta lucha no nace solamente de las necesidades prácticas de la sociedad sino también de la relación del individuo con lo Absoluto.

En la teología de Cardenal, luego, no hay conflicto entre dedicarse a Dios y dedicarse a los intereses vitales del hombre. Contrariamente, como se dijo ya arriba, considera que la obediencia a la divinidad siempre ha de conllevar un compromiso sincero con el pueblo, al que concibe como la presencia divina sobre la tierra. Como lo ha dicho un pensador, «el místico no debe ser el más inútil, sino el más útil de los individuos» [13]. Por añadidura, Cardenal dice que las acciones que se asemejan a las de Cristo pueden darle acceso a Dios y la salvación hasta al no creyente: «La salvación se logra por medio del amor, y puede alcanzarla uno que no es cristiano» [14]. Confirma, para que no nos

---

[12] A Cardenal se le preguntó, «¿Se considera Ud. asceta o místico? ¿Aspira a lo segundo?» Contestó, «Aspiro más al misticismo que al ascetismo. El ascetismo no es sino un medio, pero no puede haber verdadero misticismo sin alguna dosis, al menos mínima, de ascetismo» («Respuesta», p. 636).

[13] John Hayes Holmes, «Mysticism», en *Mysticism and the Modern Mind,* ed. por Alfred P. Stiernotte (Nueva York: Liberal Arts Press, 1959), p. 19.

[14] «Entrevista», p. 378. Consultar también «Conversación en Solentiname», en *La santidad de la revolución,* p. 48.

equivoquemos, el valor de la acción que obedece a los preceptos del cristianismo: «Hay quienes creen en el cristianismo pero no lo practican, y quienes, como [el poeta Fernando] Gordillo, no creen en el cristianismo pero lo ponen en práctica» [15]. Cardenal recalca el papel determinista de la actividad socioeconómica sobre la salvación del individuo: «El día del juicio seremos separados no entre los que creen y no creen, sino entre los que aman al hombre y quienes lo explotan» (González-Balado, p. 24; ver también El Evangelio en Solentiname, tomo 2, pp. 56 y 58). El elemento activo llega a ser la acción social, acaso más que la mera existencia de fe. La fe de Cardenal tiene un referente social como su núcleo: el contacto místico, como le hemos inferido, es la conciencia de su presencia en los demás hombres. Por eso, Cardenal dice con San Agustín: «Dios es el amor con que nos amamos» (El Evangelio, tomo 2, p. 59). El contemptus mundi del místico y del asceta no le hacen dar la espalda al mundo físico y sensorial, sino que le hacen decidirse a trabajar para perfeccionarlo.

La conjunción del compromiso social y la orientación mística, en la cual la unión con Dios trae la unión con la humanidad, caracteriza la visión del poeta sobre la comunidad creyente. Escribe que «La Iglesia es el pueblo de Dios, el pueblo entero» [16]. Y leemos en Oráculo sobre Managua que en el futuro habrá

> Una ciudad sin clases
> la Ciudad libre
> donde Dios es todos
> El, Dios-con-todos (Enmanuel)
> la Ciudad Universal
> la Ciudad donde se nos revele la humanidad de Dios
>
> (p. 40)

La imagen agustiniana de la Ciudad de Dios ocurre repetidamente en el Oráculo, para insistir en la idea de «comunidad»:

> Después de todo Dios también es Ciudad
> (Dios como Ciudad
> la Ciudad del encuentro definitivo
> de cada hombre con todos los hombres
> la Ciudad de la identidad y la comunidad consumada
> la Ciudad de la Comunión)
>
> (pp. 18-19)

Así como la utiliza Cardenal, la imagen de la Ciudad de Dios no alude sólo a una comunidad perfecta en la otra vida. Cardenal cree que la adhesión a la voluntad divina y el reconocimiento de la responsabilidad del individuo para con su sociedad, también significan el establecimien-

---

[15] Ernesto Cardenal, «Sermón de Ernesto Cardenal en una misa de difuntos por el alma del poeta Fernando Gordillo», El Corno Emplumado, núm. 26 (abril de 1968), p. 44.

[16] «¿En Nicaragua los periódicos callan el caso de El Perú?», Semana (proporcionado por el padre Cardenal), p. 3.

to de una sociedad superior sobre la tierra. Si la vida actual es comunidad, también lo será el reino de Dios:

> Los judíos esperaban que el reino de Dios iba a ser un reino terreno, y en eso no estaban equivocados porque el reino de los cielos es también terreno, es el reino de los cielos establecido en la tierra y por eso pedimos en el Padrenuestro que venga a nosotros. El reino de los cielos es un reino —o como diríamos ahora: una república—, esto es, un orden social. El reino de los cielos es social, una *ecclesia*, una comunidad, un marxismo espiritual. (*Vida en el amor*, p. 179)

Cardenal cree asimismo que el reino de Dios es posible tanto en esta vida como en la futura: «Yo creo que este cambio social es en esta vida y en la otra»; e insiste repetidamente que la frase «reino de los cielos» nos despista, y que el reino de Dios es tanto espiritual y social como terreno y eterno [17].

Luego, en la idea de Cardenal, unión con Dios y unión con el hombre, no son más que dos expresiones de una sola comunidad. La Ciudad de Dios, cree él, sí puede existir en la Tierra. Para establecerla, hay que expresar —en la acción— el compromiso con esta unión mística y concreta:

> La meta de la humanidad es la Revolución, porque la Revolución es el establecimiento del reino de Dios en la tierra, y eso lleva a la unión de la humanidad con Dios. Yo identifico el reino de Dios con la Revolución. Y la unión con Dios, según el Evangelio, es posible nada más en ese reino de Dios: cuando la humanidad esté unida habrá una sociedad perfecta. Y también entonces se da la resurrección según el Evangelio... El último trabajo de la Revolución es crear el reino de Dios sobre la tierra, y es un trabajo factible. Como cristiano y como revolucionario, creo que llegará el día en que existirá una sociedad perfecta sobre la tierra. El cristianismo de la Edad Media negaba esta posibilidad, pero los primeros cristianos y el Evangelio, no. («Entrevista», p. 378)

Para Cardenal, la sociedad perfecta —el «reino de Dios» en términos antiguos y bíblicos— requiere tanto una revolución social como una revolución espiritual.

El análisis de los fondos de la espiritualidad y de la filosofía social de Ernesto Cardenal son, claro está, indispensables al estudio serio de su obra poética. Resta mucho más que decir, pero sí podemos por lo menos resumir ahora los elementos místicos que hemos identificado en su poesía: la efectiva presencia de Dios en la humanidad; la esperada realización de una sociedad identificada con el reino de Dios; y la esperanza de que nazca o evolucione el hombre nuevo.

---

[17] *El Evangelio*, p. 129; ver 118 y 187, y 21-22 del segundo tomo. Fundamentos filosóficos evidentes incluyen la concepción de la Encarnación, y la idea de Aquino de que el paraíso es tan corpóreo como espiritual (*De genesis litt.*, VIII, 1); ver Norman Powell Williams, *The Idea of the Fall and of Original Sin* (Londres: Longmans, Green, 1927), p. xviii.

«*Salmos*» y el hombre nuevo

Salmos, que quizá habrá de figurar como el texto cardenaliano más conocido, es un manifiesto poético de las ideas que hemos resumido en estas páginas. Aunque cada poema se explica con perfecta claridad, es a la vez indispensable apreciar las interconexiones lógicas de sus conceptos para captar bien el complejo tejido que es su obra. Como consecuencia, se puede ver que los salmos de Cardenal representan varias etapas de la evolución espiritual: postración, resignación, esperanza y lucha. El tema general es, otra vez, la justicia, concepto que ahora subsume tanto una dimensión espiritual como un aspecto social pre-existente, de acuerdo al concepto del cristianismo desarrollado en el nicaragüense.

Las cuatro expresiones o etapas señaladas en los salmos de Cardenal se ejemplifican claramente. El refrán «Hasta cuándo Señor», comentado ya, tipifica a un pueblo cuya opresión lo ha vuelto indefenso. Vacila entre una total postración o desesperación, y la «resignación cristiana». En el salmo 78, «Jerusalén es un montón de escombros», los hablantes (plurales, nótese) claman a Dios, dando voz a su condición espiritual debilitada:

> Oh Dios
> Jerusalén es un montón de escombros
> La sangre de tu pueblo se derramó en las calles
> y corrió por las cunetas
>   y se fue por las alcantarillas
>
> La propaganda se burla de nosotros
> y los slogans de odio nos rodean
>
> ¿Hasta cuándo Señor estarás airado con nosotros?
> ¿Arderá tu furor
> como el fuego nuclear que no se apaga con agua?
> ¿Por qué han de decir los ateos
>   «¿Dónde está su Dios?»
>
> Llegue a tus oídos el gemido de los presos
> y la oración de los condenados a trabajos forzados
> y los condenados a muerte
> y la oración en el campo de concentración
>
> Y nosotros
>   tu pueblo
> Te alabaremos eternamente
> y te cantaremos
>   de generación
>   en generación
>
>   (p. 47)

Como se ve, este pueblo, aunque siempre está unido, está tan sumido en sus circunstancias que no puede trascenderlas. Como toda colectividad —o individuo— desesperado, su fe se pone a prueba. Y, por débil que sea, no muere. No ha perdido toda esperanza, pero duda de su capacidad para lograr su propia liberación, y por tanto le ruega a Dios que los salve él, en una catastrófica venganza divina sobre los enemigos opresores [18].

A diferencia del Salmo 78, otros evocan a un pueblo menos pasivo, dispuesto a actuar a la vez que le pide acción a Dios. El salmo 25, «Hazme justicia Señor», ejemplifica esta condición espiritual más avanzada:

> Hazme justicia Señor
> porque soy inocente
> Porque he confiado en ti
> y no en los líderes
>
> Defiéndeme en el Consejo de Guerra
> defiéndeme en el Proceso con testigos falsos
> y falsas pruebas
>
> No me siento con ellos en sus mesas redondas
> ni brindo en sus banquetes
> No pertenezco a sus organizaciones
> ni estoy en sus partidos
> ni tengo acciones en sus compañías
> ni son mis socios
>
> Lavaré mis manos entre los inocentes
> y estaré alrededor de tu altar Señor
>
> No me pierdas con los políticos sanguinarios
> en cuyos cartapacios no hay más que el crimen
> y cuyas cuentas bancarias están hechas de sobornos
>
> No me entregues al Partido de los hombres inicuos
> Libértame, Señor!
> Y bendeciré en nuestra comunidad al Señor
> en nuestras asambleas
>
> (p. 33)

Este salmo representa un paso más adelante con respecto al salmo 78. Se ha pasado de la casi total aceptación a una condición intermedia, al optimismo de los que ven que una fe que no quiere caer en la esterilidad, debe llevar a obras, que hay que actuar para cambiar las circunstancias, por lamentables que sean, y ayudar a producir la anhelada liberación.

Salmos, como el Salterio bíblico, evoca los sufrimientos y las esperanzas de un pueblo que lucha por mantener la fe bajo todo el peso de la opresión. Es, así, un mensaje ejemplar a los pueblos tiranizados de hoy. En contraste a la condición más o menos estática de *Salmos,* en que los pueblos luchan sobre todo interiormente, *Oráculo sobre Managua* pinta la evolución espiritual que hace inevitable la acción social.

---

[18] Cardenal, sin embargo, dice que Dios *no* intervendrá; ver *El Evangelio,* p. 9. Las ideas de Cardenal, muy de la teología de la liberación vigente en Hispanoamérica, encuentran por lo menos algún eco en Estados Unidos en Harvey Cox; ver su *The Feast of Fools* (Nueva York: Harper & Row, 1970), p. 128.

Si el Dios de *Salmos* representa una liberación futura (como en el salmo 129, que dice «Espera mi alma al Señor»), más que una intervención efectiva, *Oráculo sobre Managua* retrata a un pueblo que ha aceptado como obra suya la liberación, porque sabe que la obra divina, debe realizarla el hombre:

> La revolución es cambiar la realidad
> Vamos Leonel Rugama a organizar las esperanzas
> Posibilidades que no pueden ser soñadas por las computadoras
> Hacer concreto el Reino de Dios
>
> (p. 20)

El *Oráculo* ilumina la figura de Leonel Rugama, ex-seminarista que llegó a convencerse que la acción política, y no la pasividad interiorizada, tenía que expresar su fe:

> Por eso vos Leonel Rugama poeta de 20 años
> te metiste a la guerrilla urbana.
> Ex-seminarista, marxista, decías
> en la Cafetería La India que la revolución
> es la comunión con la especie.
> Anunciad que el Reino de Dios está cerca.
> Como una célula seminal masculina penetra en el óvulo femenino...
> Por eso peleaste toda la tarde en aquella casa [19].

Tanto *Salmos* y *Oráculo sobre Managua,* como muchas otras obras de Cardenal, son parábolas, representaciones del estado lastimoso de una humanidad oprimida y de las posibles vías a resolver tal circunstancia. *Salmos,* por ejemplo, evoca actitudes que varían según el ambiente socio-síquico de los hablantes poéticos. Así, en diferentes pasajes, *Salmos* pinta a Dios en diversas manifestaciones: liberación, castigo, justicia, venganza y defensor del indefenso.

Salmos y *Oráculo sobre Managua* igualmente insisten más en la relación de Dios con la sociedad terrestre que con el individuo. Como consecuencia, cuando habla el individuo, frecuentemente lo hace en representación de sus prójimos:

> Pero yo podré hablar de ti a mis hermanos
> Te ensalzaré en la reunión de nuestro pueblo
> Resonarán mis himnos en medio de un gran pueblo
> Los pobres tendrán un banquete
> Nuestro pueblo celebrará una gran fiesta
> El pueblo nuevo que va a nacer
>
> (Salmo 21, «¿Por qué me has abandonado?», p. 32)

El concepto socializante que Cardenal ha formado sobre la religión, le hace evocar a Dios constantemente en un contexto también social,

---

[19] *Oráculo,* p. 18. La de Camilo Torres será la figura que más aparece en los escritos de Cardenal para representar la confluencia de fe religiosa y el compromiso revolucionario.

más que individual (salvo en *Gethsemani, Ky.*), para poner énfasis en los derivados sociales de la fe. Si para él, no puede salvarse el individuo aparte de una salvación más generalizada, debe reconocer forzosamente sus nexos espirituales al prójimo. La más alta preocupación del creyente es unirse con Dios mediante la unión con los demás hombres. El profundo compromiso hacia el mejoramiento de la sociedad terrena, de acuerdo con la voluntad divina, se dirige hacia la creación de una organización social radicalmente nueva, y fundada en las bases del cristianismo.

La nueva sociedad del futuro tendrá que ser habitada por un hombre también fundamentalmente nuevo. Hacia el final del poema «Apocalipsis», Cardenal da su más completa descripción de este soñado «hombre nuevo»:

> las masas ya no existían más
> y vi una especie nueva que había producido la Evolución
> la especie no estaba compuesta de individuos
> sino que era un solo organismo
>   compuesto de hombres en vez de células
> y todos los biólogos estaban asombrados
> Pero los hombres eran libres y esa unión de hombres
>   era una Persona
>   —y no una Máquina—
> y los sociólogos estaban pasmados
> Y los hombres que no formaron parte de esta especie
>   quedaron hechos fósiles
> y el Organismo recubrió toda la redondez del planeta
> y era redondo como una célula (pero sus dimensiones
>   eran planetarias)
> y la Célula estaba engalanada como una Esposa esperando al Esposo
> y la Tierra estaba de fiesta
>   (como cuando celebró la primera célula su
>   Fiesta de Bodas)
> y había un Cántico Nuevo
> y todos los demás planetas habitados oyeron cantar
>   a la Tierra
>   y era un canto de amor [20].

El lenguaje que Cardenal emplea para hablar del hombre nuevo es innegablemente metafórico, como lo es cualquier esperanza aún sin realizar. Las imágenes biológicas sirven para insistir en que este cambio habrá de ser total, así como el individuo se siente dejar de ser lo que ha sido para empezar a ser otro en una experiencia religiosa de tipo místico [21].

---

[20] *Oración por Marilyn Monroe*, p. 61. Ver asimismo «Conversación en Solentiname», p. 31.

[21] Otras declaraciones de Cardenal sobre el hombre nuevo se hallan en *En Cuba* (p. 278), *Salmos* (p. 52), *Canto nacional* (pp. 20 y 50) y *Oráculo sobre Managua* (pp. 3, 9 y 26-27).

Aun éstas son descripciones incompletas de la nueva humanidad. Herbert Marcuse, cuyas descripciones se asemejan bastante a las del poeta nicaragüense, tam-

Revolución social y espiritual

La orientación religiosa encarnada por Cardenal lucha por lograr dos objetivos principales —la institución del reino de Dios y la creación de esta nueva humanidad que lo tendrá que habitar— que en verdad son uno solo. El hombre nuevo sólo podrá desenvolverse en una sociedad renovada, la cual podrá ser creada, en su turno, por un hombre nuevo. Se enfrenta, pues, una típica paradoja religiosa, cuya comprensión no produce necesariamente una resolución. Las paradojas o se aceptan pasivamente, o se hacen añicos bajo una fuerza más poderosa, que las anula. Cardenal opta por el segundo procedimiento: alcanzar simultáneamente los dos objetivos en una fulminante revolución espiritual y social. Veamos cómo en una está la otra, y cómo no son, pues, más que un solo movimiento de proporciones filosóficas, políticas y humanistas verdaderamente épicas.

Para Cardenal, el reino de Dios se concibe como el perfeccionamiento de la sociedad actual y terrena: la *ecclesia* de que se habló anteriormente. Para muchos, esta posibilidad será un tanto ingenua o idealizante. Cardenal, en cambio, critica los idealismos, y considera que su esperanza de tal sociedad no es idealismo sino algo práctico, ensayado ya en pequeña escala y capaz de ejercitarse todos los días:

> En los monasterios se ensaya el sistema social del futuro, pero Cristo no vino a establecer su reino en laboratorios, en los monasterios, sino que vino para que ese reino fuera el sistema social de las aldeas, de las naciones, de la humanidad. (*Vida en el amor*, p. 180)

bién ha aprovechado estas imágenes biológicas para reiterar la naturaleza totalizante del cambio: «De lo que se trata aquí son las mismas necesidades de uno. Al llegar a estas alturas, ya no se pregunta: ¿cómo se pueden satisfacer nuestras exigencias sin dañar a los demás?, sino ¿cómo podemos satisfacerlas sin dañar a nosotros mismos, sin reproducir, por medio de nuestros deseos y aspiraciones, nuestra dependencia en un aparato que nos explota, lo cual —a la vez que satisface nuestras necesidades— hace perpetua nuestra servidumbre? El advenimiento de una sociedad libre tendría que identificarse con un incremento de bienestar que llegara a constituir una vida de una cualidad nueva. Este cambio de naturaleza debe realizarse en las necesidades, en la infraestructura del hombre (una dimensión, ella misma, de la infraestructura social): la nueva dirección, las nuevas instituciones y relaciones de producción, han de expresar el predominio de necesidades y deseos muy diferidos, y aun antagónicos, con respecto a los que prevalecen en las sociedades explotadoras. Tal cambio constituiría la base instintiva de una libertad que la larga historia de la sociedad clasista ha obstaculizado. La libertad llegaría a ser el medio ambiente de un organismo vuelto incapaz de adaptarse a los quehaceres que exige la competencia y que son necesarios para alcanzar el bienestar bajo el dominio; un organismo hecho incapaz de tolerar la agresividad, brutalidad, y todas las fealdades del estilo de vida que hoy existe. La rebelión, entonces, se habría enraizado en la naturaleza del individuo, en su misma biología; y sobre estos fundamentos nuevos, los rebeldes definirían nuevamente los objetivos y las estrategias de la lucha política, sólo por medio de la cual se pueden fijar las metas específicas de la liberación.» *An Essay on Liberation* (Boston: Beacon Press, 1969), pp. 4-5. Todo el primer capítulo de este importante trabajo trata esta cuestión.

Cardenal no es el único en que vive esta esperanza, ni es el primero. El teólogo Walter Rauschenbusch, uno de los primeros en andar el camino teológico que Cardenal ahora busca redescubrir para Latinoamérica, también insiste que el reino de Dios es un fenómeno social, y que puede efectuarse sobre la tierra:

> Y, sin embargo, habiendo dicho todo esto, [el reino de Dios] no dejó de ser una esperanza de naturaleza social. El reino de Dios sigue siendo un concepto colectivo, que comprende toda la vida social del hombre. No es una cuestión de salvar solamente unos átomos humanos, sino de salvar el organismo social en su totalidad. No es cuestión de que los individuos sean admitidos al cielo, sino de que la vida sobre la tierra se transforme en la armonía celestial. Si él [Jesús] confió en poderes espirituales para fundar una sociedad justa, el hecho demuestra su astucia como constructor de sociedades. Si empezó su labor con los núcleos sociales más mínimos, este hecho comprueba su paciencia y su destreza. Pero Jesús jamás cayó en la herejía fundamental de las teologías posteriores a él: nunca concibió al individuo aparte de su sociedad, ni una vez perdió de vista la naturaleza sociable del hombre [22].

Ernesto Cardenal, efectivamente, explicita su convencimiento de que la revolución social es la única forma de abrir camino al reino de Dios. En *Oráculo sobre Managua,* por ejemplo, parafrasea las palabras de Jesús en S. Lucas 17,21 («he aquí el reino de Dios entre vosotros está»): «En verdad, en verdad os digo / la revolución está en medio de vosotros» (p. 17). La equiparación es evidente. Lo es también la identificación de la naturaleza marxista de esta revolución. Para Cardenal, sólo un sistema socialista se presta a la práctica del verdadero cristianismo: «El socialismo es un sistema social que hace posible vivir el Evangelio» («Un marxismo», p. 63). Así, este reino divino será tan próximo al modelo marxista como para definir el uno en términos del otro: «Comunismo o reino de Dios en la tierra que es lo mismo» (*Canto nacional,* p. 53). Cardenal hace hincapié en la compatibilidad del marxismo con los fundamentales conceptos cristianos, sus respectivas praxis aparte: «Marx y la religión son incompatibles. Pero no Marx y la Biblia. El mensaje de la Biblia es completamente marxista, aun en lo que se refiere a la religión» [23]. Observa con acierto Cardenal que el cristianismo coincide con el marxismo principalmente en que los dos buscan crear un mundo más perfecto:

> Para mí el cristianismo es el cristianismo de los evangelios, un cristianismo desfigurado a través de los siglos, pero que, en esencia, es auténticamente revolucionario. En America Latina somos ahora varios los sacerdotes, religiosos y teólogos que hemos comprendido que el cristianismo y el marxismo no son incompatibles, sino que, al contrario, tienen una meta en común: el Reino de Dios en la tierra, como le denomina el Evangelio, y la sociedad comunista perfecta, según el marxismo. (Steinsleger, p. 2)

---

[22] Walter Rauschenbusch, *Christianity and the Social Crisis* (Nueva York: Harper & Row, 1964), pp. 65-66 (publicación original, 1907).
[23] «Un marxismo», p. 63. Cardenal distingue entre religión y fe; ver p. 64.

Para Cardenal, entonces, marxismo y cristianismo son compatibles si se piensa en las esencias más que en sus desviaciones históricas. Y es más: no sólo son compatibles sino complementarios, ya que cada uno se enriquece en el otro, y necesita del otro para completarse. Deben, luego, juntarse para realizar la soñada sociedad perfecta:

> Si los marxistas necesitan de los cristianos para el establecimiento del socialismo, también los cristianos necesitan del marxismo para el establecimiento del reino de Dios en la tierra. Para que se pueda celebrar válidamente la eucaristía, como decía Camilo Torres. Garaudy, el comunista francés, se ha atrevido a decir que así como el cristianismo sin el marxismo estaría incompleto, también estaría incompleto un marxismo sin San Juan de la Cruz [24].

Cardenal y la Iglesia

Cardenal cree firmemente que la Iglesia ha dado la espalda a sus responsabilidades sociales. En *Oráculo sobre Managua,* por ejemplo, critica apasionadamente la confabulación de la Iglesia con las fuerzas de reacción, y la consecuente degeneración de la primera:

> Pero conociste también un evangelio revisionista
> el Banco del Espíritu adentro del Vaticano
> —*Banco di Santo Spiritu*—
> la Esposa de Dios hecha puta, emputecida la Esposa
> Generale Inmoviliare parte del patrimonio de la Santa Sede
> mejor dicho Generale Inmoviliare filial del Vaticano
> y Vittorino Veronesse, así se llama el hijo de su mama
> presidente de la Acción Católica Italiana y el *Banco di Roma*
> la Iglesia se acuesta con cualquiera
> Y más de la mitad de los obispos de Nicaragua eran apóstatas
> Y su Excelencia Pendejísima aquella noche
> triste noche, ungió con un óleo trémulo en el estadio
> el pobre viejo, a la hija de Somoza reina del Ejército.
> La corona de oro era de la Vigen de Candelaria. Y Somoza
> juntando casa con casa y hacienda con hacienda. Y los gritos
> de los segadores hasta los oídos del Dios de los Ejércitos.
> Y decían en la Curia: «¡No, con firma, no! Con hipoteca»
> Los curas de la Curia: «¡No, con firma no! Con hipoteca»
> Mons. Borgia todo de rojo guindajos y filacterias
> presidiendo la Conferencia Episcopal
> —Y ese carajo de Nazareth qué está diciendo?
> ...la apostasía de la Iglesia de Nicaragua...
> «Cambiándolo como hacen muchos»
> (a los Corintios: que no hacía «negocio con el mensaje
> cambiándolo como hacen muchos»)
> Que el dinero sea la fuente del dinero
> ése es el gran pecado [25].

---

[24] *Ibíd.,* pp. 59-60. («San Juan de la †» se refiere a una lanchita de madera, usada para el transporte por el archipiélago de Solentiname.)

[25] *Oráculo sobre Managua,* pp. 36-37. Sobre la alianza de la Iglesia con el orden oficial, hay materiales abundantes. Ver Richard Shavill, «The Church and

Tales críticas hieren en lo íntimo a los fieles que no han visto el decaimiento evocado en estos versos, y otros parecidos. Pero conste que Cardenal no critica por puro gusto, ni para promulgar sus ideas a costo de la Iglesia. Si la critica, es para iniciar la labor de purificarla, de restaurarle la pureza perdida hace ya tiempo:

> Cristo consideró a la Iglesia como su esposa, que venía a desposarse con ella. La Iglesia era para él la reunión de los hombres unidos por el amor, sin divisiones, por tanto, sin clases. Ahora, esta Iglesia que Cristo empezó, a través de la historia ha sido muchas veces una esposa infiel, y como ha dicho la Biblia y algunos Santos Padres, la Iglesia se ha prostituido; como decimos en nuestra lengua: se ha hecho una puta. Pero siempre es la esposa de Cristo y los que la amamos, la queremos pura y sin mancha. Por eso es que denunciamos sus fallas, para que se corrija, para que podamos corregirnos [26].

Las revoluciones socialistas han tendido a fomentar el análisis y la crítica constantes de sí mismas, como se ha observado en China, Cuba y varios otros países (bien que se ha exagerado el valor de tales autoanálisis). Cardenal también cree que este proceso de autocrítica es preciso para la continua evolución del movimiento. De acuerdo con tal actitud, el nicaragüense suele hablar francamente de las debilidades que cree notar en los funcionarios y las organizaciones eclesiásticas: «Yo no estoy de acuerdo con muchas cosas que [el Papa] hace y dice. Estoy en desacuerdo con muchas cosas que [el Papa] hace y dice. Estoy en desacuerdo con muchas cosas pero creo que se deben, no tanto a él, sino a una santa mafia que lo rodea» («Diálogo de Caracas», p. 1). La burocracia vaticana recibe bofetadas verbales de especial vigor, ya que Cardenal la ve ligada a las represiones económicas:

> [Los del Vaticano] son unos señores capitalistas que siempre han defendido a los ricos y poderosos, que están más con el Pentágono que con los pobres. Y yo quiero decir públicamente que los Nuncios son unos delegados del Capital, y que el Nuncio de Nicaragua está vendido a los Somoza, y yo denuncio esto porque amo a la Iglesia y no quiero que se prostituya, por eso lo denuncio, y digo estas cosas y estoy aquí con ustedes. («Diálogo de Caracas», p. 3)

La furia de Cardenal hace eco de los profetas del Antiguo Testamento, cuyas arengas en los momentos en que jefes o pueblo fallaban, los

---

Revolutionary Change: Contrasting Perspectives», en Henry A. Landsberger, ed., *The Church and Social Change in Latin America* (Notre Dame, Indiana: University of Notre Dame Press, 1970), p. 136; Thomas Sanders, «The Church in Latin America», *Foreign Affairs* 38 (enero de 1970), p. 285; y Frederick C. Turner, *Catholicism and Political Development in Latin America* (Chapel Hill, North Carolina: University of North Carolina Press, 1971). Iván Illich representa una posición opuesta a la de Cardenal en que para él, la Iglesia debía «retirarse de esfuerzos sociales específicos»; ver su *The Church, Change and Development* (Nueva York: Herder & Herder, 1970), p. 20.

[26] «Diálogo de Caracas», p. 1. Para Gutiérrez, la Iglesia ha vivido típicamente en un estado mental «de ghetto» (p. 121).

estimulaban a guardar la Ley. De hecho, Cardenal concibe al sacerdote precisamente como un profeta: «Yo creo que el papel del sacerdote es principalmente el del profeta, al espíritu de los profetas del Antiguo Testamento» («Entrevista», p. 378). De acuerdo con este concepto, Cardenal critica el día de hoy para que haya reformas que creen un mañana mejor:

> El Papa no es la Iglesia, ni los obispos son la Iglesia. Tampoco el Sínodo es la Iglesia, ni el Vaticano es la Iglesia. La Iglesia es el pueblo de Dios, el pueblo entero... Creo que con una Iglesia revolucionaria la revolución se acelera mucho. Debemos diferenciar la verdadera Iglesia de la falsa. Porque yo creo que la verdadera es la revolucionaria, que es fiel al Evangelio y a la Biblia y a Cristo. («¿En Nicaragua?», p. 3)

La Iglesia para Cardenal es, o debiera ser, fuente de bienestar espiritual. También habrá de ser la fuerza revolucionaria más potente cuando se restaure a la pureza de sus primeros días:

> Creo que todo cristiano tiene que ser revolucionario, y ayudar a la revolución directamente, la Iglesia como entidad también. Yo creo que la Iglesia cambiará, porque si no, dejará de existir. Y yo creo que la Iglesia que fundó Cristo no va a dejar de existir, y entonces creo yo que en la sociedad futura, que va a ser revolucionaria, la Iglesia también va a ser revolucionaria. Va a ser muy distinta de la que hay ahora [27].

La Iglesia Revolucionaria, cuya evolución Cardenal ve empezar en estos días, especialmente en la América Latina, es para él la única: «Los que están con el poder y el dinero no pertenecen a la Iglesia de Cristo» («Un marxismo», p. 67). Clarifica:

> La única esperanza es que haya una Iglesia nueva, distinta, que podrá existir con pequeños grupos de jóvenes, que serán revolucionarios y cristianos a la vez... Ahora en América Latina vamos a ver otra Iglesia, revolucionaria, y creo que ésa es la única Iglesia verdadera, que representa a Cristo, y la otra no. La que está con el poder y la riqueza, no es la Iglesia de Cristo. («Entrevista», p. 377)

El comprometido siempre siente más intensamente las deficiencias que el desinteresado. Así, la desilusión de Cardenal con la Iglesia de hoy produce en él una furia y una crítica redobladas. La afiliación eclesiástica con el *status quo* y los intereses creados no es la de cualquiera —tal adhesión también significa la traición de las causas que la fundaron, y que debió ella defender. La confrontación de la Iglesia contemporánea con la primitiva, le ha revelado a Cardenal que la antigua se aproximaba al espíritu de Cristo. «Los primeros cristianos», dice él, «eran comunistas, y eran los mejores cristianos que ha habido» (*En Cuba*, p. 122).

---

[27] «Entrevista», p. 377. (Estas frases sufrieron la omisión de dos líneas de texto al imprimirse la entrevista; aparecen aquí en su forma debida.) Cardenal establece el nexo entre los profetas hebreos y sus propias denuncias de la Iglesia; ver *El Evangelio*, tomo 2, pp. 19, 29 y 52.

Las comparaciones que Cardenal hace entre la Iglesia en sus primeras décadas y la que ha evolucionado después, no es sólo el reflejo de una desilusión. En la Iglesia primitiva, Cardenal descubre el primer experimento en la creación del nuevo hombre —un experimento abandonado después. Consecuentemente, exhorta a la Iglesia a retomar esta labor:

> Yo le dije [a Raúl Roa] que como sacerdote y como revolucionario deseaba que desapareciera el conflicto que había habido en Cuba entre la Revolución y la Iglesia, y que deseaba que la Iglesia fuera revolucionaria. Eso era bueno para la Revolución y para la Iglesia. Para la Iglesia, porque era el retorno a las esencias evangélicas del cristianismo primitivo. Para la revolución, porque aceleraría grandemente el proceso revolucionario en América Latina. La revolución en América Latina no se hará sin la Iglesia. (En Cuba, p. 301)

Lo que Cardenal anhela ver, es el día en que la Iglesia se adhiera a la revolución social, estableciendo una formidable unión que dé nueva esperanza a Latinoamérica:

> El individuo no puede cambiar a la Iglesia, pero un grupo de individuos, sí. Me parece que en América Latina estos movimientos van a cambiar la Iglesia, y en los Estados Unidos también. Cuando los cristianos en América Latina sean auténticamente revolucionarios, la Revolución será invencible [28].

De acuerdo a esta unión, que Cardenal concibe como teológica y socialmente necesaria, se produce la completa equiparación del cristianismo responsable con la lucha política y económica: «Actualmente, y en América Latina, practicar la religión [es] hacer la revolución» (En Cuba, p. 358). Cardenal se empeña en que la Iglesia, lejos de apartarse del activismo político —postura de autoprotección que permite la conservación de injusticias actuales— debe luchar activamente por la justicia popular, y convertirse también en la práctica, en la esperanza que siempre ha debido ser. Cardenal, luego, insta a la Iglesia a fomentar el marxismo: «La Iglesia tiene una misión muy importante en estos momentos en América Latina. Y yo creo que a ella le toca, sobre todo, predicar el comunismo» («Un marxismo», p. 56). Y recuérdese que es éste un comunismo también restaurado a sus esencias. Para Cardenal, el afán reformador, tanto en lo ideológico como en lo religioso, nace de una nostalgia del pasado, sentimiento que informa su verso y sus ideas cada vez más. La Iglesia del futuro deberá ser la que nació, para pronto entrar por caminos equivocados. Hay que restaurarla a sus esencias primitivas, para que inicie de nuevo la aventura que le corresponde. La Iglesia de hoy, en la medida en que se alíe con las fuerzas regresivas, se falsifica. Le quedan por tanto dos alternativas: transformarse o dejar

---

[28] «Entrevista», p. 378. La última frase citada aquí parafrasea al «Che» Guevara, como puede comprobarse en «Un marxismo» (p. 59): «Y el Che dijo que cuando los cristianos fueran realmente revolucionarios la revolución de América Latina sería invencible.»

de ser. Y Cardenal no acepta la segunda posibilidad; insiste, al contrario, que de las cenizas de las hipocresías y las alianzas opresoras, habrán de nacer la nueva Iglesia, el nuevo hombre, y la sociedad re-creada que prevé la revolución que poetiza su obra. Así, en el nuevo mundo, habrá de nacer el nuevo hombre.

Tales esperanzas podrán ser ingenuas, y tales ideas acaso sean simplistas. Si aparentan serlo, se debe a su naturaleza «futurista» —son cosas que aún no se han logrado, utópicas. Y no se ha de olvidar que las utopías, aun cuando no se realicen, han contribuido mucho a las sociedades habidas, al orientarlas hacia un ideal. Y no se olvide tampoco que Cardenal es ante todo un poeta. No hay que imponer en su verso las exigencias necesarias en los planes de un dirigente político. No se puede criticar una esperanza. Al simplificar los problemas prácticos que presenta la realización del futuro que Cardenal sueña y profetiza, el poeta no permite que detalles de tipo administrativo-estratégico se interpongan entre el lector poético y las esencias por revelar. Pring-Mill dice al respecto lo que se sigue:

> Ernesto Cardenal posee una mentalidad potente, pero ingenua en muchos sentidos: ve las cosas más sencillas de lo que pueden verlas los demás, se abre paso bruscamente por las enredaderas intelectuales más impenetrables, va al grano cristiano de los dilemas —mientras la compleja estructura del mundo en que vivimos impone en la mayor parte de nosotros muchas y variadas maneras de no comprender [29].

Para Camus, entender es simplificar. Borges, en su famoso cuento «Funes el memorioso», da el cuadro horripilante de un joven que no podía pensar porque no podía borrar las diferencias que no importaban. Y si lo que caracteriza a los videntes, a los que ven mejor qué nos espera en el futuro, es esta misma capacidad de simplificar y reducir las cosas a sus esencias, la candidez de Ernesto Cardenal sólo confirma que exige más, y se contenta con menos, que los otros hombres.

Una poesía profética

La ladera profética de la poesía de Cardenal liga sus actividades sacerdotales con las poéticas. Este nexo es tan lógico como antiguo, y los profetas hebreos frecuentemente eran también poetas, como lo demuestran los versos de Isaías y el Cantar de los Cantares así como el Salterio. En Cardenal, los mismos títulos de los textos «oraculares» anuncian la naturaleza profética de esta fase de su obra: los salmos, el *Oráculo sobre Managua*. Y no debe sorprendernos el que un poeta hable con

---

[29] Introducción a *Marilyn Monroe*, p. 9. Thomas Williams sugiere que la capacidad de simplificar es propia del poeta: «El mundo del poeta se parece al nuestro. Lo que difiere es su visión. [...] La visión del poeta, que percibe la unión entre la multitud, arrejunta impresiones diversas, sobrepasa las inconexiones y contradicciones del pensamiento corriente y *simplifica el mundo*» (p. 48; énfasis de Williams).

una voz profética; como la profesía, la buena poesía señala y crea el futuro creando un lenguaje renovado, y abriéndoles camino a las aspiraciones individuales y colectivas. Tanto el poeta como el profeta, en última instancia, hablan por su pueblo [30].

Cardenal ha hablado de la calidad profética de su verso posterior, en conversación con Ronald Christ:

> Un amigo mío de Nicaragua, José Coronel Urtecho, me dijo que para Pound la poesía era «poetry containing history»; y me dijo que la mía era «poetry containing history and wisdom». En realidad, lo que yo hubiera deseado decir es que mi preocupación es la de escribir una poesía que sirve a los demás al comunicar su sentido. Era éste el sentido en que entendía la palabra «sabiduría» —en el sentido bíblico de la sabiduría, en el sentido que los profetas le daban a la palabra. Para mí, la poesía es ante todo una profecía en el sentido bíblico de guiar al prójimo [31].

Si la profecía es, en efecto, una vía de guiar a los demás, la poesía es el medio ideal para expresarla. Poesía y profecía son formas de mediación, como ha observado Octavio Paz, y la palabra poética es «un puente mediante el cual el hombre trata de salvar la distancia que lo separa de la realidad» (compárese la declaración de E. Underhill que encabeza el capítulo anterior). Asimismo, para Paz «el poema es mediación entre la sociedad y aquello que la funda» [32]. Si para el filósofo George Santayana, «el poeta es esencialmente un profeta», para Abraham J. Heschel «el profeta es un poeta» [33]. A lo largo de la historia, el lenguaje, la sensibilidad y la función social del poeta y del profeta se han entremezclado.

El poeta-profeta, como guía y mediario, interpreta los sucesos, infundiéndoles un sentido y una continuidad que combaten dos males corrientes: el sentido de soledad y el sinsentido del existir. Los primeros versos de «Apocalipsis» ilustran muy bien cómo Cardenal adapta la tradición profética de la Biblia, en este caso del libro homónimo:

> Y HE AQUI
> que vi un ángel
> (todas sus células eran ojos electrónicos)

---

[30] Cardenal escribe que «los poetas... son la voz de la tribu» en una carta a Sergio Mondragón, publicada en *El Corno Emplumado*, núm. 5 (enero de 1963), páginas 146-47.

[31] Christ, p. 191. Cardenal dice: «Creo que cada uno tiene una misión. La mía es la de poeta y la de profeta» («Conversación en Solentiname», p. 21).

[32] *El arco y la lira*, pp. 36 y 41.

[33] Abraham J. Heschel, *The Prophets*, tomo 2 (Nueva York: Harper & Row, 1975), p. 147 (publicado originalmente en 1962). Heschel expresa bien algunas de las similitudes entre el poeta y el profeta: «Lo que hace diferirse el poeta del individuo ordinario es la posesión de una conciencia unificada y refinada de ciertos aspectos de la vida. Como el poeta, es dueño de sensibilidad, entusiasmo y ternura, y, sobre todo, de una manera de pensar con imaginación. La profecía es el producto de una imaginación poética. *Profecía es poesía*, y en la poesía todo es posible...» (pp. 147-48; subrayado de Heschel).

y oí una voz supersónica
que me dijo: Abre tu máquina de escribir y escribe
y vi como un proyectil plateado que volaba
y de Europa a América llegó en 20 minutos
y el nombre del proyectil era Bomba H
(y el infierno lo acompañaba)

(*Oración por Marilyn Monroe*, p. 55)

Lo ha expresado bien Lilia Dapaz Strout: «Como un profeta, el poeta puede aprehender en una sola percepción todo el tiempo fusionado en uno solo» (p. 118). En conformidad con tal perspectiva temporal, la visión del poeta profético abarca tanto el pasado como el futuro. Su perspectiva única revela lo que ha de venir, e interpreta lo que ya ha sucedido. La obra de interpretación que ha emprendido Cardenal va, luego, desde los orígenes míticos hasta la revelación metafísica, y alcanza la más vasta perspectiva, fundada en una continuidad difícil de lograr.

Salmos y *Oráculo sobre Managua*, textos de naturaleza profética, difieren un tanto en su forma de fusionar los diversos tiempos históricos. *Salmos*, como lo indica el modelo bíblico, parte del pasado. La voz del profeta intérprete pone tal pasado en contacto con el día actual, en parte por el uso de un vocabulario contemporáneo que describe fenómenos eternos:

Su lenguaje es un lenguaje sin palabras
(y no es como los slogans de los políticos)
pero no es un lenguaje que NO SE OIGA
Ondas de radio misteriosas emiten las galaxias
el hidrógeno frío de los espacios inter-estelares
está lleno de ondas visuales y de ondas de música
en los vacíos inter-galáxicos hay campos magnéticos
que cantan en nuestros radio-telescopios
(y tal vez hay civilizaciones
transmitiendo mensajes
a nuestras antenas de radio)
Son un billón de galaxias en el universo explorable
girando como carruseles
o como trompas de música [34].

Salmo 21 también abre con una enumeración de sufrimientos pretéritos, para pasar al día contemporáneo: «estoy contaminado de radioactividad / y nadie se me acerca para no contagiarse»; concluye mirando el mañana: «Pero yo podré hablar de ti a mis hermanos...» (p. 32). El poema así abarca los diversos momentos de la historia humana.

Oráculo sobre Managua, en cambio, acaba con la presentación de un acontecimiento actual, que llega a relacionarse con el pasado por medio de alusiones y vistazos retrospectivos:

[34] *Salmos*, pp. 27-28. Este poema tiene precedente en un epigrama: «Ileana», página 65.

> Y ya no hay calles
>   «la horrible noche estrellada»
> (Ver crónica de «La Prensa» 3 meses después)
> los muertos llevados en roperos, en puertas
>   Sin luz sin comida sin agua Managua
>   toda una gran Acahualinca
> —como la noche en que no hubo posada para ellos
> todo Belén celebrando sus cenas de Navidad... [35].

La alusión al nacimiento del nazareno amplía y hace retroceder los horizontes temporales del poema, que media así entre pasado y presente. La cita que se sigue ahora, también parte hacia el pasado, para establecer contactos entre el terremoto que destruyó buena parte de la capital nicaragüense, y otra catástrofe, las plagas que en tiempos bíblicos aquejaron a Egipto:

> Horas antes unos jóvenes iniciaron un ayuno en Catedral
> pancartas «Comida para la gente de Acahualinca» y
>   «Una nochebuena sin presos políticos»
> Dos maneras de ver una plaga:
> el punto de vista de Egipto
>   y el de los hebreos
>
> (Oráculo, p. 66)

Salmos y *Oráculo sobre Managua* utilizan el tiempo de maneras diferentes. Empero, ésta no es más que una diferencia en técnica poética, variantes del mismo tema. El proceso fundamental, paradigmático, es el mismo: infunden un sentido y una continuidad en la existencia temporal del hombre, especialmente al apuntar al futuro no como lo desconocido ni como una probable catástrofe por subvenir, sino como el producto de evoluciones que podrán cumplirse plenamente. El futuro, predica Cardenal, no tiene que ser un descenso aun por debajo de la actualidad. Podemos, nos asegura, contrarrestar la curva y hacerla subir, para dar en un futuro de vitalidad política y moral. En sus poemas, los lamentos motivados por tragedias pasadas y actuales, adquieren una dimensión desusada: también ofrecen una alternativa, como lo expresa el último verso de *Oráculo sobre Managua*:

> A medianoche una pobre dio a luz un niño sin techo
>   y ésa es la esperanza
> Dios ha dicho: «He aquí que hago nuevas todas las cosas»
>   y ésa es la reconstrucción [36].

---

[35] *Oráculo sobre Managua*, p. 62. Acahualinca es el nombre de un tugurio de Managua. Las «huellas de Acahualinca» a que se refieren otros pasajes del poema (p. 16, por ejemplo), son huellas de pie preservadas en lava y lodo petrificados, dejadas por indígenas y animales que huían de erupciones volcánicas en tiempos prehistóricos.

[36] *Ibíd.*, p. 72. En el contexto del *Oráculo*, la palabra «reconstrucción» también implica un renacimiento espiritual. Debe notarse, de paso, que muchas alusiones, citas y otras referencias en los *collages* de Cardenal no se atribuyen ni identifican. No sólo se hallan elementos de acceso universal bastante variados (cuestiones

La noción del poeta-profeta innata en el verso de Cardenal indica cómo difiere de la demás poesía de su día, incluso la antipoesía. Para él, la poesía no es una celebración del acto creador en sí, como tendió a serlo para los movimientos vanguardistas. Tampoco es la creación de la belleza *per se;* de hecho, Cardenal concede que «el arte también se gasta y se hace retórica» (*Vida en el amor,* p. 148). Para él, la poesía es revelación y descubrimiento: «La poesía no es sino descubrir ese *pattern,* esa unidad de dibujo que corre a través de todo lo creado, y ver cómo las cosas más diversas también son las mismas» (*Ibíd.,* p. 116). Este reconocimiento, que prefigura los lazos que Cardenal establece en su verso entre cosas que siempre hemos considerado muy diferentes, junta la función del poeta con la del profeta ya de una vez.

La teoría de Octavio Paz, tal como lo expresa en *El arco y la lira* y *Los hijos del limo,* arguye un concepto de la poesía que describe muy bien el verso de Cardenal. Por ello, puede poner más en claro algunos de sus elementos más básicos. Las primeras palabras de *El arco y la lira,* por ejemplo, pudieron haberse escrito para describir la obra de Cardenal —o pudo haberlas escrito él mismo: «La poesía es conocimiento, salvación, poder, abandono. Operación capaz de cambiar el mundo, la actividad poética es revolucionaria por naturaleza; ejercicio espiritual, es un método de liberación interior» [37].

Según Paz, la poesía se realiza en varios niveles. Para el poeta y el lector, es un ejercicio espiritual que conduce a una liberación. En esto concuerda Cardenal. Si para los dos, la poesía es una actividad «espiritual», se debe a su capacidad de tratar lo esencial y lo universal, a partir de lo íntimo.

Con todo esto, el hecho de ser la producción de un individuo, un ser humano de cuerpo, tiempo y espacio, predispone a la poesía a ser una búsqueda del objeto con el que comparte ese tiempo y ese espacio, y con el que quiere establecer y mantener también su identidad individual y comunal: el *tú* de *Vida en el amor.* Debe, luego, producir alguna reacción en el oyente. Si la poesía es revolucionaria, es que compenetra al lector para luego transformar de alguna manera sus percepciones, aun cuando no se perciba el cambio. Si Paz y Cardenal aciertan al hacernos ver que la poesía es «capaz de cambiar el mundo», se debe a su poder para afectar nuestro ser más interior [38].

---

de historia, geografía, ciencias físicas, literatura, etc.), sino que también se descubren bastantes referencias a detalles más íntimos y aun puramente autobiográficos, como alusiones a amigos del poeta y a hechos de su vida. Tales elementos personalistas dificultan la tarea del crítico textual demasiado purista. Para una presentación de tales incrustaciones en las «Coplas», ver el artículo citado de María Claro.

[37] Paz, *El arco y la lira*, p. 13. Paz habla de la poesía más como un fenómeno mítico y lingüístico que como hecho espiritual (es decir, teísta). Y, sin embargo, su uso continuo de palabras tales como «espiritual» y «religioso» es sugestivo y premeditado. En *Los hijos del limo,* hasta llega a llamar a César Vallejo «un gran poeta religioso» (Barcelona: Seix Barral, 1974; p. 186).

[38] Escritores tan diversos como Pedro Salinas y el crítico-ideólogo Georg Lukács concuerdan en que la palabra poética puede efectuar cambios en el mundo. Ver

Una de las muchas metáforas que Paz emplea para caracterizar la poesía es la del puente, como hace poco se vio. Si lo es, será un puente que permite un movimiento en los dos sentidos. Surte un efecto en el lector, y conduce a que éste a su vez afecte la realidad, por el cambio en sus percepciones y la consecuente modificación en las acciones. Esta transformación es lo que predispone a la poesía a ser el medio de expresión del Cardenal revolucionario. Es una manera de acabar con la paradoja antes aludida —de cambiar simultáneamente al hombre y su realidad exterior— de ayudar a la revolución y al hombre nuevo, en la terminología de Cardenal. La teoría de Paz, entonces, tiene implicaciones sociales inmediatas. Como lo dice él, «la poesía de nuestro tiempo no puede escapar de la soledad y la rebelión excepto a través de un cambio de la sociedad y del hombre mismo» [39].

El poeta profético suele anteponer su mensaje a todo interés ajeno a él, y la obra de Cardenal nunca pierde de vista los fenómenos más cotidianos. Es decir, Cardenal, en sus declaraciones y su verso, no hace buena propaganda para su arte; sí la hace para lo que quiere comunicar por medio de él. Siempre resulta lo que ha querido decir más que la manera en que lo ha expresado, como si la expresión no jugara papel determinante en lo captado por el lector. Pero con todo, insiste en que no estima el arte «puro». Contrariamente, se preocupa más bien por una poesía que vaya más allá del arte literario mismo:

> Me interesa la literatura al servicio de algo más grande que ella... Me interesa la poesía, sí, y es lo que más hago, pero me interesa de la misma manera en que les interesaba la poesía a los profetas. Me interesa como un medio de expresión; para denunciar las injusticias, y anunciar que el reino de Dios está cerca. («Un marxismo», pp. 55-56)

> Creo que la poesía es más duradera que otra clase de mensaje. Por eso busco decir más con la poesía que con otras cosas. A mí me interesa la poesía como medio, como se dice en inglés, «mass medium». Me parece que su impacto es más profundo que el del periódico, o de la radio o la televisión. [...] La llamada poesía pura es poesía que no tiene ninguna relación con realidades sociales y políticas. Esa clase de poesía a muchos no nos interesa, la poesía que es puramente una actitud estética. Y solamente les interesa también a un pequeño grupo [40].

Salinas, p. 5, y la introducción de E. San Juan a *Marxism and Human Liberation*, una colección de ensayos de Lukács (Nueva York: Dell Publishing Co., 1973), p. xv.

[39] Paz, *El arco y la lira*, p. 42. Muchos escritores hispanoamericanos actuales, entre ellos Fuentes, Vargas Llosa, Sarduy, Cortázar, Paz y Lezama Lima se interesan por hallar un nuevo lenguaje poético que sea capaz de facilitar más los cambios sociales que desean ver. Con respecto a Paz, ver *El arco*, pp. 29, 40, 27 y 232. Cortázar, para cambiar de tema, escribe que «La creación más audaz se vuelve acto revolucionario en la medida en que ésta se adelanta siempre y por definición al presente y va hacia el hombre nuevo. [...] Seguimos hablando de hoy y de mañana con la lengua de ayer. Hay que crear la lengua de la revolución... todavía nos faltan los Che Guevara de la literatura»; *Viaje alrededor de una mesa* (Buenos Aires: Editorial Rayuela, 1970), pp. 33-34. Cabe preguntar ahora: ¿será Cardenal el Che Guevara de la literatura?

[40] «Entrevista», p. 378. Consúltese también su «Presentación» a *Poesía nueva*

Cardenal rechaza una poesía puramente esteticista a favor de una poesía que a su manera puede ser más «pura», es decir más natural, menos divorciada de las comunicaciones diarias, que la otra. La profecía —mediación y comunión— casi ineludiblemente es poética. Y la poesía, también comunión y mediación, es siempre profética.

Históricamente, la poesía profética de Cardenal es un derivado de la tradición profética en el verso de Hispanoamérica: Neruda, Vallejo, Martí, y aun el supuestamente puro Darío de obras como «Oda a Roosevelt». Lo que ha podido hacer Cardenal, ha sido complementar esta tradición continental con un credo que le da una nueva orientación aún más profunda, que se abre al verso hebraico, y que busca integrar las reformas sociales con las reformas espirituales que, según él, deben acompañarla. Si Cardenal pone la poesía al servicio de su fe, se debe a que le está predispuesta, siendo una afirmación de fe ella misma: la fe en que la comunicación todavía es posible, que el lenguaje no ha dejado de servirnos aún, y que el futuro no es una trampa en que hemos de caer sino una serie casi ilimitada de posibilidades. Cardenal ha obrado cambios importantes en la imagen, el vocabulario y la misma estructura de la poesía —y transformar o crear un lenguaje poético es en sí un acto de fe revolucionario [41].

---

de Nicaragua, p. 9, donde declara que el exteriorismo «es la poesía *impura*» (subraya Cardenal).

[41] Cf. Sarduy: «Una revolución que no inventa sus propios escritores ha fallado», citado por Jean Franco, «The Crisis of the Liberal Imagination», p. 11.

Capítulo III

DE LA REBELION A LA REVOLUCION

> *Toda escatología insiste en este hecho:*
> *la nueva creación no puede realizarse sin*
> *la previa aniquilación definitiva de este*
> *mundo.*
>
> Mircea Eliade

Epigramas fue la obra que despertó un interés inicial en los versos de Ernesto Cardenal. Sin embargo, este interés, notable en Nicaragua, no se extendió ampliamente fuera del país, ya que el texto sólo circulaba en ediciones pequeñas y aun anónimas durante algún tiempo. Como consecuencia de tales limitaciones, *Hora 0* —buena parte del cual fue compuesta después de *Epigramas*— llegó a ser su primera composición bien conocida. El éxito más amplio de *Hora 0* y la paulatina difusión de los epigramas se confabularon para dar una impresión tan lógica como errada: que Cardenal sólo escribía verso político. La poesía de *Gethsemani, Ky.*, absolutamente apolítica, aún no ha llegado a conocerse debidamente hoy, y no pudo por tanto contrarrestar dicha opinión, que sigue en pie hasta estos días.

Cabe poner bien en claro que el verso sociopolítico de Cardenal no forma más que una porción reducida de su obra total, y que configura solamente una de las muchas tendencias temáticas que se nos ofrecen. Poemas en que cuestiones políticas son el contenido principal no alcanzan a número mayor: *Hora 0* y algunos epigramas, sobre todo, juntos con algunos poemas diversos como «El algodonal», «Marcha triunfal», «Las campesinas del Cuá», las epístolas a José Coronel Urtecho y monseñor Casaldáliga, y acaso «Joaquín Artola». Caracteriza a Cardenal la tendencia de subordinar el elemento político a otros temas predominantes, como lo hace en las «Coplas a la muerte de Merton» u *Oráculo sobre Managua*. En las «Coplas», por ejemplo, las preocupaciones políticas hacen papel secundario ante el tema central: una discusión del sentido de la vida y la muerte. En el *Oráculo,* asimismo, se presenta la idea de la regeneración política, pero como parte de un tema mayor —el renacimiento— que tiene un alcance mucho mayor que los asuntos meramente políticos.

El presente análisis de la poesía sociopolítica cardenaliana busca identificar y caracterizar la manera en que el poeta nicaragüense integra sus concepciones ideológicas y religiosas con la escritura poética. Se irá más adelante también en la discusión ya iniciada de ciertos aspectos (aquí, mayormente los políticos) de su conciliación de marxismo y cristianismo. Hemos demostrado cómo el tema amoroso en *Epigramas* dio un núcleo o punto de partida a las obras éticas y religiosas de Cardenal. Ahora es posible demostrar el complemento evolutivo: en el segundo tema epigramático, la rebelión política, nacen las semillas de la poesía revolucionaria posterior.

«*Epigramas*»

La poesía política de *Epigramas* caracteriza la vida bajo una tiranía, con una vividez derivada de su enfoque personalista. Cardenal no desconoce que la poesía debe partir de lo individual para llegar después a lo universal, si busca conmover y convencer. La evocación de la desesperación provocada por el despotismo, adopta la forma del odio, del temor, de llamados a la rebelión y hasta algún momento de compasión por los que imponen un sistema que a lo largo hace víctima de todo el mundo —incluso de los mismos poderosos:

> Tú has trabajado veinte años
> para reunir veinte millones de pesos,
> pero nosotros daríamos veinte millones de pesos
> para no trabajar como tú has trabajado.
>
> (p. 26)

*

> Pero en la noche ves tu arroz y tus frijoles fritos,
> con una cuajada fresca, y una tortilla caliente,
> o un plátano asado,
>   los comés sin guardaespaldas.
> Y tu jícara de tiste no la prueba primero un ayudante.
> Y después tocás si querés en tu guitarra una canción
>   ranchera,
> y no dormís rodeado de reflectores y alambradas y torreones.
>
> (p. 34)

Tales momentos de compasión, no obstante, son escasos. Más características del texto son las evocaciones del odio que nace de una tiranía regresiva:

> *Somoza desveliza la estatua de Somoza*
> *en el estadio Somoza*
>
> No es porque yo crea que el pueblo me erigió esta estatua
> porque yo sé mejor que vosotros que la ordené yo mismo.
> Ni tampoco que pretenda pasar con ella a la posteridad
> porque yo sé que el pueblo la derribará un día.
> Ni que haya querido erigirme a mí mismo en vida
> el monumento que muerto no me erigiréis vosotros:
> sino que erigí esta estatua porque sé que la odiáis.
>
> (p. 43)

146

La reacción ante la opresión descrita en *Epigramas* es la del resentimiento y la rebelión, pero no de la revolución. Las acciones narradas son un puro reflejo, para poner fin al sufrimiento, y dirigido contra el objeto inmediato, en una autodefensa reactiva. Poca atención se presta a métodos ni consecuencias. La esperanza más optimista es que caiga el dictador, como en el epigrama que acaba «tal vez caiga Somoza, amor mío» (p. 48). Este fenómeno puede verse como una limitación, al compararse *Epigramas* con el verso de después; pero igualmente es innegable que la colección, así, refleja más fielmente las condiciones bajo el somocismo.

El espíritu rebelde de *Epigramas* se expresa igualmente en una promesa de seguir resistiendo:

> Nuestros poemas no se pueden publicar todavía.
> Circulan de mano en mano, manuscritos,
> o copiados en mimeógrafo. Pero un día
> se olvidará el nombre del dictador
> contra el que fueron escritos,
> y seguirán siendo leídos.
>
> **(p. 47)**

Las mínimas esperanzas, la rebelión reactiva y sin canalizar y aun la resistencia, revelan cómo falta algo: un programa, una visión. Efectivamente, *Epigramas* carece de la metafísica de la poesía profética de Cardenal, y la orientación verdaderamente revolucionaria de *Canto nacional* y las «Epístolas» [1].

La rebelión social en que se centra *Epigramas* halla expresión en una especie de rebelión poética contra la artificialidad y el convencionalismo. Dice Cardenal:

> Gracias a Pound los latinoamericanos pudimos descubrir a los poetas latinos. Porque Pound nos demuestra cómo la gran poesía latina era la de los epigramistas, la misma que los profesores de literatura desprecian a menudo. En este sentido antiacadémico, Pound nos demuestra por qué Horacio y Virgilio son falsas figuras literarias inventadas por falsos profesores de literatura. Y así Pound abre las puertas de la poesía griega, la refresca. (Steinsleger, p. 3)

Epigramas marca el parcial abandono del retoricismo poético tradicional. Por tanto, constituyó un momento decisivo en la historia literaria de Nicaragua, anunciando la nueva técnica que después llegaría a denominarse exteriorismo. Cardenal, al transmitir a la poesía nacional la frescura y vitalidad que él y Pound descubrían en el verso greco-latino, abrió las puertas a influencias nuevas, e hizo entrar un porvenir poético más atrevido, más innovador y menos basado en modelos europeos

---

[1] Empleamos el término «rebelión» para denominar un acto de protesta en el cual falta un fondo ideológico coherente. «Revolución», pues, denota un cambio fundamental de estructuras, el desplazamiento de un sistema socioeconómico por otro de ideología diferente. Ver Octavio Paz, *Los hijos del limo* (nota, p. 200), y *Corriente alterna* (México: Siglo Veintiuno, 1973), pp. 147-52.

recientes. Los experimentos estilísticos que testimonia *Epigramas* se llevaron más adelante en el siguiente texto de Cardenal (en cuanto a la composición), *Hora 0,* en el que se continúa trabajando el tema político.

«*Hora 0*»

Si bien *Epigramas* trataba la rebelión social dentro de Nicaragua, *Hora 0* la extiende a toda la América Central. El poema —que se ha de considerar una sola obra larga en sus varios movimientos— se compone de una introducción seguida de tres secciones más largas que narran e interpretan varios episodios históricos. El pasaje introductorio («ouverture», si se quiere) lleva una estructura paralela a la del cuerpo textual propiamente dicho, y le sirve así de preludio. La «ouverture», así, establece los temas por desarrollarse, y hace patente la unidad formal a que se atiene el poema. La estructura sinfónica es evidente.

Los versos iniciales del preludio empiezan con una típica descripción del paisaje centroamericano —pero el paraíso pronto se pierde:

> Noches tropicales de Centroamérica,
> con lagunas y volcanes bajo la luna
> y luces de palacios presidenciales,
> cuarteles y tristes toques de queda.
> «Muchas veces fumando un cigarrillo
> he decidido la muerte de un hombre»,
> dice Ubico fumando un cigarrillo...
>
> (p. 7)

La rapidez con que las idílicas tardes tropicales de los primeros dos versos se convierten en la amenaza del dictador guatemalteco Ubico, anuncia un elemento técnico que tipifica *Hora 0* y el verso posterior de Cardenal: la presentación de una serie de imágenes o escenas que se centran en un solo tema. Cardenal prefiere dar muchas imágenes en vez de una sola, en contraste con las vanguardias (¿desconfianza en el poder de la imagen? ¿deseo de asegurar la comprensión?). En el caso citado, las varias escenas se relacionan a la opresión y las rebeliones populares fracasadas:

> En su palacio como un queque rosado
> Ubico está resfriado. Afuera el pueblo
> fue dispersado con bombas de fósforo.
> San Salvador bajo la noche y el espionaje
> con cuchicheos en los hogares y pensiones
> y gritos en las estaciones de policía.
> El palacio de Carías apedreado por el pueblo.
> Una ventana de su despacho ha sido quebrada,
> y la policía ha disparado contra el pueblo.
> Y Managua apuntada por las ametralladoras
> desde el palacio de bizcocho de chocolate
> y los cascos de acero patrullando las calles.
>
> (p. 7)

Como lo da a entender el prólogo, el poema versa sobre las confrontaciones entre los pueblos centroamericanos y los gobiernos militares que los han sometido. El final del prólogo alude a una situación inestable, en que los conflictos no se han resuelto, y los cascos de hierro deshumanizados patrullan las calles en espera de otras insurrecciones. Pero tales rebeliones renovadas no se producen, al menos en este preludio, ya que se cierra más bien citando Isaías 21,11: «¡Centinela! ¿Qué hora es de la noche?» Con esta alusión bíblica e histórica, el poema sufre una notable expansión de horizontes temáticos. La noche tropical se extiende en el tiempo y el espacio, y las fechas dejan de ser específicas. Se convierten, pues, en los momentos y lugares en que se acaba de preparar una tormenta —cualquier tormenta social. Se observa que la frase «hora cero» no ocurre en el poema. Más bien, da la respuesta a la pregunta del preludio: «¿Qué hora es de la noche?» Es la hora cero, la última del orden antiguo, la que lleva al orden nuevo: la hora del cambio impostergable, el momento de la liberación. Así se ve que el primer pasaje establece la temática general del poema: la necesidad de la rebelión, su acción inevitable —y la dificultad de llevarla a cabo con éxito. El poema, así como el prólogo, acabará con una promesa más que con una realidad cumplida.

Los tres movimientos principales de *Hora 0* versan sobre la United Fruit Company, la rebelión de Augusto César Sandino en la Nicaragua de los años treinta, y la rebelión de 1954 en que Cardenal mismo tuvo participación. Así, como la poesía histórica posterior de su autor, *Hora 0* es esencialmente un verso narrativo (y hasta épico). Pero, a diferencia de su *Homenaje a los indios americanos,* por ejemplo, *Hora 0* es una denuncia desde sus raíces: evoca injusticias acaecidas y las condena, pero no se llegan a ofrecer ideas o programas nuevos que reemplacen el sistema cuyos defectos son tan patentes. Se describen incidentes históricos con el vigor de sus otros versos de temática afín, pero sin llegar a interpretarlos de acuerdo a una ideología coherente. Una buena poesía de protesta, *Hora 0* aún padece ciertos defectos del subgénero que más tarde Cardenal supera. En fin: *Hora 0* —que tampoco alcanza la universalidad tremenda de la mejor poesía de Cardenal— carece de las esperanzas que en su obra más madura y mejor reflexionada equilibra crítica de lo habido con una visión, por parcial que sea, de lo que podrá haber en su lugar.

La estructura de *Hora 0* revela lo que decimos: consiste en una documentación de injusticias (parte del preludio y el segundo movimiento) seguida de los esfuerzos por corregirlas (movimientos tres y cuatro). No nos parece casual que ambos intentos fallaran. En vista de la ausencia del optimismo del Cardenal que se renovó en *Our Lady of Gethsemani,* la promesa del título de este poema parece ser un simbolismo cuya realización concreta no se ha visto, un gesto aún efectivamente impotente ante una realidad sociopolítica abrumadora. Si insistimos en esto, estamos conscientes de que no es éste un juicio estético, sino una observación necesaria en el curso de revelar la evolución del poeta. No por lo que hemos dicho debe creerse que no estimamos *Hora 0.* Creemos, en efecto, que es la mejor poesía de rebelión que conocemos en lengua española. Sencillamente, recordamos que la obra verdaderamente revolucionaria, en estética y en praxis social, vendrá más tarde. Ahora, veamos en detalle lo que hemos trazado con perspectiva global.

La segunda sección de *Hora 0* establece como su tema el de la justicia económica. Según sus primeros versos, «los campesinos hondureños traían el dinero en el sombrero / cuando los campesinos sembraban sus siembras / y los hondureños eran dueños de su tierra» (p. 9). En estos versos, Cardenal hace uso patente de una técnica observada por Pring-Mill: contrasta una condición natural más o menos idílica con los desequilibrios y deformaciones que luego provocarán los problemas económicos, contraste particularmente vívido en *Oráculo sobre Managua*. La pérdida del Edén, desde luego, es también una vuelta al tema presentado en el movimiento inicial (se ve que la terminología musical viene al caso).

El contraste entre lo natural y lo pervertido lleva a la evocación de la destrucción económica de Honduras por intereses extranjeros como la United Fruit:

> Pero vino la United Fruit Company
> con sus subsidiarias la Tela Railroad Company
> y la Trujillo Railroad Company
> aliada con la Cuyamel Fruit Company
> y Vaccaro Brothers & Company
> más tarde Standard Fruit & Steamship Company
> de la Standard Fruit & Steamship Corporation:
> la United Fruit Company
>
> (p. 9)

Hemos dicho con anterioridad que el tema que une la obra de Cardena es el de la justicia. Es evidente que en *Hora 0* se trata de la cara opuesta, en la forma específica de la opresión económica. El poema, que se basa en sucesos históricos, juzga la participación de las compañías en la América Central de acuerdo a su tratamiento del pueblo; el fallo, previsible, es condenatorio:

> Y los bananos pudriéndose en los vagones del ferrocarril.
> Para que no haya banano barato
> Y para que haya banano barato.
> —19 ctvs. el racimo.
> Los trabajadores reciben vales en vez de jornales.
> En vez de pago, deudas.
>
> (p. 12)

En pasajes como éste, se va demostrando que las escasas ganancias de los obreros no producen avances en su condición. Contrariamente, crean un nuevo estado de dependencia que sirve para incrementar la explotación y el provecho de las compañías, en la terrible situación que han retratado prosistas tan diferentes entre sí como Horacio Quiroga («Los mensú»), Jorge Icaza *(Huasipungo)* y aun Gabriel García Márquez, cuya novela *Cien años de soledad* bellamente equilibra la fantasía con realidades reconocibles en todo el continente.

La explotación suscitada en las primeras páginas de *Hora 0* deshumaniza a los oprimidos, entre los que se hallan hasta los supuestos pudientes: «Y los diputados, más baratos que mulas» (p. 13). El poema presenta a los individuos animalizados y cosificados, porque un hombre, de perder la libertad y hasta la estima de sí mismo, puede reducirse a una entidad de valor económico puro. Puede comprarse y venderse en efecto, encarnando el problema más difícil del capitalismo: el trabajador perfecto. En el poema, países enteros se reducen a meros «bienes raíces» de las firmas foráneas:

> Sam Zemurray, el turco vendedor de bananas al menudeo
> en Mobile, Alabama, que un día hizo un viaje a Nueva Orleáns
> y vio en los muelles de la United echar los bananos al mar
> y ofreció comprar toda la fruta para fabricar vinagre,
> la compró, y la vendió allí mismo en Nueva Orleáns,
> y la United tuvo que darle tierras en Honduras
> con tal que renunciara a su contrato en Nueva Orleáns,
> y así fue como Sam Zemurray buso bresidentes en Jonduras.
> Provocó disputas fronterizas entre Guatemala y Honduras
> (que eran entre la United Fruit Company y su compañía)
> proclamando que no debía perder Honduras (su compañía)
> «una pulgada de tierra no sólo en la franja disputada,
> sino también en cualquier otra zona hondureña
> (de su compañía) no en disputa...»

> (p. 13)

El poema condena a los intereses extranjeros —pero no por motivos espirituales (como más tarde) sino en un acto de solidaridad de clase y de orgullo nacional, motivos de igual validez y mayor patriotismo. Consta el contraste: mientras en el verso posterior Cardenal llegará a equiparar las injusticias socioeconómicas con el pecado, los juicios morales de *Hora 0* aún no provienen de una norma tan clara (ni de una metafísica). Todavía no se oye la voz profética de *Salmos* y *Oráculo sobre Managua.* Con toda su fuerza emotiva, *Hora 0* no iguala la poesía de post-conversión, que nace de algo más allá de teorías económicas. Así, el verso político posterior, con la capacidad de hacer una crítica más profunda y más completa y de ofrecer alternativas, lleva una ventaja, hasta sobre un poema tan aventajado como *Hora 0.*

Homenaje a los indios americanos, por ejemplo, pinta una sociedad ideal, la «sociedad sin dinero» de «Economía de Tahuantinsuyu» (sobre los incas). «Las riquezas injustas» afirma que la riqueza en sí es injusta (*Marilyn Monroe,* p. 51). En *Hora 0,* en cambio, no se condenan las aspiraciones económicas del pueblo (acaso porque nunca se llega a sugerir su posible superación); más bien, lo que específicamente se critica es la renuencia del aparato explotador ante ellas. En suma: la posesión misma se critica después, pero no en *Hora 0,* poema que todavía no constituye un llamado general a la radical transformación social, sino una encarecida petición a corregir el sistema del día, aun desde dentro.

151

Se exigen mejoras en una estructura que hasta esos momentos no se veía como inherentemente mortal. «La Iunai», como en el poema se llama la compañía frutera, no es mala porque representa un capitalismo *a priori* reaccionario, sino porque se abusa del sistema existente de modo que no funcione debidamente. Así, hay que ver en *Hora 0* una concepción bastante menos radicalizada que la de su obra sociopolítica posterior porque admite el posible perfeccionamiento del sistema, y la posibilidad de que se moralice. Aún no se trataba de escatologías, y por tanto la observación de Eliade, que sirve de epígrafe a este capítulo, no se acataba. Pasamos, pues, a ver cómo el poema pinta estas circunstancias de valor, ira y melancolía.

El motivo central de *Hora 0* son las recurrentes insurrecciones con miras a corregir la estructura económica y social. Las dos últimas secciones del poema se dedican a la rebelión de Sandino (1927-1933) y la abortada rebelión de abril de 1954. Por lo mismo Augusto César Sandino es el héroe de la tercera sección narrativa del poema. El rebelde, «un 'nica' de Niquinohomo», simboliza a su pueblo al ser obligado a entrar en acción armada por circunstancias externas a él, pero responde encarándolas con valentía:

> Y Sandino no tenía cara de soldado,
> sino de poeta convertido en soldado por necesidad,
> y de un hombre nervioso dominado por la serenidad.
> Había dos rostros superpuestos en su rostro:
> una fisonomía sombría y a la vez iluminada;
> triste como un atardecer en la montaña
> y alegre como la mañana en la montaña. [...]
> «En la montaña todo enseña» decía Sandino
> (soñando con las Segovias llenas de escuelas)
> y recibía mensajes de todas las montañas
> y parecía que cada cabaña espiaba para él [2].

Como imagen del pueblo, la figura de Sandino se ofusca en la masa de guerreros descalzos que se unen con él:

> «El abrazo es el saludo de todos nosotros»,
> decía Sandino —y nadie ha abrazado como él.
> Y siempre que hablaban de ellos decían *todos:*
> «Todos nosotros...» «Todos somos iguales».
> «Aquí todos somos hermanos», decía Umanzor.
> Y todos estuvieron unidos hasta que los mataron a todos.

(p. 17)

De esta manera, el hablante poético va idealizando a Sandino y su rebelión, proceder característico de Cardenal, y que descubre la calidad épica del poema. Sandino abraza como nadie, en la cita anterior, y como

---

[2] *Hora 0*, p. 19. La idea de que una figura popular trasciende su origen y sus limitaciones económicas en el esfuerzo revolucionario, también lo expresan los mismos Marx y Engels. Véase la introducción que hizo Engels al *Manifiesto comunista*.

segundo ejemplo se nota que el ejército que formó se describe no tanto
como tal sino como una comunidad:

> Y los jefes no tenían ayudantes:
> más bien como una comunidad que como un ejército
> y más unidos por amor que por disciplina militar
> aunque nunca ha habido mayor unidad en un ejército.
>
> (p. 17)

Así, «Sandino» se amplía y alcanza la dualidad pueblo / figura heroica
excepcional que tipifica la épica. Se le concibe con la dignidad y estoi-
cismo del indoamericano, un Campeador del nuevo continente. Así, Sandino en la composición de Cardenal, sin perder su historicidad, parte
de ella para alcanzar un valor casi metafísico, para ser un rebelde que
encarna los diversos elementos de su sociedad, en raza, clase y educa-
ción, hasta llegar a representarla entera [3].

La descripción simbólicamente imprecisa de Sandino contrasta con
el duro trato poético de los políticos nicaragüenses y norteamericanos,
pintados con mordacidad. El sarcasmo del narrador los va quemando a
fuego lento:

> «I was in a Concierto», dijo Somoza.
> Y era cierto, había estado en un concierto
> o en un banquete o viendo bailar a una bailarina o
> quién sabe qué mierda sería.
>
> (p. 22)

Los políticos se retratan incapaces siquiera de hablar su propio idioma
porque han vendido todo lo suyo («'He is a bandido', decía Somoza,
'a bandolero'»). El uso del sarcasmo conlleva una clara división entre los
personajes / partícipes, y tanto en *Hora 0* como en *Salmos* se separan
efectivamente en dos bandos que el narrador poético identifica de acuerdo a su propia posición moral-ideológica implícita. En su retrato interior
no hay objetividad —en contraste con la presentación exterior, desde
fuera.

La sección de *Hora 0* dedicada a Sandino se subdivide en dos movimientos: ascenso (la rebelión en sí) y descenso (la posterior traición
que condujo a la muerte del jefe insurrecto). Consta, pues, que esta
sección, como las otras, acaba con el fracaso: el alzamiento sandinista
de esa época fue un breve momento de vida y esperanza que a pesar
de las descripciones a veces hiperbólicas del poema y de las semillas
que sembró para cuarenta años después, no llevó a cabo sus objetivos
inmediatos. *Hora 0,* una crónica de este suceso verídico, reconoce el

---

[3] Sandino, como vamos indicando, va adquiriendo carácter épico al representar también las cualidades más loables de su pueblo. Un aspecto de la caracterización de Sandino que hay que comentar muy brevemente es otra forma de expansión o ampliación de su figura al describirla con el antiguo motivo de «armas
y letras» tan preferido del Renacimiento y Barroco. Sandino queda pintado como
«soldado» y «poeta» a la vez. En términos más modernos (de clases), esta misma
dualidad reúne lo popular y lo *élite*.

fallo de Sandino a corto plazo —aun cuando se alienta de sus aspiraciones.

Otra rebelión fracasada forma el asunto de la cuarta y última sección de *Hora 0:* la de abril de 1954. El pasaje contiene elementos cuyo origen autobiográfico ha sido reconocido por Cardenal. Así, la narración de sus versos, como si fuera esta una novela, une la identidad de escritor y la de su voz poetizada: «Yo estuve con ellos en la rebelión de abril / y aprendí a manejar una ametralladora Rising» (p. 26). Un ejemplo autobiográfico más extenso es el fragmento en que se evoca el terror del rebelde metido a la clandestinidad para evitar las represalias habidas cuando se descubrió el plan:

> Suenan tiros en la noche, o parecen tiros.
> Pasan pesados camiones, y se paran,
> y siguen. Uno ha oído sus voces.
> Es en la esquina. Estarán cambiando de guardia.
> Uno ha oído sus risas y sus armas.
> El sastre de enfrente ha encendido la luz.
> Y pareció que golpearon aquí. O donde el sastre.
> ¡Quién sabe si esta noche vos estás en la lista!
> Y sigue la noche. Y falta mucha noche todavía.
> Y el día no será sino una noche con sol.
> La quietud de la noche bajo el gran solazo [4].

Esta, la cuarta parte de *Hora 0,* se difiere de las demás en que en ella hay una esperanza más pronunciada: los últimos cuatro versos rezan, «Pero el héroe nace cuando muere / y la hierba verde renace con los carbones» (p. 31). Y sin embargo, acaso porque todo lo que le precede acaba en melancolías, la esperanza no convence. El lector recuerda también que esta misma sección se abrió con otro descenso en la frustración: habla de las quemas del campo seco en abril, seguidas en mayo por «las primeras lluvias» y la revitalización de las tierras. Y se recalca: «Pero abril en Nicaragua es el mes de la muerte» (p. 25). Es decir: el tiempo presente del poema, simbólicamente, es el mes de abril. El lector lo va leyendo en «mayo», el mes de la resurrección. De ahí la dualidad tonal y temática que informa *Hora 0.*

Al recontar la insurrección de 1954, la cuarta sección de *Hora 0* se centra en el jefe Adolfo Báez Bone (sujeto epigramático además). Báez Bone, así como lo fue Sandino en la parte anterior, se describe como la encarnación de su tierra:

> Porque a veces nace un hombre en una tierra
> que es esa tierra.
> Y la tierra en que es enterrado ese hombre
> es ese hombre.
> Y los hombres que después nacen en esa tierra
> son ese hombre.
> Y Adolfo Báez Bone era ese hombre.
>
> (p. 26)

---

[4] *Hora 0*, pp. 28-29; ver «Nota», p. 8.

Abundan las semejanzas entre ésta y la tercera sección. Vuelve, por ejemplo, el sarcasmo en las descripciones: «un juez con cara de sapo», «Consejos de Guerra por guardias con caras de perro»[5]. A Somoza se le satiriza con la más cortante parodia:

> Somoza estaba bailando mambo
> > > mambo mambo
> > > qué rico el mambo
> cuando los estaban matando.

(p. 27)

En efecto: la cuarta sección confirma que *Hora 0* es una poesía menos de amor que de odio: el odio del tirano para con su pueblo, y el del narrador poético ante el dictador:

> Como le dijo a Sumner Welles el sonofabitch de Roosevelt:
> «Somoza is a sonofabitch
> > > but he's ours».
> Esclavo de los extranjeros
> > > y tirano de su pueblo
> impuesto por la intervención
> > > y mantenido por la no intervención:
> SOMOZA FOREVER
>
> El espía que sale de día
> el agente que sale de noche
> y el arresto de noche:
> Los que están presos por hablar en un bus
> o por gritar un Viva
> o por un chiste.
> «Acusado de hablar mal del Sr. Presidente...»

(pp. 29-30)

La comprensible obsesión del poema por tan amarga situación y la fuerza vital de las imágenes de terror acaban por desplazar los brillos de esperanza. Así, la famosa promesa del epígrafe al poema, sin concretizarse en el texto, queda sin integrar a su asunto. En vez de asegurar una pronta corrección de las injusticias, expresa el «hasta cuándo» de los salmos más desolados. En suma: *Hora 0* reproduce en todas sus facetas el terrorismo institucionalizado del somocismo.

Nuestro examen de *Hora 0* ha revelado que ya están presentes va-

---

[5] P. 30. Cardenal, al recontar e interpretar la historia por medio de la poesía, subraya el elemento subjetivo del contenido «narrativo». Según la tradición, la prosa era el género de preferencia para la historiografía, mientras que la poesía se reservaba para temas más bien imaginativos. Véase, sobre el tema, William Nelson, *Fact or Fiction: The Dilemma of the Renaissance Storyteller* (Cambridge, Massachusetts: Harvard University Press, 1971), p. 39. Más al caso que esta tradición es la de Aristóteles: «El poeta y el historiador no se difieren al escribir en verso o en prosa. [...] La verdadera diferencia reside en que uno relata lo que ha sucedido, y el otro lo que puede suceder. La poesía, luego, es una cosa más filosófica y superior a la historia» (*Poética*, 1451 b; trad. de S. H. Butcher [Nueva York: Dover, 1951], p. 35).

rios de los temas que Cardenal después llevó más allá. Son especialmente notables las imágenes de deshumanización, comentadas hace poco, y los pasajes que enfrentan el problema de la corrupción del lenguaje: «las Compañías también corrompían la prosa» (p. 10). Estos elementos y algún otro que en su debido lugar se señala, hacen de *Hora 0* un punto de partida temático y técnico al cual Cardenal volverá repetidamente en los años posteriores.

Ponemos fin al análisis de *Hora 0* con las siguientes observaciones, que se ofrecen como un «anticipo» de otra labor, nuestra o ajena, que habrá de enfocar la estética de la poesía política. Por ahora, y para limitarnos a Cardenal, sirvan como un resumen de los elementos más fundamentales y constantes en la poética cardenaliana. 1) Cardenal transforma ciertas palpables realidades —textos, documentos, acontecimientos históricos— en una estructura poética que se presenta con cierta objetividad, pero siempre dentro de un marco interpretativo y subjetivo que vuelve clarísimo su contenido. 2) *Hora 0* y su verso posterior de tema político transmiten imágenes humanas y concretas, visibles y reconocibles en la vida de todos los días, en vez de abismarse en la aseveración abstracta y polemicista de ideologías políticas —las cuales, en efecto, eluden. Esta técnica, por cierto, se deriva de la técnica exteriorista del poeta. 3) El tercer elemento equivale filosóficamente al procedimiento poético acabado de identificar: las ideologías se presentan impuras, siempre dispuestas a modificarse un tanto para mejor responder a las circunstancias del momento y del lugar. La ideología purista se subordina siempre ante la lucha y la liberación individuales (y hasta anárquicas, si se quiere)[6]. Ninguna imposición teórica deforma lo que el poeta vive y evoca en su presentación. 4) El acto ético en sí constituye un acto de creación al darse libre voz, porque la ética que expresan estos versos les confiere, en gran medida, sus características más entrañables. Con tales bases, y con sus tonalidades antilíricas, Cardenal inaugura con *Hora 0* y sus demás obras, una revolución inmediata en el campo del verso, y adelanta con mucho la literatura social en la América Hispánica.

La política del cristianismo revolucionario

La Parte II de este estudio ha hecho notar la reconciliación de varias ideas socialistas con las bases del cristianismo, e insistido en los fundamentos teológicos de la visión sociopolítica de Ernesto Cardenal. Se sigue que en su verso político, los derivados políticos de esta ideología

---

[6] Esta concepción de una ideología flexible reconoce cómo el socialismo hispanoamericano está todavía en evolución también, y cómo busca su propio camino, de acuerdo con las exigencias de Mariátegui; ver Gutiérrez, p. 119. El mismo Gutiérrez dice al respecto lo siguiente: «Uno de los más grandes peligros que acechan, en efecto, la construcción del socialismo —urgida por tareas inmediatas— en Latinoamérica es carecer de una teoría sólida y propia. Propia, no por prurito de originalidad, sino por el elemental realismo histórico» (p. 120).

se han de poner bien en claro. Empezamos recalcando la naturaleza social de la fe de Cardenal, de la cual ha hablado él en varias ocasiones:

> Para los que creemos en Dios y en la evolución, Dios Creador es un Dios Evolucionador. Dios ha creado el mundo por medio de la evolución (y la creación no ha terminado todavía). El pecado original es un misterio que no podemos explicar. Creo sí que ese pecado es una realidad muy evidente, pues consiste en que en los hombres hay tendencias al mal, hay instintos malos (el egoísmo) además de buenos. A diferencia del animal, en el que todo instinto natural es bueno, en el hombre hay instintos naturales que, aunque naturales, deben reprimirse. Eso es lo que quiere decir el pecado original. Ese pecado es colectivo, y yo lo concibo como un pecado estructural de carácter social y que se manifiesta en las estructuras sociales injustas —es la injusticia social. Pero este pecado es superable. El *hombre nuevo* es el que se ha liberado de él. («Respuesta», p. 631)

Reiteramos: las concepciones políticosociales de Cardenal son consecuencias de sus creencias religiosas. Declara, «He dicho otras veces que no fue la lectura de Marx la que me llevó al marxismo, sino la lectura del Evangelio» [7]. En otra ocasión insiste, «nuestro camino ha sido de la contemplación a la Revolución y del Evangelio al marxismo» (Steinsleger, p. 2). Nos atrevemos a agregarle un paso más a la evolución que el poeta resume en estas palabras, para esquematizarla así: Cardenal ha pasado de la rebelión política a la conversión religiosa, y por último a la plena revolución social y espiritual, que subsume ambos fenómenos anteriores.

La fusión de marxismo y cristianismo es, hoy, el corazón palpitante del verso del poeta nicaragünse, cuya visión cristiana —católica en el sentido más amplio— reúne naturalmente las preocupaciones sociales, políticas y económicas más diversas. El terreno intelectual en que lo religioso se encuentra con lo mundano se abre en los varios senderos temáticos de su obra: el éticorreligioso, el sociopolítico y el sociohistórico sobre todo (como lo indica la organización de este mismo estudio). Como consecuencia de esta característica capacidad sintetizadora o conciliadora —el poema como imán conceptual— los tres aspectos con frecuencia se presentan en el mismo poema, que adquiere así la feliz posibilidad de tratar varias cuestiones interrelacionadas, sin forzar su estructura estética ni debilitar su unidad de impresión.

Para Ernesto Cardenal, cristianismo y marxismo por igual exigen profundos cambios por parte del individuo. Ha dicho que el revolucionario debe empezar su labor cambiándose:

> [Interlocutor] El auténtico revolucionario debe empezar por cambiar él mismo... ¿No es verdad?
> [Cardenal] De acuerdo. Cada uno de los que nos llamamos revolucionarios procuramos hacerlo. Debemos ser como el «Che»: antes de cambiar una

---

[7] «Un marxismo», p. 70. Compárese «Conversación en Solentiname», p. 20: «Yo he llegado a la revolución por el Evangelio. No fue por la lectura de Marx, sino por Cristo. Se puede decir que el Evangelio me hizo marxista.»

sociedad, él mismo se hizo una transformación. Llegó a ser el prototipo del hombre nuevo. En Cuba todos los muchachos en la escuela
—tanto se ha idealizado al «Che» como el hombre nuevo— desean ser
como él.

[Interlocutor] ¿Qué es necesario para que el hombre cambie?

[Cardenal] Desposeerse del egoísmo. («¿En Nicaragua?», p. 2)

Aunque la mezcla de terminología teológica y política en esta especie
de declaración suele llamar la atención de los lectores poco habituados
a este punto de vista, hay que hacer hincapié en que refleja legítima-
mente el grado en el que espiritualidad individual y compromiso social
se entrelazan. La supresión del «yo» que tipifica el misticismo corre paralela —y lleva— a la responsabilidad comunal y acción social individual. Puede leerse, por ejemplo, «Las riquezas injustas», sobre la necesidad de repartir los bienes (en un contexto que parece condenar ciertos
abusos en los países socialistas):

> no creáis tampoco que en el Estado Comunista Perfecto
> las parábolas de Cristo ya estarán anticuadas
> y Lucas 16, 9 ya no tendrá validez
>   y ya no serán INJUSTAS las riquezas
> y ya no tendréis la obligación de repartir las riquezas! [8].

Es preciso subrayar que esta misma idea del sacrificio para el bien
general sirve para iniciar la conciliación de marxismo y cristianismo:

> Las ideas cristianas son las mismas de la liberación de América Lati-
> na, y una sociedad en la que se viva el Evangelio tiene que ser una sociedad
> socialista. Dice San Lucas (cap. 3, v. 11) que cuando la gente le preguntó
> a Juan Bautista lo que debían hacer, él contestó: «El que tiene dos túnicas
> debe dar una al que no tiene ninguna, y el que tiene comida debe com-
> partirla con el que no la tiene.» Estas exigencias del Evangelio son in-
> compatibles con el capitalismo y son idénticas a las del socialismo. («Res-
> puesta», p. 635)

Otra vez, en *En Cuba,* Cardenal cita a un poeta que describía el ideal
del sacrificio en la Cuba revolucionaria:

> Sacrificio hay mucho en Cuba, y el sacrificio ha sido idealizado. Casi
> todas las consignas son para animar al sacrificio. Antes, cortar caña en
> Cuba era el trabajo más humillante; ahora, uno se enorgullece de cortar
> caña, y de todo trabajo pesado: con eso se está *haciendo* la Revolución [9].

---

[8] *Marilyn Monroe*, p. 51. Ver también «Una misa», en *En Cuba*, pp. 21-24.

[9] *En Cuba*, p. 79. Friedrich Engels, que poseía una visión comprensiva de la
iglesia primitiva, proponía que la idea del sacrificio fue la «primera idea revolucionaria» de la fe cristiana. El, así como lo hace Cardenal, notó que la principal
diferencia entre socialismo y cristianismo es que éste «coloca a la salvación en
una vida más allá, posterior a la muerte, en el cielo; aquél la coloca en este mismo
mundo, en una transformación social»; «On the History of the Early Church», en
Marx and Engels: Basic Writings on Politics and Philosophy, Lewis B. Feuer, ed.
(Garden City, New York: Doubleday, 1959), pp. 168-194.

De acuerdo al análisis de Cardenal, la equiparación social y económica es un objetivo del marxismo y del cristianismo igualmente. Escribe que «la verdadera religión según Santiago es la que ha practicado Fidel: círculos infantiles, policlínicas, escuelas» (*En Cuba*, p. 362). Cristianismo y marxismo se fundan idénticamente en la idea de la comunidad: comunidad espiritual (la «ciudad de Dios», la *ecclesia*) y económica (sociedad comunista). Cardenal acude otra vez a la figura del «Che» Guevara para presentar un modelo del sacrificio revolucionario, citando a un joven que hablaba de Guevara: «Según también el Che, la Revolución era darse a los demás.» Cita por igual otra anécdota de Guevara muy pertinente a la comunidad que espera ver:

> En la carta de despedida que dejó a sus hijitos les decía que fueran siempre capaces de sentir en lo más hondo cualquier injusticia cometida contra cualquier ser humano; ésa era la cualidad más linda en un revolucionario. (*En Cuba*, p. 79)

Cardenal halla ejemplos dignos en la realidad actual. Característicamente, también trae a colación amplias justificaciones bíblicas para la moralidad comunal que sería necesaria en la sociedad que quiere hacer:

> Creo yo que la lucha de clases fundamentalmente quiere decir la liberación de los oprimidos y la destrucción de los opresores. Que los explotados triunfen sobre los explotadores. Este ideal lo encontramos en el Evangelio. Como lo declara la Virgen María cuando dice: «Los poderosos han caído de sus tronos, los humildes han sido levantados, los hambrientos llenados de bienes y los ricos despedidos con las manos vacías.» («¿En Nicaragua?», p. 1)

Para que no quepan dudas, Cardenal halla sólo en el socialismo un sistema económico compatible con el Evangelio. Lo confirma también la antítesis, la negación de la fe y la destrucción espiritual y social:

> El verdadero ateísmo para mí, la verdadera negación de Dios es la Compañía Esso o la Standard Oil, ése es el verdadero materialismo ateo en el sentido de que nosotros debemos entender la negación de Dios. La compañía que fabrica los condones y las bombas de napalm, creo yo, es la negación de Dios [10].

Las ideas de Cardenal, pues, si buscan fundir un sistema económico con un credo espiritual, lo hacen porque los dos son, en última instancia, concepciones sociales, y mutuamente predispuestas por lo tanto. Y conste que el poeta está muy consciente de que en la historia estas dos fuerzas sociales no han colaborado: «El marxismo fue anticristiano, pero es porque el cristianismo era antirrevolucionario» [11]. Cardenal la-

---

[10] «¿En Nicaragua?», p. 1. Ver también «Conversación en Solentiname», p. 52.
[11] «Un marxismo», p. 63. Cardenal considera que el cristianismo, al rechazar las ideas socialistas, hace patente su propia degeneración. Como lo dice Harvey Cox, «El hecho de que el cristianismo se haya hecho contrarrevolucionario tantas veces en su historia, traiciona una tremenda desviación de sus fuentes originales» (p. 144).

menta este hecho, y buena parte de su trabajo se destina a su unión efectiva, para que espiritualidad pueda complementarse en el progreso social: «Le hablo [a Fidel] de la importancia de la colaboración de la Iglesia, para el triunfo de la revolución en América Latina, y dice: 'No sólo para el triunfo. También para después: para consolidar el socialismo'» (*En Cuba,* p. 361). Para Cardenal, es en la conjunción de estos dos poderes parciales y complementarios donde yace su esperanza para un mundo mejor. El diálogo actual sobre la teología de la liberación, dice él, podrá y deberá tener consecuencias universales:

> En América Latina se están uniendo cristianos y marxistas para hacer la revolución, y esto es una cosa nueva en el mundo. Yo creo que éste será el gran aporte de América Latina a la revolución mundial. («Un marxismo», página 58).

Las «*Epístolas*»

Las cartas en verso a José Coronel Urtecho y monseñor Casaldáliga, que continúan la temática sociopolítica iniciada en *Epigramas* y llevada a su punto máximo en *Hora 0,* dan fe tanto del pensamiento de Ernesto Cardenal como de sus direcciones poéticas al filo del presente decenio. Aun cuando sea notable el nuevo arranque formal de las epístolas dentro de la producción del nicaragüense, es sabido que desde mucho tiempo antes de su composición, Cardenal ya rechazaba toda diferencia esencial e identificable entre prosa y poesía[12]. El uso del subgénero epistolar —desacostumbrado en verso aunque muy aceptado en la prosa— reafirma su adhesión a una poesía que comunica más bien directamente, a la vez que a su continua experimentación y desprecio de formas tradicionales (desde los epigramas).

La epístola a Coronel Urtecho goza de una temática económica; la escrita a Casaldáliga es una exploración de la teología revolucionaria. Está visto, pues, que remiten a cuestiones de larga vigencia en su obra. Lo nuevo (aparte del formato) es que las epístolas ya se dirigen a lectores que ya estarán enterados de los conceptos que presentan, así como en el teatro el público ya sabe de memoria el argumento de una obra famosa antes que se suba el telón, conocimiento previo que de ninguna manera aminora el placer del espectáculo. El verso anterior de Cardenal normalmente buscaba persuadir a uno que ignoraba: hacía evangelización, por así decirlo. El presupuesto conocimiento por parte del lector de las bases conceptuales que informan los poemas, los hace diferir de la obra más temprana sobre todo en el acto de su lectura. En el grado en que una obra literaria presuponga o cree un lector, los poemas confirman un cambio también en la percepción de su autor. En la lectura,

---

[12] Steinsleger, p. 3. Pound sugería que la diferencia principal entre poesía y prosa es que aquélla lleva más «energía» («is the more highly energized»), en su «The Serious Artist», p. 49. Esta distinción cuantitativa parece validarse en el caso de Cardenal al confrontar su verso con su único cuento conocido, «El sueco», que no alcanza la intensidad de su poesía. (Ver la bibliografía.)

las epístolas ya no representan una mera dualidad comunicativa, un momentáneo encuentro entre dos correspondientes. Ahora el lector forma parte de un triángulo al juntarse con el hablante poético y el objeto más inmediato de las epístolas: Coronel Urtecho y Casaldáliga, cuya presencia no es estricta en los poemas, pero que sin embargo se hace notar. Uno se siente participar en una entrevista privada, aunque las composiciones no dejan de ser declaraciones públicas. Si Sartre acierta al decirnos que la lectura es creación dirigida, un formato como éste obliga a que se reconstituya la relación poeta / lector bajo nuevas bases, sólo parcialmente visibles ahora, que podrán ser los primeros indicios de un cambio de rumbo poético en Cardenal.

«Epístola a monseñor Casaldáliga» parte de la contemplación de un artículo periodístico y una fotografía sobre la prisión y el proceso del obispo brasileño:

> He visto una foto suya a orillas del Araguaia
> el día de su consagración, con su mitra
> que como sabemos es un sombrero de palma
> y su báculo, un remo del Amazonia. Y he sabido
> que espera ahora una sentencia del Tribunal Militar.
> Lo imagino, en espera, sonriente como en la foto (no
> era a la cámara sino a todo lo que estaba por venir)
>
> («Msr. Casaldáliga», p. 53)

La voz poética, como siempre identificada estrechamente con Cardenal, expresa su solidaridad con Casaldáliga, al celebrar su unidad: «Tal vez yo después estaré preso» (p. 60). El hablante evoca una serie de cosas que los dos tienen en común:

> ¿Anda por allí la Anaconda? ¿Anda
> la Kennecott?
> Allá, como aquí, el pueblo está con miedo. [...]
> He visto que usted cita mi HOMENAJE A LOS INDIOS AMERICANOS
> me sorprende que el libro viajara tan lejos hasta el alto Xingú
> donde usted, monseñor, los defiende. ¡Un mejor homenaje!
>
> (pp. 54, 56)

Se observa ya cómo el poema festeja un esfuerzo continental; y al celebrar la comunidad entre ellos (y el lector, quiera o no, al presenciar la comunicación), ya no se preocupa por convencer a un lector hostil —que no leería el poema en primer lugar. Contrariamente, presupone un acuerdo fundamental, que sólo se confirma como con un abrazo, y con una promesa mutua de victoria final entre compañeros. Así, sólo puede terminar su lectura con los tradicionales «saludos» —que también irán dirigidos al lector— que acaban la obra recordando la solidaridad espiritual y social que constituye el asunto del poema:

> Saludes a los posseieros, los peones, los seglares en la selva,
> al cacique tupurapé, las Hermanitas de Foucauld, a Chico, a Rosa.
> Le abraza
>
> *Ernesto Cardenal*
>
> (p. 61)

Aun con los bellos conceptos que contiene, consideramos la carta a Casaldáliga un tanto inferior a otras composiciones de su autor. Cardenal, dado siempre a organizaciones poéticas algo sueltas, vacila aquí entre tres motivos principales: evocaciones solidarias; escenas de sufrimiento, lucha y opresión; y pasajes transicionales. Tales pasajes de transición, que suelen relacionar los fenómenos naturales a la vida social del hombre, entran en el tejido del texto como nuevos puntos de contacto entre el poeta y el religioso brasileño. Aunque se presenta una justificación, esta estructura tripartita nos parece en parte culpable de cierta cualidad de inquietud rítmica, irregularidades y bruscos cambios en el ritmo conceptual:

> Los seglares, usted ha escrito,
> «por la selva como jaguares, como pájaros»
> He sabido el nombre de un muchacho (Chico)
> y el nombre de una muchacha (Rosa)
> La tribu se va río arriba.
> Vienen las Compañías levantando los cercos. Pasan
> por el cielo del Mato Grosso los terratenientes en sus avionetas.
> Y no lo invitan al gran churrasco con el Ministro del Interior.
> Sembrando soledad las Compañías.

(pp. 54-55)

De esta manera «Epístola a monseñor Casaldáliga» parece carecer de la necesaria unidad estructural. El tema tradicional de la justicia se evidencia, pero también lo hacen otros y en igual medida: solidaridad y apoyo moral, el papel del sacerdote en la sociedad contemporánea, y demás. En otros poemas de Cardenal, incluso los más largos y complejos, llega a predominar una sola idea o tema, que sirve para orientar el enfoque del lector y en que se centra el plan de la obra. Pero «Casaldáliga», a pesar de sus temas laudables y sus imágenes a menudo eficaces, padece de una organización excesivamente fragmentada y caótica.

Los defectos que notamos en «monseñor Casaldáliga» no comparecen en «Epístola a José Coronel Urtecho», un poema que nos parece todo un éxito en imagen, estructura y ritmo. Más fluido, más medido rítmicamente, también goza de un tema claramente identificado que le concede mayor unidad e impacto: la muerte del capitalismo. Veamos.

La larga amistad entre Cardenal y Coronel Urtecho, su antiguo mentor, brinda a este poema una intimidad que falta en la carta-en-verso a Casaldáliga, en que el hablante anda en busca de maneras de hacerse entrar en el mundo del brasileño. En «José Coronel Urtecho», no hay tales obstáculos, no se «pierde» tiempo estableciendo nexos; desde las primeras líneas se establece un tono de respetuosa familiaridad:

> Poeta:
>
> He gozado con sus «Conferencias a la Iniciativa Privada»
> (yo diría Homilías) que escribió en Granada, en la casita del lago,
> y tardó tanto escribiéndolas que pensaba —me dijo allí una vez—
> que tal vez cuando las terminara no habría iniciativa privada.

(p. 81)

Uno de los temas más importantes de «Coronel Urtecho» es la poesía misma, que se trata de una manera poco teórica, sino más bien pragmática. El hablante asevera que «el profeta puede equivocarse» (página 87), a la vez que reafirma el uso del verso en la obra de transformar la humanidad. Se rechaza llanamente cualquier visión deformada, incluso el «idealismo», que Cardenal parece concebir como una ignorancia deseada o ceguera voluntaria (ver también «Casaldáliga», página 58) [13]. En las epístolas, se poetiza el pragmatismo, aun en la poesía, cuyas cualidades peculiares la rinden más útil que la prosa —con tal, dice Cardenal, de que se conserve su valor artístico juntamente con el revolucionario («Coronel Urtecho», p. 87). Para ser «pragmático», útil socialmente, un arma eficaz, la poesía ha de reflejar fielmente su tiempo: tiene que ser también un documento:

> Y me dijo usted: «Hay que escribir esto en un poema
>   para que sepan después lo que fue Somoza.»
> (La poesía como poster
>   o como film documental
>   o como reportaje).
>
> (pp. 90-91)

Evidentemente, para Cardenal, la poesía no tiene que rebajarse al cumplir la función de «reportaje» o película. Diríamos lo siguiente: toda su poesía histórica ha sido eso precisamente.

La discusión de la poesía se halla en «José Coronel Urtecho», una composición del vigor que señala los mejores versos de Cardenal, y que aquí halla equilibrio perfecto con el rítmico fluir que tanto se destacó en *Gethsemani, Ky.*:

> Usted es un optimista empedernido, como yo, y
> al menos a corto plazo es más que yo,
> y prende la radio cada mañana para oír la noticia que cayó Somoza.
> Ahora usted va a cumplir 70 años
> y espero no caiga ahora en la tentación del pesimismo.
> La revolución no acaba en este mundo
>   me dijo usted una vez en esta isla, frente al lago
> y el comunismo se prolongará en el cielo.
>
> (p. 91)

Si «Casaldáliga» está lleno de zigzagueos rítmicos y conceptuales, «Coronel Urtecho» es una retrospección perspicaz cuya sensibilidad nueva ante el pasado ya complementa las alusiones futuristas acostumbradas. La calmada certeza que comunica el ritmo lleno de gracia, vuelve creí-

---

[13] Cardenal parece entender el «idealismo» de acuerdo al marxismo, como un enfoque tendente a oscurecer o desatender los pragmatismos sociopolíticos más apremiantes, y, por tanto, como un recurso del *status quo*. Ver G. Gutiérrez, que habla de «posiciones *idealistas* o *espiritualistas* que no son sino formas de evadir una realidad cruda y exigente» (p. 59). Pueden recordarse igualmente los comentarios de Rauschenbusch y Santayana, sobre los peligros del misticismo extremado.

bles las más atrevidas declaraciones. Así, el poema no decae ni por un momento, hasta llegar a los versos finales, llenos de esperanza:

> El FSLN viene avanzando en el norte.
> Aun en la universidad de los jesuitas hay signos de vida,
> la hierba tenaz asoma otra vez entre el concreto. [...]
> Sus conferencias serán más apreciadas sin iniciativa privada.
> Miro aquí nomás tras el cedazo el lago en calma, y pienso:
> como el lago azul refleja la atmósfera celeste
> así será en el planeta el reino de los cielos.
> Una garza comulga con una sardina.
> Saludes a la María y al río.
> Le abraza,
>
> *Ernesto Cardenal*
>
> (pp. 91-92)

En resumen, las dos epístolas sí llevan al verso de Cardenal algo nuevo. Primeramente, desde luego, se nota la forma epistolar, pero hay además una serie de alusiones a otras composiciones suyas. Se mencionan explícitamente *Salmos* y *Homenaje a los indios americanos*. También se descubren motivos y escenas de otros poemas: un verso de «Casaldáliga», por ejemplo, alude a una escena hallada tanto en *Hora 0* como en *Epigramas* («¿Es un amigo a la puerta, o el Escuadrón de la Muerte?»). El mentado epigrama sobre el presidente de Costa Rica reaparece en «Coronel Urtecho»:

> Usted se ha vuelto al río, a su finca Las Brisas [...]
> donde hace poco lo visitó un presidente sin guardaespaldas
> por supuesto no el de Nicaragua, el de Costa Rica.
>
> (pp. 86-87)

Otras muchas alusiones y referencias se hallan. Dos pasajes de *Oráculo sobre Managua* se evocan con especial vividez: la crítica de las operaciones monetarias de la Iglesia se destilan en el verso «Ha sido cerrado el Banco del Espíritu Santo» («Coronel Urtecho», p. 85), complemento informativo a la aparición inicial del tema y que vincula estrechamente su obra. El tema de la evolución y reproducción expresado en el *Oráculo* también reaparece en «Coronel Urtecho»: «la reproducción es por comunión» (p. 86). Como si este tipo de referente intertextual no se pudiera identificar fácilmente, hasta los hay entre las dos epístolas:

> Hay resurrección, si no / ¿no se librarán los que murieron antes de la revolución?

> Hay resurrección de la carne. Si no / ¿cómo puede haber revolución permanente?
>
> («Coronel Urtecho», p. 86; «Casaldáliga», p. 59)

La cantidad de estas conexiones transtextuales, que van uniendo cada vez más su obra poética al reforzar sus temas centrales, podría documentarse mucho más. Basten los ejemplos citados ya, porque pasamos a sugerir que señalan por lo menos dos cambios de cierta importancia en la producción poética de Cardenal. En primer lugar, el período de rápido desarrollo y mayor innovación se irá cerrando (observación que hiciéramos muy anteriormente a la victoria sandinista y el nombramiento a ministro de Cardenal). En segundo lugar, Cardenal ya ha construido un *corpus* que sentirá más completo y autosuficiente, cuyas verdades «caen por su peso». Escribe ahora consciente de haber producido versos que han leído miles de lectores, y a sabiendas de que lo que publica hoy también lo leerán muchos. Será de verse si estos cambios surten mayores efectos sobre los versos —y ¡qué versos!— que podrá escribir hoy, después del somocismo.

Las epístolas sólo marcan un cambio menor en técnica poética, pero podrán señalar una orientación nueva del poeta ante su verso. «Epístola a José Coronel Urtecho», en especial, refleja la confianza de un poeta que conoce su profesión (habiendo participado en su evolución), y que ahora espera «perfeccionar lo que ha encontrado»[14]. El, pues, ha cambiado, y habrá cambiado un tanto también al público que lo lee. Si es así, quizá acierta Cardenal al declarar que un cambio mundial ya va de camino.

---

[14] La frase proviene de la «Respuesta», núm. 13 («No me conformo con lo alcanzado [en mi poesía], tampoco pienso experimentar en nuevas vías. Pienso perfeccionar lo ya encontrado».)

CAPÍTULO IV

LA RENOVACION DEL PASADO

> *Los niños escolares aprenden con*
> *sus maestros; los adultos aprenden*
> *con los poetas.*
>
> ARISTÓFANES

En la primera Parte de este ensayo, se vio que si Ernesto Cardenal «siempre ha escrito poesía», también ha escrito verso de tema histórico casi desde los principios de su carrera literaria. Un recuento descubre el tema en composiciones tan tempranas como «Proclama del conquistador», «Raleigh» y otras compuestas con anticipación al contacto del poeta con Thomas Merton. Eso sí, que Merton dio nuevo ímpetu y una orientación más específica a un interés en el pasado que siempre había existido en el joven poeta nicaragüense. Como lo dice Cardenal, «Fue Merton quien en USA me despertó especial interés por lo indígena y me abrió los ojos a la riqueza espiritual de ese mundo» [1].

El verso histórico de Cardenal junta a la preocupación espiritual que Merton tenía por los indios, el uso de las bellas imágenes que tanto entusiasmaron a Darío, y que estaban tan a la mano en las culturas americanas sin dejar de ser tan exóticas, y más auténticas, que sus japonerías [2]. Sean las que fueran las inspiraciones, Cardenal no contó sólo con informaciones de segunda mano ni experiencias de biblioteca. Aparte de los estudios en antropología e historia que había hecho en México y Colombia, el poeta llevó a cabo algunos viajes a Amazonas y Estados

---

[1] «Nota», p. 15. Una porción de lo dicho en este capítulo aparecerá en otra forma en *Revista Iberoamericana.*

[2] La herencia de Darío en Cardenal puede incluir su interés por los indios americanos. En la introducción a sus *Prosas profanas,* tenemos la famosa declaración dariana: «Si hay poesía en nuestra América, ella está en las cosas viejas: en Palenke y Utatlán, en el indio legendario, y en el inca sensual y fino, y en el gran Moctezuma de la silla de oro. Lo demás es tuyo, demócrata Walt Whitman»; «Palabras liminares», *Prosas profanas* (Madrid: Espasa-Calpe, 1967), p. 11. Aunque el interés de Darío en las culturas indígenas se debía en parte a sus artes y bellezas decorativas, como lo sugiere bien esta misma cita, no era una mera pose; ver José Juan Arrom, «El oro, la pluma y la piedra preciosa: Indagaciones sobre el trasfondo indígena de la poesía de Darío», *Hispania* 50 (1967), páginas 971-81, especialmente p. 971. Se establece así un paralelo menos evidente que los otros que hemos notado entre el vate y Cardenal.

Unidos, donde conoció de cerca a los grupos que estudiaba con fascinación, y que luego incorporó a su poesía.

La colección que representa lo mejor del verso historicoindígena de Cardenal es *Homenaje a los indios americanos.* Otros poemas de tema parecido son «Reino mosco» y «Grabaciones de la pipa sagrada» (Ant. Barral) y «Los yaruros», su último poema sobre el tema. Se destaca también otro grupo de poesías que versan sobre el tema histórico, sin insistir en la herencia indoamericana: los libros *El Estrecho Dudoso* y *Canto nacional,* y poemas como «La vuelta a América», «Vásquez de Coronado» y «Omagua» (todos en la antología Barral). El presente examen del verso histórico de Cardenal se centrará inicialmente en *El Estrecho Dudoso,* y su presentación más objetiva del mundo indígena. Pasará, luego, a estudiar la visión más amplia del pasado en *Homenaje a los indios americanos,* para nosotros lo mejor del verso histórico de Cardenal.

Todo el verso histórico cardenaliano enfoca el pasado americano: las culturas maya e incaica, figuras legendarias como el cacique Lempira, conquistadores españoles como Núñez de Balboa y aventureros más contemporáneos como William Walker, para no hablar de las figuras antagónicas como Vanderbilt, Morgan y los dictadores. Los versos dedicados a estos personajes suelen iluminar momentos de crisis, verdaderamente decisivos en la formación y la transformación de los pueblos continentales. Cardenal hace uso de tales momentos porque para él, los habitantes del «nuevo mundo» todavía están cambiando, están evolucionando. La historia de la zona, pues, aún está dando los primeros pasos; como lo dice en el poema «Managua 6:30 pm», «si he de dar un testimonio sobre mi época / es éste: Fue bárbara y primitiva / pero poética» (*Marilyn Monroe,* p. 48). Y al hablar del mismo poema, Cardenal reitera, «Todavía estamos en una etapa muy primitiva de la humanidad» [3].

A causa del primitivismo que observa Cardenal —nuestra evolución empieza nada más— su verso no se limita a la «historia» como datos verificables. Si la evolución humana desde la antigüedad es tan poca cosa, hay que buscar los orígenes de los fenómenos de hoy no en formulaciones teoricistas, sino en las motivaciones más concretas que informan los fenómenos históricos. En una carta de 1956, Cardenal aludió a lo que vamos viendo ahora:

> Y aquí, al Amazonas, venimos a buscar a América, y al hombre de América, América antigua, que es para mí la América del futuro. Venimos a

---

[3] «Entrevista», p. 378. Ver también «Conversación en Solentiname», pp. 21-22, en que compara a la humanidad con una chica adolescente (la comparación es de Marx). Estas declaraciones, cuya expresión se debe más a las influencias ideológicas, encajan muy bien con los conceptos teológicos citados anteriormente, según los cuales la creación no ha terminado, sino que ahora les corresponde terminarla a los hombres. Como lo expresa R. Laurentin: «El hombre acaba la obra de creación», y «la creación como nos la ha dado la mano de Dios es rudimentaria. Es el deber de la humanidad completarla, 'labrando sus tierras'» (pp. 71 y 73).

buscar indios, mitos, sueños. Y a Dios... ¿Por qué no vamos a hablar un poco con los indios para que nos den mitos y sueños y espiritualidad y fe? Tal vez entonces tendremos algo que cantar [4].

Evidentemente, la historia científica no basta, y el poeta estimará más lo «mítico»: sueños, espiritualidad y fe. Sólo al complementar los datos demostrables con la comprensión de las concepciones más fundamentales que les subyacían, se podrá elaborar una visión de las Américas de hoy. Así, el estudio de los americanos originales representa tanto una vuelta al pasado como un paso hacia el futuro. Se revela la posibilidad de reintegrar al hombre contemporáneo con un pasado —por idealizado que quede en su verso— en el que se vivía en íntimo contacto diario con los elementos que estructuraban sus sociedades y su vida.

Si la poesía para Cardenal es descubrir un «pattern», como lo expresa en *Vida en el amor,* se sigue que la poesía debe buscar significados más allá de la mera superficie: el por qué detrás de los actos, las motivaciones y sentimientos que les daban lugar [5]. En su verso histórico, esta búsqueda —o mejor, este descubrimiento— lleva a renovar el pasado, reinterpretándolo. Acaso sea inevitable que un poeta de la historia la reinvente, especialmente cuando se está dotado de una conciencia social. Como lo expresa Walter Rauschenbusch, los cambios en la sociedad exigen tal revaloración: «el nuevo presente», escribe, «ha creado un pasado también nuevo» [6].

Cardenal renueva el pasado para poner a la sociedad de hoy en contacto más directo con un tiempo que tiene mucho que revelarnos. Para él, la historia no es una serie de fragmentos, sino una continuidad que lleva no sólo al día de hoy, sino a algo más, como lo dice el mismo Rauschenbusch: «la historia no envejece porque la humanidad sigue siendo fundamentalmente la misma» [7]. Por ende, Cardenal demuestra cómo los problemas del pasado son los mismos de hoy. En *Salmos,* por ejemplo, pone en manifiesto la opresión del pueblo judío desde los tiempos bíblicos (y antes) hasta la Segunda Guerra Mundial y después. *Homenaje a los indios americanos* aclara la evolución de las culturas americanas al reunir mito e historia. El crítico José Miguel Oviedo, hablando de «Economía de Tahuantinsuyu», ha observado la visión de presente, pasado y futuro en la poesía de Cardenal, que «logra una visión integral de nuestra historia que culmina en una utopía posible: lo que alguna vez fue puede volver a ser» [8].

---

[4] Carta fechada «Colombia, julio 10», publicada en *El Corno Emplumado,* número 19 (julio de 1966), pp. 179-80.

[5] El escritor Colin Wilson dice que «Una cosa se vuelve más 'real' cuanto más se la ve en un tejido cada vez más amplio de relaciones con otras cosas»; *Poetry and Mysticism* (San Francisco: City Lights Press, 1969), p. 50.

[6] Rauschenbusch, *Christianity and the Social Crisis,* p. 45.

[7] *Ibíd.,* p. 1.

[8] José Miguel Oviedo, «Un poema necesario», *La Prensa* (Managua), 30 de noviembre de 1969, p. 3-B.

«El Estrecho Dudoso»

El Estrecho Dudoso es la obra histórica de Cardenal que más estrictamente se limita a hechos concretos y documentados, en el curso de narrar el descubrimiento de Centroamérica y la historia de la región hasta la destrucción de León Viejo en 1609 [9]. Cardenal se sirve de muchos textos historiográficos, seleccionando los incidentes más aptos a su propósito y trocando su orden de presentación, aun cuando deja muchas citas en las mismas palabras originales sin siquiera modificarlas. La consecuencia es que muchos hechos muertos, enterrados en el polvo de las historias tradicionales y a escondidas de los ojos no especialistas en el tema, renacen con un nuevo brillo de vitalidad. Entre las muchas fuentes de Cardenal, que frecuentemente no se identifican, pueden citarse a Colón, Cortés, Bernal Díaz y la correspondencia administrativa del mismo trono español [10]. Queda visto, pues, que *El Estrecho Dudoso* yace sobre cimientos históricamente auténticos.

El *Estrecho Dudoso* recuenta la búsqueda de un tránsito por Nicaragua que juntaría el Océano Atlántico con el Pacífico. En la narración de conflictos entre indio y europeo y entre un conquistador y otro, Cardenal hace que el lector también experimente las frustraciones, ilusiones y terrores de un pueblo desarraigado con violencia de su pasado, y por tanto, de sí mismo. Lo que cuenta el poema es, en esencia, precisamente lo que se halla entre las líneas (cuando no ausente del todo) de los textos historiográficos: una vivencia personal, espiritual y cultural. Se retrata, ante todo, la relación del individuo con la reali-

[9] El momento histórico no está claramente identificado en el poema; la identificación procede de Robert Pring-Mill, «The Christian Revolutionary».

[10] La identificación de las alusiones y citas no atribuidas en el verso de Cardenal es a veces tarea difícil. En el verso histórico, puede ejemplificarse esta dificultad en el caso siguiente, en que Jorge Eduardo Arellano descubre la fuente original: el segundo poema nicaragüense del tiempo de la conquista. Dice el poema original:

> Aquellos son los caminos
> por donde íbamos a servir a los cristianos
> y aunque trabajábamos mucho,
> volvíamos al cabo de algún tiempo
> a nuestras casas
> y a nuestras mujeres e hijos;
> pero ahora vamos sin esperanza
> de nunca más volver,
> ni de verlos,
> ni de tener más vida.

Cardenal comprimió este pequeño poema en cuatro versos de *El Estrecho Dudoso,* puestos entre paréntesis pero sin atribuir: «Por aquellos caminos / íbamos a servir a León / y volvíamos. / Ahora vamos sin esperanzas / de volver»; Arellano, *Panorama de la literatura nicaragüense, época anterior a Darío (1503-1881)* (Managua: Editorial Alemana, [¿1967?]), p. 12. Nos parece que el lector que no reconoce este tipo de referente no pierde nada en la lectura del poema. Sí creemos que es éste un ejemplo más de las riquezas que yacen bajo la superficie del verso de Cardenal para el lector que quiere verlas.

dad circundante, pero vista en todos sus aspectos, y no sólo en un sentido socio-económico. Como consecuencia, *El Estrecho Dudoso* recuerda cómo se inició la pérdida de identidad en las culturas americanas tantas veces amenazadas, en el proceso formativo del mestizaje racial y cultural de hoy.

Hay que observar atentamente el uso de lo historiográfico en *El Estrecho Dudoso*. Un fragmento del poema once, que empieza «En el Estrecho Dudoso / (escribe Pedrarias a su majestad en 1525)», lo ejemplifica:

> Y Alvarado a Cortés: «... También me han dicho
> que a cinco jornadas adelante de una ciudad muy grande
> que está a veinte jornadas de aquí,
> se acaba esta tierra... si así es
> certísimo tengo que es el estrecho...»

> /La REYNA/ Nuestro governador que es o fuere
> de la probincia de Nycaragua: yo soy ynformada
> que junto a la ciudad de Granada, que es en esa tierra,
> ay una laguna de agua dulçe y sale della un Desaguadero
> que va a la mar del Norte, que es un río muy grande
> como el Guadalquivir que pasa por Sevilla
> y que desde allí se llevó el oro que tenia Monteçuma
> ...yo vos mando que luego hagays adereçar los vergantines...
> /YO LA REYNA/
>   (La Reyna era Doña Juana la Loca)
> Los navíos podían subir por el río hasta Granada
> y de la laguna de Granada sólo hay cuatro leguas
> a la mar del Sur, y se podía hacer una carretera
>   —Decía Doña Juana la Loca—

> Oh Doña Juana Doña Juana
> ¡El *Canal de Nicaragua!*

>   ymporta el descubrimiento a nuestro serbycio
>   porque por el dicho río arriba
>   puede aber nabegación para el Perú
>   y para la Espeçeria

> Oh Doña Juana Doña Juana
> ¡El Canal para la Especería!
> El Canal de Panamá—
>   ¿En eso acabaron todos los sueños
> de la Especería?

>   (pp. 86-87)

La cita pone en manifiesto la interpolación de fragmentos de otros textos históricos en la estructura poética. Es evidente que sólo se han utilizado los pasajes de la carta de la reina D.ª Juana que sean pertinentes al tema del momento. Se ponen en paráfrasis pasajes que no convenía dejar en el original, sea por motivo de ritmo, concisión o sencillamente

---

11 Pp. 86-87. Los poemas no llevan número ni título (lo cual sugiere que *El Estrecho Dudoso* ha de verse como una sola obra continua y evolutiva).

por no ser oportunos al asunto (como el que empieza «Los navíos podían subir»). Se observa por añadidura cómo, con puntos suspensivos y otros medios, se guarda fidelidad con tales textos, para evitar confusiones en cuanto a la fuente: texto histórico, o el narrador. Al mismo tiempo, el hablante proporciona las clarificaciones necesarias para que el lector poco conocedor de los casos no se confunda ni despiste (la identificación de quién era «La Reyna», por ejemplo —que también tiene su porqué estético y emotivo, claro está). El poema, con esta elaboración, se va constituyendo de dos tipos de fuente primordial, hecho que pudiera volverlo conflictivo o desigual. Sin embargo, uno de los logros más reconocibles en el poema es que el «texto» (el del hablante poético) y el «extratexto» (el que el hablante trae de origen ajeno) colaboran en lo más entrañable, en una victoria de composición y sensibilidad artísticas. Se hacen un solo texto, como si para eso hubieran sido escritos los textos no cardenalianos en primer lugar. Y hacia el final del poema, el hablante empieza a hacerse más visible, para preparar el *dénouement* temático, al exclamar «Oh Doña Juana Doña Juana / ¡El Canal de la Especería! / El Canal de Panamá». La intencionada pregunta final vuelve clarísima la vigencia actual del conflicto antiguo, y cierra el pacto comunicador entre las varias voces que hablan en el poema. La pregunta retórica, dirigida al lector más que a la «reyna», solicita la reacción y el juicio moral del lector, dentro de un marco ético patente. De esta manera el poema («creación dirigida») lleva al lector hacia una conclusión basada en su contexto y derivada de las evidencias presentadas, todo ello sin moralizar abiertamente en el texto propio.

El tema del poema once, como de la colección en general, es la desilusión —una esperanza hecha añicos por la avaricia de una política oportunista a nivel individual y colectivo. De ahí la continuidad del poema: las maniobras políticas durante el período de conquista y colonización se abren a asuntos de hoy. La referencia al canal de Panamá, por ejemplo, simboliza la forma en que muchas dificultades actuales remiten a la herencia colonial. Luego, y en escala mayor de la que se puede esbozar en estas páginas, la visión histórica de *El Estrecho Dudoso,* como la de Pablo Neruda, presenta a la historia como un fenómeno de continua vitalidad, y de apreciación indispensable en el panorama de conflictos internacionales aún sin resolver.

Murieron, pues, los «sueños de la Especería». Y, sin embargo, el poema hace recordar que la búsqueda que provocaron determinó en gran medida la naturaleza de la América Central de hoy. En su prólogo a *El Estrecho Dudoso,* José Coronel Urtecho propone una relación entre la larga busca del tránsito nicaragüense y el perdurable tema de la búsqueda en la poesía del país. Escribe:

> [Cardenal] le ha dado a esa misma búsqueda y sus aventuras, descubrimientos y fracasos y a la misteriosa esperanza colectiva que en ella alienta, su expresión poética más conforme, a mi ver, con nuestra sensibilidad actual, especialmente en el poema *El Estrecho Dudoso.*

Y Coronel concluye su introducción destacando la continuidad histórica del poema:

> Esa actitud de Joaquín Pasos y Ernesto Cardenal, abierta no sólo al mundo, sino también al infinito —que en diferentes modalidades se encontrará, como digo, en los principales poetas nicaragüenses, desde Rubén Darío— en el fondo les viene de los conquistadores. El ansia que daba origen a la conquista y el mestizaje racial y cultural de los pueblos hispanoamericanos, en Nicaragua al menos, se ha refugiado, según parece, en la poesía [12].

Cardenal hace frente a las posibilidades y límites de la historiografía volviéndola poesía. Una primera lectura de *El Estrecho Dudoso,* nos parece, deja con el lector la impresión de un descubrimiento —o mejor, redescubrimiento— de que la historia no se limita a ser una actividad academicista ni enterrada en polvo de bibliotecas. Es algo que precisamente por haberse vivido antes, sigue viviéndose hoy, tan pronto lo volvemos a tocar. Luego ésta es, en el mejor sentido, una labor didáctica de Cardenal, y una parte más de su esfuerzo por restaurar a su pueblo su identidad. Sólo en contacto permanente con el pasado se puede hacer un futuro auténtico y seguro.

«Homenaje a los indios americanos»

El Estrecho Dudoso narra con relativamente pocos intermedios su historia. Mientras que sus temas principales son universales, no dejan de ser también una narrativa regional, con alcance geográfico y cultural un tanto limitado. En contraste, *Homenaje a los indios americanos,* obra cima de la poesía histórica de Cardenal, constituye un cuadro lírico de la herencia indígena de todas las Américas. Otra diferencia entre estos dos tomos es que el *Homenaje* trata menos aún la historia verificable que *El Estrecho Dudoso,* sino que se concentra más en los elementos legendarios y míticos. Las concepciones de varias culturas autóctonas, la maya y la incaica en especial, sirven para iluminar el mundo actual a la luz de los contrastes. «Mayapán» y «Economía de Tahuantinsuyu», por ejemplo, son parábolas de dos sistemas sociales. El primero se pinta decadente y espiritualmente devastado:

> la pobreza cultural de ese régimen militar!
> Centralismo en Mayapán. Totalitarismo. Control sobre Yucatán.
> Enormes esas ruinas (alrededor, una muralla) pocos templos
> muchos palacios
> pocos jeroglíficos en Chichén
> y menos textos aún en Mayapán
> La Dictadura. Mediocre el templo de Kukulkán
> mediocres templos (copias)
> Grandes fachadas de piedra, piedra pelada

---

[12] José Coronel Urtecho, «A propósito de *El Estrecho Dudoso*» (prólogo a la edición Educa), pp. 32 y 34.

mal labrada
Las columnas una mierda
Cerámica monocroma, monótona
como al principio, como olmecas
o: como anuncios de gasolineras en una carretera de Texas

(p. 30)

Contrariamente a «Mayapán», «Economía de Tahuantinsuyu» evoca una sociedad con lo que Cardenal estima como una estructura con legítima base moral:

supieron
        vaciar laminar soldar grabar
    el oro y la plata
        el oro: el sudor del sol
                    la plata: las lágrimas de la luna
            Hilos cuentas filigranas
                        alfileres
                        pectorales
                        cascabeles
        pero no DINERO
        y porque no hubo dinero
                    no hubo prostitución ni robo
            las puertas de las casas las dejaban abiertas
    ni Corrupción Administrativa ni desfalcos
                —cada 2 años
                    daban cuenta de sus actos en el Cuzco
    porque no hubo comercio ni moneda

(pp. 38-39)

Según lo ha observado M. Audrey Aaron, los estudios y la experiencia directa de Cardenal con la América indígena, «revelaron una civilización perdida caracterizada por las cualidades que él más apreciaba: paz y libertad en la ausencia de la guerra, un intercurso social armonioso en que devoción a un sistema de valores religiosos daba orden y forma a la existencia, una sociedad en que el esfuerzo artístico se estimaba, el artista recibía apoyo y se le atribuía una función digna entre los hombres» («Contemporary *Chilam*», p. 194).

La premisa en que se funda *Homenaje a los indios americanos* es que las culturas del pasado, por poco destruidas en las conquistas militar y económica, pueden iluminar los pasos de los pueblos americanos de hoy, que se dirigen en una búsqueda y una transformación que siguen porque fueron falsificadas en sus comienzos. Si la cultura hoy es «bárbara y primitiva» puede dirigirse todavía su evolución futura. Los pueblos del *Homenaje* representan para Cardenal tanto una fuente de identidad cultural —orientación pretérita— como una vía de realizar la redención moral y social— visión del futuro.

Como consecuencia del uso del pasado para revelar el presente, encontramos en el *Homenaje* la yuxtaposición de lo antiguo con lo moderno notada antes en *Salmos:*

173

> El cormorán viene de Michigan
> > a Solentiname
> aquí le llaman pato-e-chancho
>
> Sí, como los aviones
> El avión de Nueva York sobre estas soledades [13].

Otras muchas imágenes anacrónicas se hallan en el *Homenaje:* «Y el Rey [Netzahualcóyotl] va de sala en sala vestido de blue-jeans» (p. 70); «Y aquella grandiosa confederación de tribus / pobres / harapientos, hippies / desde los Grandes Lagos hasta México» (p. 93).

La confluencia de elementos anacrónicos no es arte «pop», ni tampoco un mero juego temporal (ver Parte I, cap. 4). Al contrario: procede de la misma naturaleza sincrónica de los textos. Kenneth Burke, en un ensayo sobre la literatura como estrategias, nos presenta un concepto de «contemporaneidad» que explica muy bien lo que hace Cardenal con tales imágenes:

> El intento de tratar a la literatura desde el punto de vista de situaciones y estrategias sugiere una variante de la noción espengleriana de lo «contemporáneo». Por «contemporáneo» él entendía etapas correspondientes entre diferentes culturas. Por ejemplo, si la Nueva York moderna se asemeja mucho a la Roma decadente, nos hallamos «contemporáneos» con la Roma decadente, o con alguna ciudad correspondiente entre los mayas, etc. Es en este sentido que hay situaciones «destemporalizadas», «ahistóricas», «contemporáneas». Una situación humana dada puede nombrarse, en una época, en términos de zorros y leones, si de éstos hay; u, hoy, puede nombrarse en términos comerciales, publicitarios, de las tácticas políticas, etc. Sin embargo, bajo el cambio en los detalles específicos, frecuentemente podemos distinguir que es una sola la situación que se nombra [14].

Describir a un rey indígena de «blue-jeans» es, claro está, una forma de significar sus contactos con el pueblo común. Pero también es una manera de ligarlo simbólicamente, y desde su remota realidad temporal, a actividades y situaciones que hoy son tan vigentes como entonces. *Homenaje a los indios americanos* va diciendo con semejantes imágenes que no debe ni puede separarse una cultura de su pasado, y que el individuo aún puede integrarse a los valores tenidos por los pueblos del pasado mítico.

Homenaje a los indios americanos, así, no sólo revive el pasado. Su función principal, en cuanto obra social, es la de redimir el tiempo pre-

---

[13] *Homenaje,* p. 49. La imagen del avión que pasa sobre un área primitiva ocurre en otros poemas también: «y el avión de la Pan American sobre la pirámide» («Las ciudades perdidas», p. 17); «volar otra vez a Tikal / en avión. Pasar sobre aquella ciudad Flores / la que está en medio del lago» («Mayapán», p. 29).

[14] Kenneth Burke, «Literature as Equipment for Living», en *The Philosophy of Literary Form,* 3.ª ed. (Berkeley: University of California Press, 1973), pp. 301-2. T. S. Eliot decía que la poesía debe reunir los tiempos diversos también: el poeta debe escribir «no solamente sintiendo en sus huesos a su propia generación, sino sintiendo que toda la literatura europea desde Homero, y con ella la totalidad de su literatura nacional, tiene una existencia simultánea y constituye un orden simultáneo»; citado en Gordon Brotherston, *Latin American Poetry* (Cambridge: Cambridge University Press, 1975), p. 169.

sente espiritualmente inválido. Insiste que el problema de la modernidad es el aislamiento cultural y espiritual, bajo una tecnología desalmada y una estructura social fundada en una ética ilegítima (o aun inexistente). Al narrar las creencias y la fe de las razas indígenas, Cardenal las ofrece a su prójimo.

Así, *Homenaje a los indios americanos* se hace mucho más que una mera historia sociopolítica ni un mero tratado de economía. La coherencia de las culturas retratadas nos recuerda que había una vez una humanidad —y en nuestro continente— que vivía en intimidad con sus mitos, que le daban una posición segura e identificable en el universo. Las culturas precolombinas, nos va diciendo Cardenal, no sufrían crisis de identidad; ella ya era parte interior de sus estructuras religiosas y sociales.

El profesor Jakob Burckhardt, en su *Reflections on History,* propone que la historia es «la ruptura con la naturaleza causada por el despertar de la conciencia» [15]. Veremos a continuación que en la poesía sociopolítica de Cardenal, el mito se usa para complementar la historia cuya presencia ya queda demostrada. Si Burckhardt acierta, la reunión de mito, leyenda e historia en el verso de Cardenal es un intento de salvar esa misma ruptura. La coexistencia de historia y mito en la poesía del nicaragüense quiere decir que no son versiones conflictivas de la realidad, sino complementarias. Al hallar en el pasado ejemplos para hoy día, *Homenaje* conjura la voz profética de *Salmos,* porque la concepción del pasado que hallamos en la poesía cardenaliana es intrínsecamente profética [16].

Para Cardenal, el nexo entre historia y profecía es claro, y en «Mayapán» hasta escribe que «historia y profecía son lo mismo» (*Homenaje,* página 35). Lo que las reúne en su poesía, así como lo hacía para los profetas hebreos, es la perspectiva profética, la visión de la actividad humana como algo con significaciones plenamente metafísicas. Cardenal, hablando en Chile, dijo que

> las obras que él consideraba más revolucionarias y de avanzada eran las que había escrito sobre el pasado americano. Las consideraba así porque se basaba en su creencia personal de que en el pasado estaba escrito el futuro, y que su interés en la historia se fundaba sólo en lo que ésta encierra de profético. (Claro, «Imagen», p. 240)

[15] Jakob Burckhardt, *Reflections on History* (Londres: George Allen and Unwin, 1959), p. 31.
[16] La conversión de historia en profecía no es cosa nueva con Cardenal, desde luego. Como lo hace notar Rauschenbusch con respecto a los hebreos, «Los profetas eran hombres públicos que se interesaban por la política. Algunos de ellos eran estadistas de la más alta categoría. Todos ellos interpretaban la historia pasada, formaban la historia presente, y predecían la historia del futuro» (*Christianity and the Social Crisis,* p. 10). Tradicionalmente, los profetas han tenido una función de historiador, entre las demás. Según Laurentin, «el profeta es el que percibe el sentido de la historia dentro de una perspectiva de salvación; o, mejor, el que comprende la situación histórica de la salvación» (pp. 184-5).

Tal perspectiva sobre la historia infunde todo el *Homenaje*. Y el mito, como parte tan inseparable del universo amerindio, es un aspecto necesario de esta compleja visión. Si en Cardenal, mito es el necesario complemento de historia, se debe en parte a que expresa más, va más allá. Además, la historia incluye incidentes casuales y pasajeros, arbitrarios y por lo mismo sin nada que decirnos, tanto como sucesos de efecto más duradero. Mito, en cambio, se hace sentir en todo momento, porque define al hombre y es fuente de unión cultural. Geoffrey Hartman dice al respecto que «los mitos son modelos que producen la cohesión social»[17]. Y sugerimos que al servir a la cohesión social, contribuyen a la vez a fijar las bases morales de esa misma sociedad: el mito «protege e impone la moralidad» según Bronislaw Malinowski (Eliade, p. 20). No pudiera ser más adecuada la unión de historia y mito para hacer un retrato totalizador de las Américas indígenas.

Si Cardenal incorpora estructuras y elementos míticos en su verso, en vez de hacerlo en prosa (como lo ha hecho Miguel Angel Asturias, entre otros), tal vez se deba a que para el poeta nicaragüense, así como para Octavio Paz, «el poema es vía de acceso al tiempo puro, inmersión en las aguas originales de la existencia». Paz, como es sabido, concibe una interrelación innegable entre lenguaje poético y el mito, y por tanto cita con aprobación a J. G. von Herder: «Parece indudable que desde el principio el lenguaje y el mito permanecen en una inseparable correlación». Y si es cierto que «lenguaje y mito son vastas metáforas de la realidad», como lo expresa Paz, una poesía como la de Cardenal —que renueva lenguaje y mito en un solo esfuerzo unificador— tiene bases conceptuales bastante sólidas[18]. La poesía bien podrá ser la forma más propicia de desplazarse hacia el pasado, conjurando así un tiempo único, según lo ha descrito Northrop Frye:

> La literatura nace, como lo he querido sugerir, en ese período social sin diferenciaciones en que la cultura es principalmente oral, en el que historia, filosofía, religión y política se unen todas en un solo complejo místico, que el poeta ante todos se responsabiliza de recordar, ordenar y transmitir[19].

La observación de Frye, que viene muy al caso cardenaliano, aclara la importancia y la naturaleza revolucionaria de un libro como *Homenaje a los indios americanos*. Por medio de su re-creación del «complejo místico» del pasado, Cardenal sumerge al lector en las «aguas origina-

---

[17] «Structuralism: The Anglo-American Adventure», en Jacques Ehrmann, ed., *Structuralism* (Garden City, New York: Doubleday, 1970), p. 143. Ver también Eliade, pp. 2 y 4. Dice Merton «no puede haber orden social sin santos, místicos y profetas» («Mysticism in the Nuclear Age», *Reader*, p. 375).

[18] Paz, *El arco y la lira*, pp. 20 y 24.

[19] Northrop Frye, «The Social Context of Literary Criticism», in *The Sociology of Literature and Drama*, Elizabeth Burns y Tom Burns, eds. (Middlesex, Inglaterra: Penguin, 1973), p. 154. Según Martin Heidegger, «el lenguaje auténtico, que no ha agotado su fuerza mágica, es poesía», y «la labor del poeta es la de hacernos ver de nuevo la luminosa posibilidad de un mundo de verdad»; *Poetry, Language, Thought* (Nueva York: Harper & Row, 1975), p. 97.

les de la existencia» de Paz, o en *illo tempore* de Eliade, uniendo hoy y ayer en un contexto donde sólo mito y poesía son capaces de transmitirlo todo. La declaración mítica, absoluta e inapelable, se vuelve la palabra poética, igualmente autorizada.

Los comentarios con que hemos precedido esta breve discusión de *Homenaje a los indios americanos* se pueden demostrar en muchos poemas. Al ir ejemplificando y concretizando estas generalidades, nos basaremos en varios de ellos, sobre «8 Ahau».

En «8 Ahau» se distinguen dos movimientos principales. El primero contiene los tiempos verbales sobre todo en presente: «Palabras falsas han llovido sobre nosotros», «Sí, hemos tenido un ataque de palabras», «nos gobiernan los coyotes / ahora los lagartos están mandando» [20]. Se describe una actualidad de opresión social, en que la corrupción del lenguaje (el «ataque de palabras») es síntoma de un profundo malestar subyacente. La relación entre política y espiritualidad que se delata en varios poemas del *Homenaje,* entre los que figura «8 Ahau», se describe con más concisión en un poema de temática parecida, «Mayapán», que también precede «8 Ahau»:

> *«Yo era un niño tierno*
> *en Chichén*
> *cuando el hombre malvado*
> *el amo del ejército*
> *vino a arrebatar la tierra*
> *¡Oh! En Chichén Itzá*
> *nació el ateísmo.»*
>
> (pp. 30-31; subrayado del poeta)

«8 Ahau» hace presentes la tiranía y el desorden social, retratándolos también como productos anómalos del espíritu; ahí, «el pan de la vida / nos ha sido reducido a la mitad» y los «zopilotes de la muerte» vuelan en alto.

La sección inicial de «8 Ahau», se ve, se limita a evocar incidentes más o menos concretos, aunque se cuentan en un lenguaje simbólico. Sin embargo, los verbos en presente y el tono melancólico y personalista hacen ver que estas mismas circunstancias fundamentales pueden presentarse en cualquier tiempo y lugar. Por eso el lenguaje simbólico, para subrayar esta universalidad. Así, el poeta pasa de ser un historiador objetivo a ser también un intérprete de las causas más primordiales: es decir, llega a ser un profeta. El poeta-profeta, según el concepto de contemporaneidad visto antes, compara tiempos históricos afines, fundiéndolos con frecuencia. En «Las ciudades perdidas» el poeta escribe, «Ahora son reales los animales / que estaban estilizados en los frescos» (p. 15). En «8 Ahau» la misma fusión hace real y no metáfora un tiempo en que un gobierno «del tiburón Xooc» y «de la serpiente Hapai-Can» puede

---

[20] *Homenaje,* pp. 58-59. Como el poema es breve, se omitirán las llamadas a la página específica.

existir. El poema-mito constituye un tiempo único, fuera del tiempo, y de todos los tiempos.

El hablante poético de «8 Ahau», evidentemente, participa de unas cualidades desacostumbradas. Es historiador, poeta y profeta a la vez. Scholes y Kellogg han propuesto el término *histor* para un narrador algo semejante en la novela: es el que reúne el mundo concreto y el mítico, para poder comunicarlo todo [21]. El verso histórico-mítico de Cardenal, «narrado» por una especie de *histor,* constituye una historia que sin dejar de serlo, trasciende los límites de la historiografía y el análisis sociológico por igual.

Mito e historia, luego, colaboran en el primer movimiento de «8 Ahau». Su reunión hace mucho para iluminar el contenido narrativo y, aunque no lo parezca de inmediato, va preparando un escape de los problemas que retrata. El segundo movimiento presenta este escape o progreso.

La segunda parte de «8 Ahau» deja atrás los verbos en presente y se abre más bien con un tiempo ambiguo: el presente de subjuntivo, que habla igualmente del futuro y del presente: «Cuando *venga* el cambio de poder». Este verso transicional termina enfocando francamente el futuro: «Grandes *serán* sus jícaras, ... entonces el katún *será* establecido». La visión del narrador acerca cada vez más el historiador y el profeta. Por otra parte, el lenguaje se hace aún más impreciso que antes: «el tiempo de la cosecha de la miel», por ejemplo, no parece referirse siquiera a un tiempo medido en términos humanos, sino a un ciclo natural cuya hora de cumplimiento no pudiera ser más inexacta. Lo mismo puede decirse de este verso: «Mirad la luna, los árboles de la selva / para saber cuándo habrá un cambio de poder». El poema, que empezaba en un tiempo mítico, se ha traspasado al tiempo profético. El poeta-profeta declara que «escribimos en el libro para los años futuros» porque la profecía es una mitología del futuro. Y la poesía tal vez sea la mejor manera (y aun quizá la única) de expresar las dos cosas plenamente.

«8 Ahau» promete la reintegración con los valores de los indios americanos (los mayas), representada por «el katún del Arbol de la Vida» (obsérvese la alusión al tiempo cíclico de los mayas). Cardenal ha hallado semejante ejemplo entre los incas, poetizado en «Economía de Tahuantinsuyu»:

> Un Imperio de *ayllus*
>   *ayllus* de familias trabajadoras
> animales vegetales minerales
>   también divididos en *ayllus*
> el universo entero todo un gran *ayllu*
> (y hoy en vez del *ayllu:* los latifundios)
> No se podía enajenar la tierra
> *Llacta mama* (la tierra) era de todos
>   Madre de todos [22].

---

[21] Robert Scholes y Robert Kellogg, *The Nature of Narrative* (Nueva York: Oxford University Press, 1966), p. 270.

[22] *Homenaje,* p. 43. El *ayllu* era la unidad básica en el sistema de propiedad comunal de los incas.

En *Homenaje a los indios americanos* y en otros lugares, Cardenal pinta el tiempo como una serie de ciclos repetitivos, tal como lo concebían los mayas. También confronta este concepto con la idea cristiana de la resurrección y renacimiento, así como los describe en «Coplas a la muerte de Merton», los poemas de *Gethsemani, Ky.,* y los recientes «Los chayules» y «En el lago». Para ambas visiones del tiempo, el pasado sirve de modelo o plataforma de despegue para el futuro, y en mayor o menor grado lo tiende a determinar. Dentro del concepto cíclico, la idea de evolucionar hacia una condición anterior más perfecta no es incongrua con los conceptos cristianos. El renacimiento y la resurrección cristianos, en vez de ser conceptos puramente futuristas, para otro mundo, se vuelven sucesos ya realizados en concreto, en el pasado: se renace no hoy sino ayer. «8 Ahau» se da fin preguntando qué se puede dejar al morir, al integrarse con el mito eterno: «¿Qué clase de estela labraremos?» Y el poeta-profeta señala «el camino que hemos de seguir»: «mi deber es ser intérprete / vuestro deber (y el mío) / es nacer de nuevo». En última instancia, y dentro de los conceptos del poema, el renacimiento futuro se asegura en sus realizaciones anteriores; como lo decía J. M. Oviedo, lo que alguna vez fue puede volver a ser. Y puede ejemplificarse perfectamente en el tiempo sin tiempo del poema-mito.

Recapitulemos. «8 Ahau» evoluciona, pasando de la historia a la profecía por medio del mito, punto de reunión común. La misma estructura se observa en otros poemas del *Homenaje.* En «Cantares mexicanos (I)», la profecía comparece como parte integral del poema, con la diferencia mínima de que en este caso, las profecías ya se han realizado en el tiempo del lector. El proceso, no obstante, es el mismo de «8 Ahau»: se integran mito, historia y profecía, para alcanzar la mayor perspectiva posible sobre la vida y la acción humanas.

«Cantares mexicanos (I)» se inicia relatando algunos mitos mexicanos:

> El universo es un juego de pelota
> en él jugamos con dos pelotas: el Sol y la Luna
> contra los poderes infernales
> y no sabemos quién ganará (el que pierda morirá)
> Y ved el signo del Sol en el centro del Calendario
>   —el signo del Sol está en el centro—
> por la mañana es *Tonatiuh* («el Aguila que asciende»)
> porque es como un águila que sube al nopal por la mañana
> estrujando las rojas tunas de los corazones humanos
> y es *Cuauhtemoc* a la tarde
>   («el Aguila que baja»)
> La pelota de caucho sube y baja, y va y viene
> y los hombres debemos jugar con esta pelota.
> La muerte y la vida: la tinta negra y roja
> la doble tinta con que pintan sus códices los poetas [23].

---

[23] *Ibíd.,* pp. 18-19. El título «Cantares mexicanos» proviene de un manuscrito de literatura indígena del siglo XVI. El original se encuentra en la biblioteca de la Universidad Nacional Autónoma de México, y varias traducciones y edi-

Paralelamente con «8 Ahau», «Cantares mexicanos (I)» pasa a la profecía:

> El lago de Texcoco y de Tenochtitlán
> («el lago de la Luna») [...]
> se secará también un día como se secan las flores.
> El lago de Texcoco y de Tenochtitlán («el lago de la Luna»)
> será como un sueño que tuvimos una noche de luna.
> Y que en el día se evapora.
> Y en su lugar se levantarán polvaredas.
>
> (p. 19)

Esta especie de enunciado, que se refiere a sucesos posteriores al momento narrado, pero con anterioridad a su expresión poética o lectura, son más que la mera «anticipación» que bien señala Elías en *El Estrecho Dudoso*[24]. Dotados de significados y contextos mitológicos, y por ende de una causalidad —y ante todo con su ineludible referente al día de hoy— confirman históricamente lo que pasó antes y previenen lo que podrá pasar mañana, en función oracular.

«8 Ahau» y «Cantares mexicanos (I)» pertenecen a un pequeño ciclo de verso que se sirve de la historia como punto de partida, que pronto se deja atrás. Otro poema parecido en el uso de esta técnica es el mejor conocido «Las ciudades perdidas», en donde ocurre la frase citada antes: «¿Pero volverán algún día los pasados katunes?» (p. 17). La respuesta se ha dado precisamente en «8 Ahau»: sí volverán. Los mayas creían que el tiempo y la vida se repetían eternamente; la enseñanza cristiana de la vida eterna descubre la misma esperanza entre los pueblos originales del continente[25].

«Ardilla de los tunes de un katún» y «Mayapán», ambos del *Homenaje,* también forman parte del verso miticohistórico de Cardenal. «Mayapán» predice la caída de la ciudad amurallada de Mayapán, en el mismo ciclo temporal de nuestro poema modelo: 8 Ahau. Dice, «Se repiten los katunes / katunes pasados son los del futuro» (p. 35). Si «historia y profecía son lo mismo», a causa del concepto cíclico del tiempo, el fu-

---

ciones se han hecho (y existían cuando Cardenal hacía sus investigaciones en México).

[24] Pp. 169, 206-7.

[25] Los comentarios sobre el tiempo que hace Octavio Paz suscitan un conflicto entre el tiempo lineal y el cíclico o circular. Para él, ya que el cristianismo acepta un tiempo lineal, puede concebir tanto el «progreso», en su sentido moderno, como la revolución; los tiempos cíclicos en cambio no permiten tales ideas. Ver *Los hijos del limo*, pp. 20-24, 2, y especialmente 35 y 44, y *Corriente alterna*, pp. 147-52. Sin embargo, acaso la coexistencia de los dos conceptos temporales en los poemas de Cardenal sea menos un conflicto que una reconciliación. Para Mircea Eliade, el cristianismo reúne los dos tiempos, mediante su aceptación de la historicidad (la persona de Jesús) y la liturgia (tiempo repetitivo) a la vez: «Sin embargo, aunque el tiempo de la liturgia es un tiempo circular, el cristianismo, como fiel heredero del judaísmo, acepta el tiempo lineal de la historia: el mundo se creó una sola vez y se acabará solamente una vez; la Encarnación fue una sola vez, en el tiempo histórico, y habrá un solo Juicio»; *Myth and Reality,* p. 160.

turo está en el pasado: «pasado presente y futuro son lo mismo» (p. 34); se busca «el futuro también / hacia atrás, en la eternidad» (p. 33) [26].

La fusión de pasado, presente y futuro corresponde a las múltiples etapas y facetas de la carrera del propio Cardenal —sacerdote, poeta, etc. En efecto, un verso de «Ardilla de los tunes de un katún» aludirá a sus aspiraciones: «Chilán Poeta Sacerdote hacé saber / que ya llegó la primera luna llena del katún» (p. 51). La frase hace eco perfecto de la frase «hora 0». Ambas obras dicen que está a la mano el momento del cambio y la plenitud; pero *Homenaje a los indios americanos,* en que el camino al menos se vislumbra, vuelve más creíbles sus esperanzas. Cardenal ya hace uso eficaz, variado y original de los poderes únicos de la palabra poética para dar voz a su profética visión de la realidad, visión que sólo puede expresarse plenamente con la poesía.

*

Las obras poéticas de Ernesto Cardenal son notoriamente difíciles de clasificar. *Homenaje a los indios americanos* lo es también, y acaso más que otras obras, porque expresa casi todos los temas y emplea casi todas las técnicas importantes de su autor. Es una colección política y económica, religiosa y mítica, rebelde y amorosa, iracunda y compasiva —y siempre apasionada. Ante todo, tal vez, sirve para despertar al lector, para presentarle algo de la visión del poeta-profeta. Y aunque la labor no logre más que una pequeña parte de ello, ya da un paso en la creación del futuro anhelado [27].

El teólogo Harvey Cox ofrece una observación que nos parece dar voz a lo que Cardenal ha hecho en su poesía sociohistórica:

> Crónicas bien ordenadas y planificaciones sobrias, en sí, no nos mantienen sensibles al tiempo. Recordamos el pasado no sólo al escribirlo, sino al vivirlo de nuevo, experimentando otra vez los miedos y los placeres que nos presenta. Esperamos el futuro no sólo al prepararnos para su llegada, sino al conjurarlo y crearlo [28].

---

[26] Heidegger cita al poeta Rilke, quien escribió: «Aunque con rapidez el mundo se convierte como disturbios en la forma de las nubes, toda cosa perfecta vuelve a lo primordial» (p. 97). Carlos Fuentes es otro escritor latinoamericano que concuerda en la visión del pasado indígena como respuesta parcial a lo menos, sin duda influido por Paz: halla en las culturas indígenas «muchas claves para disolver las neurosis modernas», y dice, «Revolución: restaurar el pasado original.» Ver su *Tiempo mexicano* (México: Joaquín Mortiz, 1971), pp. 37 y 15 (los artículos «Kierkegaard en la Zona Rosa» y «De Quetzalcóatl a Pepsicóatl» son útiles en general en su enfoque de este tema).

[27] Para el crítico Harry Levin, «La literatura no es sólo el efecto de causas sociales; también es la causa de efectos sociales» (en *Sociology of Literature and Drama,* p. 62; de un artículo de 1945).

[28] Cox, p. 13. La literatura de Cardenal, según esta declaración, nos hace revivir el pasado y nos prepara para el futuro. Las «crónicas bien ordenadas» se referirán a las historias secas y excesivamente limitadas, ultracientíficas y muertas por lo mismo. Cox, evidentemente, combate esa visión de la historia, que hasta llega a negar la capacidad de la literatura para decir la verdad. Un ejemplo de esta última actitud nos parece esta cita de Edward Hallet Carr: «Se puede, si se

Cardenal lo poetiza para crearlo, exactamente: el futuro de la humanidad nueva. Si sus profecías valen, nacerá este hombre nuevo precisamente en el «Mundo Nuevo». Su poesía, como el de los profetas hebreos, aun cuando trata el pasado y el presente, siempre tiene como su tema primordial la esperanza de un futuro en que la justicia al fin podrá existir.

quiere, convertir [la historia] en literatura —una colección de relatos y leyendas sobre el pasado, sin sentido ni significancia («without meaning or significance»)»; *What is History* (Nueva York: Random House, 1961), p. 176.

La última publicación en libro de Cardenal es su *Antología de poesía primitiva* (Madrid: Alianza, 1979), traducciones que vino trabajando durante muchos años y que remite a la *Antología de la poesía norteamericana* (1963) y *Literatura indígena americana* (del mismo año) y otras traducciones, y los artículos indigenistas de 1963-1967.

BIBLIOGRAFIAS

Se presentan dos bibliografías. La segunda ofrece una lista de las obras citadas en este estudio que no versan directa ni principalmente sobre la obra y figura de Ernesto Cardenal. La primera busca ser la más completa bibliografía hasta la fecha de obras escritas por Cardenal o en torno a sus labores poéticas, dentro de las siguientes limitaciones. La lista no incluye: 1) reseñas, con unas pocas excepciones; 2) otras notas pequeñas, como breves menciones en estudios que sólo tocan a Cardenal de pasada; 3) poemas sueltos, es decir, los que no se publicaron como parte de una colección, sea en original o en traducción. Para estas últimas informaciones remitimos al lector a dos compilaciones: JANET L. SMITH, *An Annotated Bibliography of and about Ernesto Cardenal* (Center for Latin American Studies, Arizona State University, Special Studies, núm. 21, 1979); y HENSLEY C. WOODBRIDGE, «Bibliografía de la literatura nicaragüense traducida al inglés», en *Boletín Nicaragüense de Bibliografía y Documentación* (Managua, Banco Central de Nicaragua), núms. 8, 15 y 25 (1978), en *separata*. El importante trabajo de Smith alista los títulos de los poemas en cada colección, con lo cual se puede encontrar con relativa facilidad dónde se han publicado muchos poemas. Smith también incluye muchos poemas sueltos en original y traducción. La tarea de hacer una suma de la obra de Cardenal, aun con lo que se ha hecho, dista mucho de completarse (el mismo Cardenal frecuentemente no lleva un control cuidadoso de sus publicaciones). Nos sospechamos que vienen pronto dos momentos claves: la publicación de la segunda edición de *Poemas reunidos,* y del libro prometido de Robert Pring-Mill, trabajos en los cuales Cardenal ha brindado su colaboración detallada.

Nuestra bibliografía de Cardenal se subdivide en dos partes. La primera presenta las obras escritas por él, y la segunda indica las que se han escrito sobre él y su producción literaria. En el caso de unos pocos materiales que nos proporcionó el padre Cardenal, que no hemos podido verificar en otra parte por no tener informaciones completas del poeta, los datos están incompletos. Las ediciones por las que citamos en este libro llevan asterisco (*). Una (s) al final avisa que el elemento en cuestión fue recogido no por nosotros, sino por Smith, tanto para indicar que no lo hemos verificado otra vez nosotros, como para reconocer la mucha labor y generosidad de la bibliógrafa. Nos parece que esta colaboración permite que la compilación presente acuse menos sus defectos, y que se pueda presentar la bibliografía más completa y útil a nuestro alcance, y de mayor servicio al estudioso de Cardenal.

BIBLIOGRAFIA DE ERNESTO CARDENAL

I. PUBLICACIONES DE ERNESTO CARDENAL

OBRAS PRINCIPALES

Canto nacional
1. Con un prólogo de Ricardo Morales Avilés. [¿Managua?:] Colección COUN, núm. 6, 1972.
2. Caracas: Ediciones Bárbara, núm. 19, 1973.
*3. Buenos Aires: Ediciones Carlos Lohlé, 1973 y 1977.
4. México: Siglo Veintiuno Editores, 1973. (s)

En Cuba
1. La Habana: Casa de las Américas, 1970.
*2. Buenos Aires: Ediciones Carlos Lohlé, 1972.

Epigramas
1. Con un prólogo [de Ernesto Mejía Sánchez]. México: UNAM, 1961.
*2. Con un prólogo de Jorge Eduardo Arellano. Buenos Aires: Ediciones Carlos Lohlé, 1972.
3. Barcelona: Tusquets, 1978.

El Estrecho Dudoso (con un prólogo de José Coronel Urtecho)
1. Madrid: Ediciones Cultura Hispánica, 1966.
*2. San José de Costa Rica: Educa, Colección Séptimo Día, 1971.
3. Buenos Aires: Ediciones Carlos Lohlé, 1972.
4. Madrid: Editorial Visor, 1980.

El Evangelio en Solentiname (primer tomo)
1. Salamanca: Ediciones Sígueme, Colección Pedal, 1975.
*2. Con un prólogo de Antidio Cabal. Caracas: Signo Contemporáneo, 1976.

El Evangelio en Solentiname (segundo tomo)
*Salamanca: Ediciones Sígueme, Colección Pedal, 1977.

Gethsemani, Ky.
1. México: Ediciones Ecuador, 1960.
2. México: Ediciones UNAM, 1961.
*3. Medellín: Ediciones La Tertulia, [1965].

Homenaje a los indios americanos
1. León, Nicaragua: Editorial Universitaria, 1969.
2. Con un prólogo de José Miguel Oviedo. Santiago de Chile: Editorial Universitaria de Chile, 1970.
*3. Buenos Aires: Ediciones Carlos Lohlé, Cuadernos Latinoamericanos, 1972.
4. Barcelona: Editorial Laia, 1979.

Hora 0
1. *Revista Mexicana de Literatura*, enero-abril 1957 y abril-junio 1959; también 1960, en un sólo número.
*2. Montevideo: Aquí, Poesía, 1966.
3. En *Poesía revolucionaria nicaragüense*. México: Ediciones Patria y Libertad, 1968. [tomo de publicación anónima, editado por Ernesto Cardenal y Ernesto Mejía Sánchez]
4. En *La hora 0 y otros poemas*. Barcelona: El Bardo, 1971. [ya aparece en varias de las otras antologías de Cardenal]

Oración por Marilyn Monroe y otros poemas
1. Medellín: Editorial La Tertulia, 1965.
2. Santiago de Chile: Editorial Universitaria, 1971. [con disco fonográfico]
*3. Lima: Instituto Nacional de Cultura, 1972.

Oráculo sobre Managua
1. Managua: Editorial José Martí, [1973].
*2. Buenos Aires: Editorial Carlos Lohlé, 1973.

Salmos
1. Con un prólogo de Jorge Montoya Toro. Medellín: Ediciones Universidad de Antioquia (Revista de la Universidad de Antioquia), 1964.
2. Avila, España: Institución Gran Duque de Alba, 1967.
*3. Buenos Aires: Ediciones Carlos Lohlé, Cuadernos Latinoamericanos, 1969.

La santidad de la revolución
Salamanca: Ediciones Sígueme, Colección Pedal, 1976. [contiene una entrevista, una reimpresión de «Un marxismo con San Juan de la Cruz» y tres poemas: «Condensaciones y visión de San José de Costa Rica», «Epístola a monseñor Casaldáliga» y «Epístola a José Coronel Urtecho»]

Vida en el amor
Buenos Aires: Ediciones Carlos Lohlé, 1970.

ANTOLOGÍAS (en orden de su publicación)

Antología. Santiago de Chile: Editora Santiago, 1967.
Poemas de Ernesto Cardenal. La Habana: Casa de las Américas, Colección La Honda, 1967.
Antología. San José de Costa Rica: Universidad de Costa Rica, 1971.
Antología. Con un prólogo de Pablo Antonio Cuadra. Buenos Aires: Ediciones Carlos Lohlé, Cuadernos Latinoamericanos, 1971.
La hora 0 y otros poemas. Barcelona: El Bardo, 1971.
Poemas. Barcelona: Editorial Llibres de Sinera, Colección Ocnos, 1971.
Antología. Con una introducción de Mario Benedetti. San José de Costa Rica: Educa, 1972.
Poemas reunidos, 1949-1969. Caracas: Universidad de Carabobo, 1972.
Poemas. Caracas: Universidad Simón Bolívar, 1973.
Poesía escogida. Barcelona: Barral Editores, Colección Insulae Poetarum, 1975.
Antología. Barcelona: Editorial Laia, 1978.
Canto a un país que nace. Puebla: Editorial de la Universidad Autónoma de Puebla, 1978.
Nueva antología poética. México: Siglo Veintiuno Editores, Serie La Creación Literaria, 1978.
Poesía de uso (antología 1949-1978). México: El Cid, 1979.
Poesía y revolución: antología poética. México: Editorial Edicol, 1979.
Poemas. [sin informaciones; lleva poemas de Ernesto Cardenal y Horacio Peña]

ANTOLOGÍAS EN TRADUCCIÓN

Anthologie poétique. Traducción de A.-M. Métalié y Gérard Bessière. París: Les Editions du Cerf, Colección Terres de Dieu, 1974.
Apocalypse and Other Poems. Traducción de Robert Pring-Mill. Nueva York: New Directions, 1977.
Dalla rivoluzione alla contemplazione politica. Traducción de Miara Montonzi y Filippo Gertiloni Silveri. Assissi, Italia: Citadella Editrice, 1974.
Marilyn Monroe and Other Poems. Traducción de Robert Pring-Mill. Londres: Search Press, 1975. [poemas varios, no todos de *Marilyn Monroe*]
Zero Hour and Other Documentary Poems. Selección y edición de Donald D. Walsh. Nueva York: New Directions, 1980.

OBRAS EN TRADUCCIÓN

En Cuba
A Cuba. Traducción de Filippo Gertiloni Silveri, con una introducción de Vicenzo D'Agertino. Assissi, Italia: Citadella Editrice, 1975.
In Cuba. Traducción de Donald D. Walsh. Nueva York: New Directions, 1974.
In Kuba. Bericht con einer Reise. Hamburgo: Sieberstern Tascherburg, 1972.
In Kuba. Wuppertal: Peter Hammer, 1972.

El Evangelio en Solentiname (primer tomo)
The Gospel in Solentiname. Traducción de Donald D. Walsh. Maryknoll, New York: Orbis Books, 1979.

Homenaje a los indios americanos
Fun die Indianer Amerika. Wuppertal: Peter Hammer, 1973.
Homage to the American Indians. Traducción de Monique Altschul y Carlos Altschul. Baltimore: Johns Hopkins Press, 1974.

Hora 0
«From *La hora 0*». Traducción de Donald D. Walsh. *Chicago Review,* 27 (otoño de 1975), pp. 116-125.

Nulltimer. Wuppertal: Peter Hammer, 1974.
«Zero Hour». Traducción de Donald Gardner. *El Corno Emplumado,* núm. 25 (enero 1968), pp. 1-68 y 116-130.

Oración por Marilyn Monroe y otros poemas
    Gebet für Marilyn Monroe und andere Gedichte. Hamburgo: Sieberstern Tascherburg, 1972.
    Gebet für Marilyn Monroe und andere Gedichte. Con una nota de Kurt Martí. Wuppertal: Peter Hammer, 1972.

Oráculo sobre Managua
    «From *Oráculo sobre Managua*». Traducción de Donald D. Walsh. *Review,* invierno de 1973, pp. 49-61.
    Orakel über Managua. Wuppertal: Peter Hammer, 1974.

Salmos
    Das Buch von der Liebe: Lateinamerikaanische Psalmen. Hamburgo: Sieberstern Tascherburg, 1972.
    Das Buch von der Liebe. Traducción de Anneliese Schwarzer de Ruiz. Wuppertal: Peter Hammer, 1971.
    En Bok om Kärleken. Wuppertal: Peter Hammer, 1971.
    Cri: Psaumes politiques. París: Editions du Cerf, 1974.
    Grido: Salmi degli oppressi. Assissi, Italia: Citadella Editrice, 1975.
    Protest Achter Prikkeldraad: Moderne Zuidamerikaans Psalmen. Traducción de J. J. Buske. Amsterdam: W. ter Have, 1968.
    Psalms of Struggle and Liberation. Traducción de Amile G. McAnany. Nueva York: Herder and Herder, 1971.
    Psalms. Nueva York: Crossroads, 1981.
    Salms: Clamor d'America. Barcelona: Ediciones Claret, 1973.
    Zershneide deis Stacheldraht. Traducción de Stefan Baciu. [sin informaciones]

Vida en el amor
    Amour, secret du monde. París: Editiones du Cerf, 1972.
    Canto All'Amore. Traducción de Miranda Montossi. Assissi, Italia: Citadella Editrice, 1974.
    Love. Traducción de L. Livingstone. Londres: Search Press, 1974.
    Love. Nueva York: Crossroads, 1981.
    To Live is to Love. Traducción de Kurt Reinhardt. Nueva York: Herder and Herder, 1972; y Garden City, New York: Doubleday, 1974.
    La vida en l'amor. Traducción de Joan B. Xuriguera. Barcelona: Ediciones Claret, Colección Els Dares, 1973.

ARTÍCULOS Y ANTOLOGÍAS POR ERNESTO CARDENAL

Alfonso Cortés: Treinta poemas. Colección e introducción de Ernesto Cardenal. Managua: El Hilo Azul, 1952. [la introducción ha sido publicada varias veces más en revistas, como en «Alfonso Cortés», *Cultura* (San Salvador), núm. 24 (abril-junio 1962), pp. 13-28]
«Ansias y lengua de la nueva poesía nicaragüense»
    Tesis, Universidad Nacional Autónoma de México, 1947.
    En Orlando Cuadra Downing y Ernesto Cardenal, *Nueva poesía nicaragüense.* Madrid: Instituto de Cultura Hispánica, 1949 (como «Ensayo preliminar», pp. 7-99).
«Antología de la poesía indígena colombiana». *Eco,* núm. 95 (1968), 449-70. (s)
Antología de poesía primitiva. Madrid: Alianza, 1979. [con un prólogo]
«Apuntes de Cuba» (s)
    Textual, núm. 3 (1971), pp. 207.
    Revista de la Universidad de México, 25, 2 (1971), páginas sin numerar.
«El arzobispo» (fragmento de *En Cuba*). *Taller* (Revista de los estudiantes de la UNAM), núm. 8 (enero 1972), pp. 97-100.
«El buen samaritano». *Crisis,* 30 (1975), pp. 34-35. (s)
«Cambiar la realidad». *Plural,* segunda época, 9-10, núm. 106 (julio 1980), pp. 16-20.

«Cardenal: 'To Berrigan I say, "Arms Gave Life"'». *National Catholic Reporter*, 14 de setiembre de 1979.

«Carta abierta a Pablo Antonio Cuadra». *La Prensa* (Managua), 13 de junio de 1980, página 2. [lleva una contestación de Cuadra]

«Carta a un indio paez». *El Corno Emplumado*, 11 (1964), pp. 91-98. (s)

«Una carta (para los amigos de Nuestra Señora de Solentiname)». *Comunidad*, 2, 9 (1967), pp. 538-41. (s)

«El caso de Alfonso Cortés». *Boletín de la Biblioteca Centroamericana* (Managua), 12 (1962), pp. 39-42. (s)

«El caso de Pound». *Cultura* (San Salvador), 21 (julio-setiembre 1961), pp. 7-12.

«El cielo de los indios cuna». *Arco*, núm. 60 (1965), pp. 711-12.

«El cielo de los indios de América». *Américas* (edición en español), 16, 2 (febrero de 1964), 23-27.

«Con la guerra buscábamos la paz». *Nicaráuac* (Managua), 1, 3 (setiembre-diciembre 1980), pp. 6-17.

«La cultura en seis meses de Revolución». *Barricada* (Managua), 12 de febrero de 1980, p. 3.

«Cultura revolucionaria, popular, nacional, antimperialista». *Nicaráuac* (Managua), 1, 1 (mayo-junio 1980), pp. 163-68.

«Los cunas»
    Cultura, 20 (1963), pp. 50-65. (s)
    Lotería (Panamá), segunda época, 104 (julio 1964), pp. 79-96.

«Desde la Trapa». *Abside*, 22, 3 (julio-setiembre 1958), pp. 314-24.

«*Dios en blancura*, por Angel Martínez». *Cultura* (San Salvador), núm. 18 (enero-junio 1960), pp. 46-50. [reseña]

«La diosa blanca». *Cuadernos Hispanoamericanos*, 13 (enero-febrero 1950), páginas 175-77. [reseña]

«El discurso». *Punto Final*, 143 (1971), 16-25. [de *En Cuba*] (s)

«Don Quijote en Norteamérica». *Cuadernos Hispanoamericanos*, 13 (enero-febrero 1950), pp. 185-86. [reseña]

«Elogio de la pobreza». *Abside*, 27, 1 (1973), pp. 115-18. (s)

«El Evangelio en Solentiname». *Concilium*, 95 (1974), pp. 252-55. (s)

«La filosofía griega». *Cultura* (San Salvador), 48 (1968), pp. 13-27.

«Heráclito luminoso». *Universidad de Antioquia*, 41, 159 (octubre-diciembre 1964), 699-727.

«Un instinto olvidado». *Abside*, 28, 2 (abril-junio 1964), pp. 228-30.

«In Xóchitl in Cuícatl». *La Palabra y el Hombre* (Revista de la Universidad Veracruzana), 44 (diciembre 1966), pp. 665-95.

«Joaquín Pasos». Prólogo a *Poemas de un joven*. México: Fondo de Cultura Económica, Colección Tezontle, 1962.

«Joaquín Pasos: Un joven que no ha viajado nunca». *Cuadernos Americanos*, 34 (1947), pp. 224-32.

Literatura indígena americana. Compilación de Ernesto Cardenal y Jorge Montoya Toro. Medellín: Universidad de Antioquia (Revista «Universidad de Antioquia»), sin fecha.

«Lo que fue Solentiname». [declaración en mimeógrafo enviada al autor por Ernesto Cardenal, publicada ya en varias partes. Su fecha de composición no se sabe con exactitud, pero es anterior al 27 de noviembre de 1977, fecha en que se publicó en *El Nacional* (Caracas)]

«El manifiesto de San José». *Latinoamérica* (Buenos Aires), 1 (diciembre 1972), páginas 67-71.

«Misticismo beatnik». *Revista de la Universidad de México*, 15, 8 (1962), páginas 12-13. (s)

Musik, die zum Himmel Steigt: Primitive religiose Poesie. Colección e introducción de Ernesto Cardenal. Wuppertal: Juggendiest, 1975.

Poesía cubana de la revolución. Colección, prólogo y notas de Ernesto Cardenal. México: Editorial Extemporáneos, 1976.

«La poesía nicaragüense de hoy». *La Gaceta* (México), 83 (julio de 1961). (s)

«La poesía nicaragüense de Pablo Antonio Cuadra». *El Pez y la Serpiente*, núm. 9 (verano de 1968), pp. 121-27.

Poesía nueva de Nicaragua. Colección e introducciones de Ernesto Cardenal.
1. Buenos Aires: Ediciones Carlos Lohlé, Cuadernos Latinoamericanos, 1974.
2. Managua: Ediciones El Pez y la Serpiente, 1975. [con el título *Poesía nicaragüense*]

Poesía revolucionaria nicaragüense. [Colección de Ernesto Cardenal y Ernesto Mejía Sánchez] México: Ediciones Patria y Libertad, 1962 y 1968.

«Quetzalcóatl»
 Cultura (San Salvador), 37 (julio-setiembre 1965), pp. 24-31.
 Zona Franca, 3, 40 (1966), pp. 3-6. (s)

«Recuerdo de Roque Dalton». *Casa de las Américas,* año 21, núm. 121 (julio-agosto 1980), p. 64.

«Reflexión cristiana en Cuba». [mimeógrafo, escrito antes de mayo 7, 1978]

«El relato de *La Creación,* de los indios uitotos de Colombia». *Revista de la Universidad de México,* 18, 3 (1963), pp. 28-29.

«La religión de Quetzalcóatl». *Zona Franca,* núm. 40 (1966), pp. 2-6. (s)

«Revolución and Theology». En Hugo Assman, *Practical Theology of Liberation* (Londres: Search Press, 1975), pp. 1-4. Traducción de Paul Burns. (s)

«Sabios del antiguo México». *Zona Franca,* núm. 25 (1965), pp. 36-40. (s)

«Salomón de la Selva: El soldado desconocido»
 Rueca (México), 18 (verano de 1968), pp. 12-19. (s)
 Azul (Managua), enero de 1952, pp. 5 y 8.

«Sermón de Ernesto Cardenal en una misa de Difuntos por el alma del poeta Fernando Gordillo». *El Corno Emplumado,* núm. 26 (abril 1968), pp. 43-46.

«Soy inocente de la muerte de David Tejada». *Casa de las Américas,* año 9, 53 (marzo-abril 1969), p. 113.

«Unas reglas para escribir poesía». [mimeógrafo del Ministerio de Cultura, Managua; publicado en *Barricada,* 10 marzo 1980]

«El valiente hombre nuevo». *Nicaráuac* (Managua), 1, 1 (mayo-junio 1980), pp. 5-7.

«Vida en el amor». *Abside,* 26, 1 (1962), pp. 83-90. (s)

«La voz de un monje en la era nuclear». *Papeles de Son Armadans,* 36 (enero 1965), pp. 121-26.

«Las yaruros: El pueblo escogido». *Revista Nacional de Cultura,* 25, 161 (noviembre-diciembre 1963), pp. 273-88.

TRADUCCIONES POR ERNESTO CARDENAL

Antología de la poesía norteamericana. Traducción de Ernesto Cardenal y José Coronel Urtecho. Madrid: Aguilar, 1963.

Catulo, Marcial. Barcelona, Laia, 1978. [epigramas del latín]

«El circo», por Robert Lax. *Estaciones,* 5, 19 (otoño de 1950), pp. 31-40.

«Ezra Pound» (selecciones). Traducción de Ernesto Cardenal y José Coronel Urtecho. *El Corno Emplumado,* núm. 24 (1967), pp. 7-25.

Ezra Pound: Antología. Madrid: Visor, 1979. [traducción de Ernesto Cardenal y José Coronel Urtecho, prólogo de E. Cardenal, epílogo de L. Ferlinghetti]

«Letanía por los muertos de Vietnam», por Donald Gardner. *El Corno Emplumado,* núm. 28 (octubre 1968), p. 98.

«Los neones», por Donald Gardner. *El Corno Emplumado,* núm. 28 (octubre 1968), página 98.

«Otras manifestaciones de la literatura indígena americana». *Universidad de Antioquia,* núm. 155 (1963), 115-53. [poemas traducidos con Jorge Montoya Toro] (s)

Poemas, de Thomas Merton. México: Imprenta Universitaria, [¿1961?].

«Poesía 'beat'». *Revista de la Universidad de México,* 15, 11 (noviembre 1971), pp. 6-10. (s)

«Poesía indígena americana». *Universidad de Antioquia,* 154 (1963), pp. 73-113. [traducciones hechas con Jorge Montoya Toro] (s)

«Poesía norteamericana contemporánea». *Islas,* 8, 2 (1966), pp. 125-31. [con José Coronel Urtecho] (s)

«Poesía primitiva/Primitive Poetry». *El Corno Emplumado,* núm. 10 (abril 1964), pp. 7-26.

«Salmos». *El Pez y la Serpiente,* núm. 1 (enero de 1961), pp. 31-34. [con Fray Jerónimo y Fray Roberto; traducciones del hebreo]

«Varios no», por Ezra Pound. *El Pez y la Serpiente,* núm. 1 (enero de 1961), páginas 129-34.

«William Carlos Williams» (selecciones). *El Corno Emplumado,* núm. 25 (enero de 1968), pp. 16-31. [traducciones hechas con José Coronel Urtecho]

MISCELÁNEA

«Al principio me inspiraban mis novias. Ahora mi inspiración es la Revolución». *El Nacional* (Caracas), 21 marzo 1977. [lleva firma de «M.C.»]

Boletines de Nuestra Señora de Solentiname.

Cardenal en Valencia: dos diálogos. Caracas: Dirección de Cultura (Universidad de Carabobo), 1974.

«Carta a Mr. Griffin». [carta, fechada «Nuestra Señora de Solentiname, enero 18 (¿1970?)», 4 pp.]

Cartas publicadas en *El Corno Emplumado*

A Sergio Mondragón, fechada «Nicaragua, 13 de abril 1962». Núm. 3 (julio de 1962), pp. 133-34.

A Sergio Mondragón, fechada «Antioquia, Colombia, 5 de octubre [1962]». Núm. 5 (enero de 1963), pp. 46-47.

A Margaret Randall, fechada «Colombia, 20 de abril de 1963». Núm. 7 (julio de 1963), pp. 170-71.

Fechada «Colombia, julio 10». Núm. 19 (julio de 1966).

A *El Corno Emplumado,* fechada «Nuestra Señora de Solentiname, Nicaragua, febrero de 1967». Núm. 23 (julio de 1967), p. 153.

A *El Corno Emplumado,* fechada «Nuestra Señora de Solentiname, mayo de 1967». Núm. 23 (julio de 1967), p. 154.

«Conversación en una tarde chilena». *La Opinión Cultural* (Buenos Aires), octubre 14, 1973, pp. 8-9.

«Conversation between Brothers» y «Guns Don't Count». *Movement* (Dublín), núm. 35 (1978), pp. 3-6. [intercambio sobre el uso de las armas]

Cristianismo y revolución/Ernesto Cardenal y Fidel Castro. Buenos Aires: Editorial Quetzal, 1974.

«Diálogo de Caracas». [transcripción mimeografiada de una conversación con estudiantes de la Universidad Central de Venezuela, 16 de octubre de 1973]

«Ernesto Cardenal, Dino Aranda». Syracuse, New York: Everson Museum of Art, 1973. [catálogo, con poemas]

«Ernesto Cardenal: El Evangelio me hizo marxista». *S.E.U.L.,* 7, 57-58 (febrero-mayo 1975), pp. 45-48.

«Ernesto Cardenal: Poesía». [disco fonográfico, colección Voz Viva de América Latina, VVAC-14]

«Ernesto Cardenal: Solentiname». [disco fonográfico de poemas, con música de Peter Jannssens, CP DM21]

«He venido a pedir al Rey que suspenda la ayuda a Nicaragua». *El País* (España), 28 noviembre 1977, p. 19.

«Nota autobiográfica». [bosquejo autobiográfico de Ernesto Cardenal, sin título y en mimeógrafo, sin fecha; anterior a 1970]

«El sueco» (el único cuento conocido de Cardenal)

El Pez y la Serpiente, núm. 6 (enero de 1965), pp. 78-91.

Antología del cuento centroamericano, pp. 213-25. Ed. por Sergio Ramírez. San José de Costa Rica: Educa, 1973. [esta edición no lleva el epílogo de las otras]

El cuento nicaragüense, pp. 144-55. Ed. por Sergio Ramírez. Managua: Ediciones El Pez y la Serpiente, 1976.

«Der Schwede», *Mittelamerika en Erzahlungen der Besten Zeitgenossichen Autoren,* pp. 204-16. Tübingen-Basel: Horst Erdmann, 1969.

II. Estudios y documentos sobre Ernesto Cardenal

Aaron, M. Audrey: «Ernesto Cardenal: Contemporary *Chilam*». *Proceedings* of the Pacific Northwest Council of Foreign Languages, Parte I, 30 (1974), páginas 193-99.
— «Manrique and Cardenal: No Elegía sino Alegría». *Proceedings* of the Pacific Northwest Council of Foreign Languages, Parte I, 36 (1975), pp. 184-91.
Aguirre, Clara Antonia: «Revolución, cristianismo y marxismo: habla Ernesto Cardenal». *Desarrollo Indoamericano* (Barranquilla), 14, 46 (diciembre 1978-enero 1979), p. 103.
Alstrum, James J.: «Typology and Narrative Technique: Cardenal's *El Estrecho Dudoso*». *Journal of Spanish Studies: Twentieth Century*, 8, 12 (1980), pp. 9-27.
Anitua, Santiago de: «La nueva poesía nicaragüense». *ECA* (Estudios Centro-Americanos, San Salvador), mayo 1955. También en *Cuadernos Hispanoamericanos*, 24, 101 (mayo 1958), pp. 296-315.
Arellano, Jorge Eduardo: «Dos poetas nicaragüenses de la generación del 40». *Cuadernos Hispanoamericanos*, 285 (1974), pp. 619-27. (s)
— «Ernesto Cardenal: De Granada a Gethsemany (1927-1957)». *Cuadernos Hispanoamericanos*, núms. 289-290 (julio-agosto de 1974), pp. 163-83.
— «Ocho poetas nicaragüenses». *Américas* (edición en español), 16, 11 (1967), páginas 33-39. (s)
— «Prólogo» a *Epigramas* de Ernesto Cardenal, pp. 7-9. Buenos Aires: Ediciones Carlos Lohlé, 1972.
Argueta, Manlio: *Anuario de Estudios Centroamericanos*, núm. 1 (1974), pp. 410-12. [reseña]
Arnold, Kenneth: «In Nicaragua». *Johns Hopkins Magazine*, 25 (1974), páginas 13-27. (s)
Baciu, Stefan: «Ernesto Cardenal oder der Weg con Gethsemani nach Solentiname». *Reformatio* (Evangelische Zeitschrift für Kultur und Politik), 15, 5 (mayo de 1966). (s)
Benedetti, Mario: «Ernesto Cardenal: ¿Evangelio o revolución?»
Casa de las Américas, 63 (noviembre-diciembre de 1970), p. 175.
Oposición (Nicaragua), 1970.
Los poetas comunicantes. Montevideo: Biblioteca de Marcha, 1972, pp. 97-123.
— «Ernesto Cardenal, poeta de dos mundos»
Antología de Ernesto Cardenal, pp. 9-15. San José de Costa Rica: Educa, 1972.
La Mañana (Montevideo), «Al pie de las letras», 1961.
Letras del continente mestizo, pp. 159-64. Montevideo: Arca, 1967.
Borgeson, Paul W., Jr.: «Bibliografía de y sobre Ernesto Cardenal»
Revista Iberoamericana, 108-109 (julio-diciembre de 1979), pp. 641-50.
— «Entrevista con Ernesto Cardenal». *Hispania*, 62 (mayo-setiembre de 1979), pp. 377-79.
— «Ernesto Cardenal: 'Respuesta a las preguntas de los estudiantes de letras'». *Revista Iberoamericana*, 108-109 (julio-diciembre de 1979), pp. 627-38.
— «Presencia de los Estados Unidos y del inglés en la poesía de Ernesto Cardenal». *Los Ensayistas: Boletín Informativo*, 10-11 (marzo de 1981), pp. 57-63.
— «Textos y texturas: Los recursos visuales de Ernesto Cardenal». *Explicación de textos literarios*, 9 (1981), pp. 159-68.
Cabal, C. C. Antidio: «La cristianización del cristianismo», prólogo a *El Evangelio en Solentiname*, de Ernesto Cardenal. Caracas: Editorial Signo Contemporáneo, 1976.
— «Epílogo» y «Presentación» a *Poemas reunidos, 1949-1969*, de Ernesto Cardenal. Caracas: Universidad de Carabobo, 1972. (s)
— «Ernesto Cardenal o el estreno poético-antipoético-antropológico de Occidente». *Imagen* (Caracas), 34-35 (febrero 15-29 de 1972), «segundo cuerpo», pp. 2-3.
Calabrese, Elisa: Introducción y compilación de *Ernesto Cardenal: Poeta de la liberación latinoamericana*. Buenos Aires: Fernando García Cambeiro, 1975.

CANTÓN WILFREDO: «Imágenes de Ernesto Cardenal». *El Centroamericano* (León, Nicaragua), núm. 11.653 (abril 7 de 1968).

CERUTTI, FRANCO: *Revista Histórico-Crítica de Literatura Centroamericana*, 1, 1 (junio-diciembre 1974), 120-23. [reseña]

CHRIST, RONALD: «The Poetry of Useful Prophecy: An Interview with Ernesto Cardenal». *Commonweal*, 100 (abril 26 de 1974), pp. 189-91.

CICCHITTI, VICENTE: «*Homenaje a los indios americanos* de Ernesto Cardenal». En ELISA CALABRESE et al.: *Ernesto Cardenal: Poeta de la liberación latino-americana*, pp. 135-57. Buenos Aires: Fernando García Cambeiro, 1975.

CLARO, MARÍA E.: «'Coplas a la muerte de Merton', texto anotado». *Revista Chilena de Literatura*, 5-6 (1972), pp. 199-218.

— «Imagen de la vida en las 'Coplas a la muerte de Merton'». *Revista Chilena de Literatura*, 5-6 (1972), pp. 219-39.

CORONEL URTECHO, JOSÉ: «A propósito de *El Estrecho Dudoso*». En *El Estrecho Dudoso*, de Ernesto Cardenal, pp. 9-34. San José de Costa Rica: Educa, 1971. [se publica en las demás ediciones, con variantes de título]

CUADRA, PABLO ANTONIO: «Ernesto Cardenal». *Repertorio Latinoamericano*, 2, 15 (junio de 1976), pp. 4 y 11.

— «Un poeta se va a la Trapa» *La Prensa* (Managua), 12 de mayo de 1957, pp. 1-B y 11-B. *Centroamérica*, Revista Cultural del Istmo (México), abril-junio de 1957, pp. 65-67. *Abside*, 21, 3 (1957), pp. 355-63. (s)

— «Sobre Ernesto Cardenal» *Papeles de Son Armadans*, año 16, 63, pp. 5-33. Prólogo a *Antología*, de Ernesto Cardenal, pp. 9-22. Buenos Aires: Ediciones Carlos Lohlé, 1971.

DALTON, RQOUE: «Apuntes de dos encuentros con Ernesto Cardenal» En *Ernesto Cardenal/Fidel Castro: Cristianismo y revolución*, pp. 9-31. Buenos Aires: Editorial Quetzal, 1974. *OCLAE* (Organización Continental Latinoamericana de Estudiantes [La Habana]), 6, 61 (1972), 27-35.

DAPAZ STROUT, LILIA: «Nuevos cantos de vida y esperanza: Los *Salmos* de Ernesto Cardenal y la nueva ética». En ELISA CALABRESE et al.: *Ernesto Cardenal: Poeta de la liberación latinoamericana*, pp. 109-31. Buenos Aires: Fernando García Cambeiro, 1975.

DORFMÁN, ARIEL: «Ernesto Cardenal: Todo el poder a Dios-proletariado» *Ensayos quemados en Chile: Inocencia y neocolonialismo*, pp. 193-223. Buenos Aires: Ediciones La Flor, 1974. *Crisis*, 14 (1974), pp. 49-52. (s)

ELÍAS, EDUARDO F.: *Ernesto Cardenal: Nuevo lenguaje, nueva realidad*. Tesis doctoral, Universidad de Arizona, 1979.

ELIO, ANA FRANCISCA DE: «A la búsqueda de un lenguaje para la poesía revolucionaria». *Revista Histórico-Crítica de Literatura Centroamericana*, 1, 1 (1974), pp. 45-50.

FERGUSON, WILLIAM: *Books Abroad*, 49, 1 (invierno de 1975), p. 87. [reseña]

FERNÁNDEZ RETAMAR, ROBERTO: «Antipoesía y poesía conversacional en América Latina». En *Panorama de la actual literatura latinoamericana*, pp. 251-63. La Habana: Casa de las Américas, Centro de Estudios Literarios, [1969].

FLORES, FELICIANO: «La poesía que se ve y se toca de Ernesto Cardenal». *Cuadernos Hispanoamericanos*, 336, pp. 460-501.

FLORES, FERNANDO JORGE: «Comunismo o reino de Dios: Una aproximación a la experiencia religiosa de Ernesto Cardenal». En ELISA CALABRESE et al.: *Ernesto Cardenal: Poeta de la liberación latinoamericana*, pp. 161-96. Buenos Aires: Fernando García Cambeiro, 1975.

FREIRE, ISABEL: «Pound and Cardenal». *Review*, 18 (otoño de 1976), pp. 36-42.

FRÖSE, DIRK H.: «Der Erzbischof sagt: Unmoralisch (darf Ernesto Cardenal zur Buchmesse nicht nach Deuschland kommen?)». *WZ-General-Anzieger*, setiembre 8 de 1973, p. 15. (s)

FREEMANTLE, ANNE: «Poetry, Revolution and Theology». *America,* enero 11 de 1975, pp. 14-15.

GAUS, D. S.: *The Americas,* 31 (julio de 1974), pp. 109-110. [reseña]

GELMAN, JUAN: «Presentación de Ernesto Cardenal». *Los Libros,* 8 (mayo de 1970), p. 8. [reseña]

GHIANO, JUAN CARLOS: «Ernesto Cardenal: Un testimonio de fe». *La Nación* (Buenos Aires), enero 18 de 1970, sección 3, p. 3. (s)

GIORGIS, JAIME DE: «Tres poemas de Ernesto Cardenal». En ELISA CALABRESE *et al.: Ernesto Cardenal: Poeta de la liberación latinoamericana,* pp. 41-59. Buenos Aires: Fernando García Cambeiro, 1975.

GONZÁLEZ-BALADO, JOSÉ LUIS: *Ernesto Cardenal. Poeta, revolucionario, monje.* Salamanca: Ediciones Sígueme, 1978.

GOYTISOLO, JOSÉ AGUSTÍN: «Los poemas de Ernesto Cardenal». *Libre* (París), número 3 (marzo-abril-mayo de 1972), pp. 128-30.

GUARDIA, GLORIA, y ELETA, SANDRA: *Con Ernesto Cardenal.* Panamá: Ed. Litográfica, 1974.

GUILLÉN, FEDRO: «Cardenal cuidado por los ángeles». *Revista Nacional de Cultura* (Caracas), 235 (marzo-abril de 1978), 222-24.

GUTIÉRREZ, ERNESTO: «Cardenal y Borges». *Revista Nacional de Cultura* (Caracas), 207 (enero-diciembre 1973), pp. 175-77.

HAHN, OSCAR: *Hispamérica,* 8, 23-24 (agosto-diciembre 1979), pp. 177-78. [reseña]

HINDS, HAROLDE, JR.: «A Review Essay». *Latin American Literary Review,* 6, 11 (otoño-invierno 1977), 93-97.

HOFFMAN HERREROS, JOHANN: *Zeitgenossen: Fünfzehn Pen-Portraits.* Grünewald, Mainz: por el autor, 1975.

IBÁÑEZ-LANGLOIS, JOSÉ MIGUEL: «Cardenal: *Homenaje a los indios americanos». Poesía chilena e hispanoamericana actual,* pp. 318-23. Santiago de Chile: Editorial Nascimento, 1975.

— «La poesía de Ernesto Cardenal». *Poesía chilena e hispanoamericana actual,* pp. 312-17. Santiago de Chile: Editorial Nascimento, 1975.

JARA CUADRA, RENÉ: «Charlando con Cardenal». *EAC* (Universidad Católica de Chile), núm. 2 (1972). (s)

JORDÁN HERNÁNDEZ, ALBERTO: «El sacerdote debe ser la voz de los que no pueden hablar». *El Nacional* (Caracas), 20 de marzo 1977.

LAVÍN CERDA, HERNÁN: «Cardenal, la poesía, la Biblia y Marx». *Ahora* (Chile), año 1, 28 (26 octubre 1971), pp. 40-45.

LÉRTORA, JUAN CARLOS: *Sin Nombre,* 8, 3 (octubre-diciembre 1977), pp. 85-87. [reseña]

MAGUNAGOICOECHEA, JUAN: «'Epigramas' de Ernesto Cardenal» *Káñina* (San José de Costa Rica), 3, 1 (enero-julio 1979), pp. 91-104. *Letras de Deusto,* 10, 19 (enero-julio 1980), pp. 121-38.

MARCH DE ORTÍ, MARÍA E.: «Poesía y denuncia de Ernesto Cardenal. *Hora 0:* Estudio temático y estilístico». *Explicación de textos literarios,* 5 (1976), pp. 49-58.

MENTON, SEYMOUR: *Books Abroad,* 48 (invierno de 1974), pp. 106-7. [reseña]

— *Books Abroad,* 48 (otoño de 1974), p. 749. [reseña]

MERTON, THOMAS: «Ernesto Cardenal» *Universidad de México,* 22, 7 (1968). *Emblems of a Season of Fury,* pp. 114-15. Nueva York: New Directions, 1963.

— Prólogo a *Gethsemani, Ky.,* de Ernesto Cardenal, pp. 5-6. Medellín: Ediciones La Tertulia, [1965].

— Prólogo a *Vida en el amor,* de Ernesto Cardenal, pp. 9-22. Buenos Aires: Ediciones Carlos Lohlé, 1970. [traducción al inglés en *Love,* trad. de Dinah Livingston. Londres: Search Press, 1974]

MONTES, HUGO, y RODRÍGUEZ, MARIO: *Nicanor Parra y la poesía de lo cotidiano.* Santiago de Chile: Editorial del Pacífico, 1970. [pp. 102-21 tratan a Cardenal]

MONTES HUIDOBRO, MATÍAS: *Chasqui,* 7, 2 (febrero 1978), pp. 126-28. [reseña]

MORALES AVILÉS, RICARDO: «Ernesto Cardenal: La misión libertadora de la poesía». Prólogo a *Canto nacional,* de Ernesto Cardenal, pp. 1-6. [¿Managua?:] Colección COUN, núm. 6, 1972.

MORÁN, CARLOS ROBERTO: «Los oráculos de Cardenal: Carta con opinión». *Imagen* (Caracas), núm. 94 (15-30 abril de 1974), «tercer cuerpo», p. 16. [reseña]

MUÑOZ, RAFAEL JOSÉ: *El Universal* (Caracas), octubre 9 de 1966. [reseña]

MURILLO, ROSARIO: «Barro de Dios y del alma india». *La Prensa* (Managua), diciembre 14 de 1975, pp. 1, 4 y 30. [sobre la escultura de Cardenal]

NIEDERMAYER, FRANZ: «Ernesto Cardenal». *Stimmen der Zeit*, 1973, pp. 835-848. (s)

NOTAKER, HENRY: «Nøte med Ernesto Cardenal». *Kirke og Kultur* (Oslo), 79, pp. 140-50.

ORBÓN, JULIÁN: «Palabras a Ernesto Cardenal». *Exilio*, 6, 3 (1962), pp. 3-5.

OSSIANNILSSON, ERIK HJALMAR: *Die Rätselhafte Gefängnisgeschichte des Schweden* (Milgeteilt con Ernesto Cardenal aus Nicaragua). Trad. de Helger Castellanos. Wuppertal: Juggendeist, 1970.

OTANO, RAFAEL: «Ernesto Cardenal, entre la poesía y la profecía». *Mensaje*, 20, 204 (noviembre 1971), pp. 544-53.

— «Los Salmos de Ernesto Cardenal: La oración-protesta del oprimido». *Mensaje*, 19, 195 (diciembre de 1970), pp. 584-87.

OVALLES, CAUPOLICÁN: «Entrevista con Ernesto Cardenal». *Cal* (Caracas), núm. 34 (26 de septiembre de 1964), pp. 14-15.

OVIEDO, JOSÉ MIGUEL: «Cardenal en las ciudades perdidas». *Amaru*, 11 (1969), pp. 89-91. (s)

— «Ernesto Cardenal o el descubrimiento del nuevo mundo». Prólogo a *Homenaje a los indios americanos*, de Ernesto Cardenal, pp. 9-18. Santiago de Chile: Editorial Universitaria de Chile, 1970.

— «Ernesto Cardenal: Un místico comprometido» *Imagen* (Caracas), núm. 35 (octubre de 1968). *Casa de las Américas*, 9 (marzo-abril de 1969), pp. 29-48.

— «La poesía revolucionaria de Ernesto Cardenal». *La Opinión Cultural* (Buenos Aires), 14 octubre de 1973, pp. 6-7.

— «Un poema necesario» *El Comercio* (Lima). *La Prensa* (Managua), 30 de noviembre de 1969, pp. 1 y 3-B.

— «Viejos y nuevos poemas: Ernesto Cardenal» *Vida literaria*, 5 (1973), pp. 27-29. *Hoja* (San José de Costa Rica), p. 16. *Domenical*, semanario de El Comercio (Lima), 9 de setiembre de 1973, p. 20.

PAREDES, PEDRO PABLO: *Revista Nacional de Cultura* (Caracas), 27, 171 (1965), p. 142. [reseña]

PASOS, HUMBERTO: «El Ernesto Cardenal de hoy». *La Prensa* (Managua), julio 24 de 1960.

PAUL, MARTIN: «On Cardenal». *American Poetry Review*, 8, 2 (marzo-abril de 1979), p. 3.

PÉREZ, ANA MERCEDES: *El Universal* (Caracas), setiembre 21 de 1965, p. 3. [reseña]

PERRONE, ALBERTO M.: «Pro y contra de Ernesto Cardenal». *Los Libros* (Buenos Aires), 22 (setiembre de 1971), p. 31.

PRING-MILL, ROBERT: «The Christian Revolutionary of Lake Nicaragua». *London Times Literary Supplement*, julio 12 de 1974, p. 743.

— «Comunicación explícita e implícita en dos poemas de Ernesto Cardenal». [copia fotostática de una conferencia de 1980]

— Introducción a *Marilyn Monroe and Other Poems*, pp. 7-32. Traducción de Robert Pring-Mill. Londres: Search Press, 1975.

— Introducción a *Apocalypse and Other Poems*, pp. ix-xviii. Traducciones de Robert Pring-Mill. Nueva York: New Directions, 1977.

— «Profile: Ernesto Cardenal». *Index on Censorship*, 8, 3 (mayo-junio de 1979), pp. 49-53.

— «The Redemption of Reality through Documentary Poetry». Prefacio a *Zero Hour and Other Documentary Poems*, pp. 9-21. Nueva York: New Directions, 1980.

PROMÍS OJEDA, JOSÉ: «Espíritu y materia: Los 'Salmos' de Ernesto Cardenal». En ELISA CALABRESE et al.: *Ernesto Cardenal: Poeta de la liberación latinoamericana*, pp. 15-38. Buenos Aires: Fernando García Cambeiro, 1975.

193

RIVERA, RAÚL ELVIR: «Nueva poesía nicaragüense (1949)». *Revista Interamericana de Bibliografía*, 1, 2 (abril-junio de 1951), pp. 114-15. [reseña]

RODRÍGUEZ SÁNCHEZ, JUAN GREGORIO: «Materialismo dialéctico-místico en un Salmo de Ernesto Cardenal». *Revista de Literatura Hispanoamericana* (Maracaibo), 6 (enero-junio de 1974), pp. 51-70.

ROHWER, JENS: *Der Fünfte Psalm: Worte con Ernesto Cardenal*. Traducción de Stefan Baciu. Zurich: Mosler Verlag, 1972.

ROPSTAD, JON: «Ernesto Cardenal: Kristen og marxist med pennen som våpen». *Vinduet* (Oslo), 32, 4: pp. 7-16.

ROY, JOAQUÍN: *Revista Iberoamericana*, 95 (abril-junio de 1976), p. 328. [reseña]

SCHROTH, RAYMOND A: *Review*, 20 (primavera de 1977), pp. 71-73. [reseña]

SCHWARZER DE RUIZ, ANNELIESE, y SCHULZ, HERMANN: *Von der Heiligkeit der Revolution*. Traducción de Anneliese Schwarzer de Ruiz. Wuppertal: Juggend-eist, 1972. [varias traducciones a otras lenguas]

SIEBERT, RUDOLF J.: «Ernesto Cardenal and the Nicaraguan Revolution». *Cross Currents* (Nueva York), 30, 3 (otoño de 1980), pp. 241-51.

SKÁRMETA, ANTONIO: «Cardenal: Entre Dios y Somoza». *Ercilla*, 1.852 (1970), pp. 55-57.

SÖLLE, DOROTHY: «Die Psalmen des Ernesto Cardenal». En *Zerschneide den Stacheldraht (Lateinamerikaanische Psalmen)*, de Ernesto Cardenal. Wuppertal: Juggendiest, 1967. (s)

SOSA, JOAQUÍN MARTA: *«Poemas reunidos (1949-1969) de Ernesto Cardenal»*. *Imagen* (Caracas), 45 (mayo 2-9 de 1972), «segundo cuerpo», p. 15.

STEINSLEGER, JOSÉ: «Ernesto Cardenal: La meta común del cristianismo y el marxismo». *Excelsior* (México), «Diorama de la Cultura», febrero 15 de 1976, pp. 2-3.

URIARTE, IVÁN: «Intertextualidad y narratividad en la poesía de Ernesto Cardenal». *Texto/contexto en la literatura iberoamericana*, memorias del 19 congreso, pp. 327-30. Pittsburgh: Instituto Internacional de Literatura Iberoamericana, 1981.

VANEGAS-ARROYO, BLAS: «Cardenal, ministro-poeta». *Excelsior* (México), «Diorama de la Cultura», 10 de agosto de 1980, p. 6.

VARELA-IBARRA, JOSÉ L.: «La poesía de Ernesto Cardenal». *Mester* (Revista Literaria de los Estudiantes Graduados del Departamento de Español y Portugués, UCLA), núm. 4 (abril de 1974), pp. 137-40.

VEIRAVÉ, ALFREDO: «Ernesto Cardenal: El exteriorismo, poesía del nuevo mundo». En ELISA CALABRESE *et al.*: *Ernesto Cardenal: Poeta de la liberación latinoamericana*, pp. 63-106. Buenos Aires: Fernando García Cambeiro, 1975.

VILDA DE SAN JUAN, CARMELO: «Ernesto Cardenal: *En Cuba*». *SIC*, núm. 352 (febrero de 1973), pp. 61-66.

VODANOVIČ, SERGIO, *et al.*: «Conversación en una tarde chilena». *La Opinión Cultural* (Buenos Aires), octubre 14 de 1973, pp. 8-9.

YCAZA TIGERINO, JULIO: «La poesía y los poetas de Nicaragua». Managua: Academia Nicaragüense en la Lengua, 1958, pp. 134-43.

ZAVALA, JAVIER: «Ernesto Cardenal, sacerdote y poeta». *Lectura: Revista de ideas y libros* (México), 147, 2 (mayo 15 de 1962), pp. 54-57.

«Charlando con Cardenal». *EAC* (Universidad Católica de Chile), núm. 2, 1972.

«Los cristianos y la revolución». *Quimante*, 1972.

«El Evangelio de Solentiname en el huerto de los olivos». *Tiempo Real* (Revista de la Universidad Simón Bolívar [Caracas]), 7 (1978), pp. 15-24.

«¿En Nicaragua los periódicos callan el caso de El Perú?». *Semana*. [entrevista]

«Ernesto Cardenal». *The Tablet*, 228 (21 setiembre de 1974), pp. 918-19.

«Ernesto Cardenal: El Evangelio en la comuna de Solentiname». *SIC*, núm. 352 (febrero de 1973), pp. 56-57 y 59-60. [traducción de Schwarzer de Ruiz; ha sido atribuido a Manuel Corral]

«Ernesto Cardenal: El poeta de la revolución y de Dios». *Universidad de Carabobo* (Valencia, Venezuela), núm. 31 (1972), pp. 12-13. (s)

«Ernesto Cardenal: ¿Profeta de un nuevo cristianismo?». *Avance* (San Juan de Puerto Rico), pp. 52-59.

Estafeta Literaria, 531 (enero 1 de 1974), p. 1582. [reseña]

La Estafeta Literaria y *Oráculo sobre Managua*. *La Prensa Literaria* (Managua), febrero 24 de 1974, p. 2.
«Un marxismo con San Juan de la Cruz» *Crisis*, núm. 14 (junio de 1974), pp. 40-52.
La santidad de la revolución, pp. 55-70. Salamanca: Ediciones Sígueme, 1976.
Nueva Sociedad (San José de Costa Rica), 36 (mayo-junio de 1978), pp. 166-67. [reseña]
«Solentiname: The End». *Index on Censorship*, 8, 1 (enero-febrero 1979), pp. 11-13.

BIBLIOGRAFIA DE OTRAS OBRAS CITADAS

ALTIERI, CHARLES: «Objective Image and Act of Mind in Modern Poetry». *PMLA* 91 (enero de 1976), pp. 101-14.

APROBERTS, RUTH: «Old Testament Poetry: The Translatable Structure». *PMLA* 92 (octubre de 1977), pp. 987-1004.

ARISTÓTELES: *Poetics*. Traducción de S. H. Butcher. Nueva York: Dover, 1951.

ARELLANO, JORGE EDUARDO: *Panorama de la literatura nicaragüense: Epoca anterior a Darío (1503-1881)*. Managua: Editorial Alemana, [¿1967?].

ARRÓM, JOSÉ JUAN: «El oro, la pluma y la piedra preciosa: Indagaciones sobre el trasfondo indígena de Rubén Darío». *Hispania*, 50 (1967), pp. 971-81.

BARTHES, ROLAND: *Le degré zéro de l'écriture*. París: Editions de Seuil, 1953 y 1972.

BOOTH, WAYNE: *The Rhetoric of Fiction*. Chicago: University of Chicago Press, 1961.

BORGES, JORGE LUIS: *Obra poética*. Madrid-Buenos Aires: Alianza-Emecé, 1972.

BOUQUET, C. A.: *Comparative Religion*. Middlesex, Inglaterra: Penguin, 1969.

BROTHERSTON, GORDON: *Latin American Poetry: Origins and Presence*. Cambridge: Cambridge University Press, 1975.

BROWN, DALE W.: *The Christian Revolutionary*. Grand Rapids, Michigan: William B. Erdmanns Publishing Co., 1971.

BURCKHARDT, JAKOB: *Reflections on History*. Londres: George Allen and Unwin, 1959.

BURKE, KENNETH: «Literature as Equipment for Living». *The Philosophy of Literary Form*, pp. 293-304. Berkeley: University of California Press, 1973.

BUTLER, EDWARD CUTHBERT: *Western Mysticism*, 2.ª ed. Londres: Constable and Co., 1922; nueva impresión Nueva York: Harper and Row, 1966.

CARR, EDWARD HALLET: *What is History?* Nueva York: Random House, 1961.

COLLAZOS, OSCAR; CORTÁZAR, JULIO, y VARGAS LLOSA, MARIO: *Literatura en la revolución o revolución en la literatura*. México: Siglo Veintiuno, 1970.

CORTÁZAR, JULIO: *Viaje alrededor de una mesa*. Buenos Aires: Editorial Rayuela, 1970.

COX, HARVEY: *The Feast of Fools*. Nueva York: Harper and Row, 1970.

CUADRA, PABLO ANTONIO: *Nueva antología de la poesía nicaragüense*. Managua: Ediciones El Pez y la Serpiente, 1972.

DARÍO, RUBÉN: *Prosas profanas*. Madrid: Espasa-Calpe, 1967.

ELIADE, MIRCEA: *Myth and Reality*. Traducción de Willard R. Trask. Nueva York: Harper and Row, 1963.

Encyclopaedia Britannica, 15.ª ed. *Sub verbo* «Christianity», por Ernst Wilhelm Benz.

ENGELS, FRIEDRICH: «On the History of the Early Church». En *Marx and Engels: Basic Writings on Politics and Philosophy*, pp. 168-94. Ed. Lewis B. Feuer. Garden City, New York: Doubleday, 1959.

FRANCO, JEAN: *The Modern Culture of Latin America: Society and the Artist*. Nueva York: Frederick A. Praeger, 1967.

— «The Crisis of the Liberal Imagination». *Literature and Ideologies*, 1 (diciembre de 1976-enero de 1977): 5-24.

FRIEDMAN, MELVIN J.: *Stream of Consciousness: A Study of Literary Method*. New Haven, Connecticut: Yale University Press, 1973.

FRYE, NORTHROP: «The Social Context of Literary Criticism». En *Sociology of*

Literature and Drama, pp. 139-58. Ed. de Elizabeth Burns y Tom Burns. Middlesex, Iinglaterra: Penguin, 1973.

FUENTES, CARLOS: «La palabra enemiga». *La nueva novela hispanoamericana*, pp. 85-98. México: Joaquín Mortiz, 1969.

— *Tiempo mexicano*. México: Joaquín Mortiz, 1971.

GARCÍA LÓPEZ, JOSÉ: *Historia de la literatura española*, 9.ª ed. Barcelona: Vicens-Vives, 1965.

GROSSMAN, EDITH: *The Antipoetry of Nicanor Parra*. Nueva York: New York University Press, 1975.

GUTIÉRREZ, GUSTAVO: *Teología de la liberación*. Lima: CEP/Editorial Universitaria, [1971].

HARTMANN, GEOFFREY: «Structuralism: The Anglo-American Adventure». En *Structuralism*, pp. 137-58. Ed. Jacques Ehrmann. Garden City, New York: Doubleday, 1970.

HEIDEGGER, MARTIN: *Poetry, Language, Thought*. Nueva York: Harper and Row, 1975.

HESCHEL, ABRAHAM J.: *The Prophets*, t. 2. Nueva York: Harper and Row, 1975.

HOLMES, JOHN HAYES: «Mysticism». En *Mysticism and the Modern Mind*, pp. 10-20. Ed. Alfred P. Stiernotte. Nueva York: Liberal Arts Press, 1959.

HUGHES, THOMAS HYWELL: *The Philosophic Basis of Mysticism*. Edinburgo: T. and T. Clark, 1970.

ILLICH, IVÁN: *The Church, Change and Development*. Ed. por Fred Eychanger. Nueva York: Herder and Herder, 1970.

KRISTEVA, JULIA: *El texto de la novela*. Traducción de Jordi Llovet. Barcelona: Editorial Lumen, 1974.

LAURENTIN, RENÉ: *Liberation, Development and Salvation*. Traducción de Charles U. Quinn. Maryknoll, New York: Orbis Books, 1972.

LEVIN, HARRY: «Literature as an Institution». En *Sociology of Literature and Drama*, pp. 56-70. Ed. Elizabeth Burns y Tom Burns. Middlesex, Inglaterra: Penguin, 1973.

LUKÁCS, GEORG: *Marxism and Human Liberation*. Ed. por E. San Juan, Jr. Nueva York: Delta, 1973.

MARCUSE, HERBERT: *An Essay on Liberation*. Boston: Beacon Press, 1969.

MARX, KARL, and ENGELS, FRIEDRICH: *The Communist Manifesto*. Nueva York: International Publishers, 1971.

MERTON, THOMAS: «Conquistador, Tourist and Indian». *A Thomas Merton Reader*, pp. 304-10. Ed. por Thomas P. McDonnell. Garden City, New York: Doubleday, 1974.

— «First and Last Thoughts». *A Thomas Merton Reader*, pp. 13-18. Ed. por Thomas P. McDonnell. Garden City, New York: Doubleday, 1974.

— «In the Monastic Community». *A Thomas Merton Reader*, pp. 145-51. Ed. por Thomas P. McDonnell. Garden City, New York: Doubleday, 1974.

— «Mysticism in the Nuclear Age». *A Thomas Merton Reader*, pp. 371-78. Ed. por Thomas P. McDonnell. Garden City, New York: Doubleday, 1974.

— *Seeds of Destruction*. Nueva York: Farrar and Giroux, 1964.

MIRANDA, PORFIRIO: *Marx y la Biblia*. México: por el autor, sin fecha. [segunda ed. Salamanca: Sígueme, 1972]

NELSON, WILLIAM: *Fact or Fiction: The Dilemma of the Renaissance Storyteller*. Cambridge, Massachusetts: Harvard University Press, 1971.

NIEBUHR, H. RICHARD: *Christ and Culture*. Nueva York: Harper and Row, 1975.

NYGREN, ANDERS: *Agape and Eros*. Trad. de Philip S. Watson. Nueva York: Harper and Row, 1969.

PAGES, ANTON C., ed.: *Basic Writings of Saint Thomas Aquinas*. Dos tomos. Nueva York: Random House, 1945.

PAZ, OCTAVIO: *El arco y la lira*, 2.ª ed. México: Fondo de Cultura Económica, 1970.

— *Corriente alterna*. México: Siglo Veintiuno, 1973.

— *Los hijos del limo*. Barcelona: Seix Barral, 1974.

POUND, EZRA: «The Serious Artist». *Literary Essays of Ezra Pound*, pp. 41-57. Ed. por T. S. Eliot. Londres: Faber and Faber, 1954.

— «A Retrospect». *Literary Essays of Ezra Pound*, pp. 3-14. Ed. por T. S. Eliot. Londres: Faber and Faber, 1954.

PRATT, WILLIAM, ed.: *The Imagist Poem*. Nueva York: E. P. Dutton, 1963.

RAUSCHENBUSCH, WALTER: *Christianity and the Social Crisis*. Toronto: Macmillan, 1907; reimpresión Nueva York: Harper and Row, 1964.

— *A Theology for the Social Gospel*. Nashville, Tennessee: Abingdon Press, sin fecha.

SÁBATO, ERNESTO: *El escritor y sus fantasmas*, 3.ª ed. Buenos Aires: Aguilar, 1967.

SALINAS, PEDRO: *Reality and the Poet in Spanish Poetry*. Traducción de Edith Fishtine Helman. Baltimore: Johns Hopkins Press, 1966.

SANDERS, THOMAS G.: «The Church in Latin America». *Foreign Affairs* 48 (enero de 1970), pp. 285-99.

SANTAYANA, GEORGE: *Interpretations of Poetry and Religion*. Nueva York: Charles Scribner's Sons, 1900.

SCHOLES, ROBERT, y KELLOGG, ROBERT: *The Nature of Narrative*. Nueva York: Oxford University Press, 1966.

SHAVILL, RICHARD: «The Church and Revolutionary Change». En *The Church and Social Change in Latin America*, pp. 136-53. Ed. por Henry A. Landsberger. Notre Dame, Indiana: University of Notre Dame Press, 1970.

TILLICH, PAUL: *Dynamics of Faith*. Nueva York: Harper and Row, 1957.

TODOROV, TZVETAN: *Littérature et signification*. París: Librairie Larousse, 1967.

TURNER, FREDERICK C.: *Catholicism and Political Development in Latin America*. Chapel Hill, North Carolina: University of North Carolina Press, 1971.

UNDERHILL, EVELYN: *Mysticism: A Study in the Nature and Development of Man's Spiritual Consciousness*. Nueva York: E. P. Dutton, 1911; reimpresión Nueva York: World Publishing Co., 1955.

WILLIAMS, NORMAN POWELL: *The Idea of the Fall and of Original Sin*. Londres: Longmans, Green, 1927.

WILLIAMS, THOMAS A[NDREW]: *Mallarmé and the Language of Mysticism*. [Athens, Georgia]: University of Georgia Press, 1970.

WILSON, COLIN: *Poetry and Mysticism*. San Francisco: City Lights Press, 1969.

WINEGARTEN, RENÉE: *Writers and Revolution: The Fatal Lure of Action*. Nueva York: New Viewpoints, 1974.

ZARDOYA, CONCHA: «Jorge Guillén and Paul Valéry». *Poesía española del 98 y del 27*, pp. 207-54. Madrid: Gredos, 1968.

LISTA DE POEMAS SUELTOS

(No se incluyen fragmentos)

Acuarela
El algodonal
Amanecer
A media luz
Amor irremediable
Amor que pasa y no vuelve
Apalka
Las campesinas del cúa
La carretera (s)
La casa de Cristo
La cicatriz (s)
La ciudad deshabitada
Ciudad Rama
Condensaciones y visión de San José de Costa Rica
Con la luna llena
Los Contreras (s)
Con Walker en Nicaragua
Coplas a la muerte de Merton
Los chayules
Don Vicente
Drake en el mar del sur (el mismo poema de «Realejo, 16 de abril de 1579»)
El bongo mudo bogaba por el río
Egloga inconsolable
El iba despacio (el mismo poema como «El lugar 'Armonía'»)
En el lago
En Nuevo León (s)
Epístola a José Coronel Urtecho
Epístola a monseñor Casaldáliga
Este mundo (inédito; de «Carmen y otros poemas»)
Este poema lleva su nombre
Estrella encontrada muerta en Park Avenue
Los filibusteros
Grabaciones de la pipa sagrada
Greytown
Inmortal amor (inédito; ver el capítulo 1 de este libro)
Joaquín Artola
José Dolores Estrada
John Roach, marinero (inédito)
Los koguis (s)
León
La llegada

Marcha triunfal
Mejor morirse (inédito; de «Carmen y otros poemas»)
Milpa
Moyogalpa
Las mujeres nos quedaban mirando
Nindirí
La noche
Omagua
Papantla
Poema para soñar con Carmen (inédito; de «Carmen y otros poemas»)
Postales europeas
Proclama del conquistador
Raleigh
Realejo, 16 de abril de 1579
Recuerdos (forma parte de las «Postales europeas»)
Reino mosco
Squier en Nicaragua
Sobre el mojado camino
El valle de Cuernavaca
Vásquez de Coronado
Viaje a Nueva York
La vuelta a América